人民检察史丛书

人民检察

关东解放区的人民检察制度

主　　编　　赵建伟

副　主　编　　肖　鹏　　王新忠　　王秋宁

执行主编　　朱仁政

撰　稿　人　　任文松　　王　堃　　成晓莹

中国检察出版社

前　言

　　《人民检察史丛书》，经过十余年的资料搜集、研究探索、考察论证和撰写，终于和读者见面了！

　　出版这套丛书，目的是"传承检察文化，弘扬检察精神，缅怀检察前辈，教育检察后人"。

　　本套丛书中，《人民检察制度的历史变迁》、《中央苏区人民检察制度的初创和发展》、① 《鄂豫皖革命根据地人民检察制度的发展》② 三本，曾分别在《共和国检察60周年丛书》（2009年）、《纪念人民检察制度创立八十周年系列丛书》（2011年）中出版，此次为再版。《人民检察制度的历史变迁》的研究和撰写开始于2004年，是在构建"人民检察博物馆"大纲的基础上形成的；《中央苏区人民检察制度的初创和发展》和《鄂豫皖革命根据地人民检察制度的发展》，是地方检察机关的同志历尽艰辛撰写的，这种检察人的历史责任感和理论、文化的自觉意识是难能可贵的。

---

① 原书名为《人民检察制度在中央苏区的初创和发展》。
② 原书名为《人民检察制度在鄂豫皖革命根据地的发展》。

本套丛书中的《陕甘宁边区的人民检察制度》、《关东解放区的人民检察制度》、《山东抗日根据地的人民检察制度》，是最高人民检察院作为 2012 年度全国检察理论研究重点课题，分别委托陕西省人民检察院、大连市人民检察院和山东省人民检察院完成的。参加研究和撰写的同志克服诸多困难，投入大量热情和精力，使这几部重要的检察史书得以出版。对他们为检察理论、检察文化作出的贡献，我表示由衷的谢忱和敬意！

由于时间、资料、水平的原因，本套丛书一定会存在这样那样的瑕疵甚至谬误，欢迎读者批评指正。能够为后人，为那些关注检察历史、关注检察理论和文化、关注中国特色社会主义检察事业前途的人留下一些基础的资料和研究成果，是我们多年的夙愿！当本书付梓之时，我们最大的感受是"如释重负"。

历史是灯塔，历史是镜鉴。更重要的是，历史是人写的。愿我们的当代检察官们用忠诚写出更新更美的历史画卷！因为，今天就是明天的历史。

孙　谦

2013 年 11 月 16 日

目　录

第三章　关东解放区检察制度的建立和发展

第四章　关东解放区检察工作的开展

第五章　关东解放区检察制度的渊源和历史贡献

第一章

关东解放区的地域概念及旅大早期历史

大连,地处中国东北辽东半岛南端,东濒黄海,西临渤海,南隔渤海海峡,与山东半岛共同拱卫京津地区。北面、东北面与营口、丹东相连,地理位置极为重要。

大连地区冬无严寒,夏无酷暑,海岸线弯曲绵长,岛屿众多,形成众多天然海湾。全市海岸线 1906 公里,其中岛岸线 618 公里,陆岸线 1288 公里,大小岛屿 226 个,拱卫在周边的海域中。大连市陆地部分呈东北、西南走向,属于低山丘陵构造,是千山山脉的南延部分,东西较窄,山势险要,是历代中央王朝沟通东北腹地白山黑水与中原大地的桥梁和海上交通要道,近代以来更是成为兵家必争之地。

解放战争时期,这里成为苏联红军军事管制下的中国共产党领导的特殊解放区,又称关东解放区。

第一节

关东解放区的地域概念及其他地理概念

一、关东解放区的地域概念

在中国历史上，用"关东"一词指称地域概念的主要有两种解释：一是指潼关、涵谷关以东地区；二是指山海关以东地区，包括今辽宁、吉林、黑龙江三省。本文所称"关东解放区"的"关东"渊源于后一种解释，但在地域上要小得多，仅指辽东半岛的普兰店湾至皮口一线以南区域及长山列岛，包括今天大连市的中山区、西岗区、沙河口区、甘井子区、旅顺口区、金州区、开发区、长海县及普兰店市南部部分区域，它们构成了关东解放区的四个主要行政区域：旅顺市、大连市、大连县和金县。在解放战争时期，关东解放区又称旅大地区、旅大金地区、大连地区。本书所提到的关东解放区、旅大地区、旅大金地区、大连地区，除特别说明的以外，所指均为同一区域。

二、关东解放区相关的地理概念

为了准确把握关东解放区的地域概念，这里有必要详细介绍一下与关东解放区有关的几个地理概念。

（一）金州

金州是辽东半岛南端一座著名古城。在战国至秦时期，金州属燕国辽东郡辖制。西汉时期曾在此设置沓氏县，属辽东郡。三国时期改称东沓县，直至东晋元兴三年（公元404年）高句丽割据辽东。唐总章元年（公元668年）属安东都护府积利州。辽天显元年（公元626年）置苏州，治来苏县，属东京辽阳府。金皇统三年（公元1143年）改苏州为化成县，隶属复州；贞佑四年（公元1216年）升化成县为金州。金州之名始于此。

元至元二十一年（公元1284年）置金州万户府，属辽阳行省。明洪武四年（公元1371年）设定辽都卫；洪武八年（公元1375年）设金州卫。清雍正十二年（公元1734年）改金州为宁海县，属奉天省；道光二十三年（公元1843年）改宁海县为金州厅；光绪二十四年（公元1898年）被沙皇俄国强行租借；光绪三十年（公元1904年）日俄战争后，被日本帝国主义侵占。民国二年（公元1913年），金州改为金县，隶属奉天省，但由于日本的侵占，未能行使行政权力。直至1945年8月日寇投降后，金县解放，才实行县治。

从金州的历史发展来看，自辽、金、元、明直至清末1894年，旅顺开埠之前，金州均为州县治所在地，所辖区域涵盖旅顺、大连，是当时大连地区的经济和政治中心。

（二）旅顺

旅顺很早就是中原内地往来东北地区的重要口岸。早在汉代，旅顺被称为"沓津"，意为沓氏县境内的港口。特别是自汉武帝开辟通往朝鲜半岛的航线以后，旅顺就成了东达朝鲜，西抵京津，南接登莱，北连东北腹地的交通枢纽。公元274年，即晋武帝泰始十年，旅顺改称"马石津"。隋唐时期，旅顺既称"马石津"，也叫"都里海口"、"涂里浦"或"都里镇"。宋、辽、金、元时期，因旅顺口的险要形势如雄狮踞滩，旅顺遂由唐时的"都里镇"易名为"狮子口"。明洪武四年（公元1371年），朱元璋任命马云、叶旺两位将军为定辽都指挥使，率兵北上追击元朝残余。大军从山东渡海，于旅顺口登陆，屯兵金州。为纪念大军平安抵达辽东，遂将"狮子口"改名为"旅顺"，以取"旅途平顺"之义。从此，旅顺作为地域之名一直沿用至今。

明朝末年，明政权在旅顺设置水军，修建战船，同后金政权交战多年。清康熙五十四年（公元1715年），清政府为加强东北地区的海防建设，将登州府（治所在现山东省蓬莱市）裁汰下来的30艘战船移运至旅顺盘龙山下的一个小村落，编成旅顺水师营，开始出海操演巡哨，后将该村称为"水师营"。水师营兵士皆为八旗壮丁，每年3月出哨，9月归处，巡哨范围西至菊花岛，南至城隍岛，东至鸭绿江口。清乾隆年后，水师营逐渐衰败没落。

清光绪六年（公元1880年），清政府决定裁撤水师营，同时决定在旅顺口修建军港，设北洋前敌营务处，由北洋大臣李鸿章直接统辖，辖制大连湾和金州以西广大地区，旅顺自此脱离金州辖制，作为当时大连地区的政治中心已是不言而喻的了。到1894年中日甲午战争前夕，经过十多年的开发建设，旅顺已经成为一座颇具规模并得到国内外公认的近代化城市，一跃而取代金州成为当时辽南地区的政治中心、军事中心、经济中心和信息中心。大连地区最早的近代化城市是从旅顺开始的。①

（三）大连

在汉代，今天的大连市中心区域被称为"三山"。唐初被称为"三山浦"，唐朝中期被称为"青泥浦"。明清之际，有人把大连称作"青泥洼"，也有人把大连称为"三山海口"、"金州海口"。"大连"作为特定的地名概念和行政区概念单独出现在公众的视野中，是近代以后的事情。

关于"大连"名称的起源，目前较为能够取得学术界公认的有两种：一是源于"褡裢湾"说，一是源于"大蛎湾"说。持前一说的学者认为："褡裢湾"之名源于"褡裢岛"，称在大连湾口外有三岛环立，其中有两岛相连，形似褡裢，故当地居民称此岛为褡裢岛，此岛所环抱的海湾便称为褡裢湾。② 关于大蛎湾的民间称谓起源于何时，以及后来又如何演变为"大连湾"，说法不尽一致。韩方行先生从音韵学的角度出发，认为"可能是因为'大蛎湾'这一称谓在口读传承中，逐步地将'蛎'字的读音，转换为'连'字音上。这一转换的过程是在清代的中晚期"。③ 韩先生的考证应该是可信的。据已知史料，早在1860年，英国人约翰·瓦特曾绘制过一幅《辽东大

---

① 参见华文贵、王珍仁：《大连近代城市发展史研究》，辽宁民族出版社2010年版，第41~49页。
② 大连百科全书编纂委员会编：《大连百科全书》，中国大百科全书出版社1999年版，第80页。
③ 韩方行：《大连地名源自"大蛎湾"》，载大连近代史研究所：《大连近代史研究》（第2卷），2005年内部资料，第619页。

联湾海图》①，这是历史上首次出现"大联（连）湾"的字样。英国人在海图中使用这一注音字，一定是因为当地居民有此口述读音而据此作为标记的。我们依此可以确认，至少在第二次鸦片战争以前，这里就已经有了"大连（联）湾"的称谓了。正如学者董志正在《旅大史话》一书中写道："大连湾的称呼，民间称之于前，官方用之于后，是有根据的说法。"② 在中国官方文件中首次出现"大连湾"字样，是清末李鸿章于光绪五年九月（公元1879年10月）写的一份名为"条议海防"的奏折中："大连湾距金州三十里，系海汊，又非海口，实扼北洋形式，最宜湾泊多船……"自此以后，"大连湾"便频繁出现在历史文件之中。

1898年3月，沙皇俄国以武力相逼，迫使清政府与其签署《中俄旅大租地条约》。1899年7月31日，沙俄政府根据大连湾的谐音，将大连湾南岸一带称为"达里尼"，意为"远方的城市"。日俄战争结束后，日本取代沙俄进入大连地区。1905年2月11日，日本辽东守备军司令官下令将"达里尼"改称"大连市"。1945年8月，日本投降后，大连市和旅顺市相继被苏军解放，各自成立了民主政府。1946年10月，"旅大行政联合办事处"成立，作为旅大地区的临时最高行政机构。1947年4月4日，关东公署成立，取代旅大行政联合办事处成为旅大地区的最高行政机构，辖大连市、旅顺市、大连县、金县。1949年4月27日，关东公署更名为旅大行政公署。1950年12月，旅大行政公署改称旅大市。1981年2月9日，经国务院同意，旅大市更名为"大连市"。自此，"大连市"这一名称一直沿用至今。

---

①《辽东大联湾海图》现藏于大连市图书馆。
②董志正：《旅大史话》，辽宁人民出版社1994年版，第26页。

从大连市的沿革可以看出，今天的"大连市"与1949年建国前的"大连市"在地域上是完全不同的两个概念。建国之前的"大连市"在地域范围上仅包括现今大连市的中山区、西岗区及沙河口区的一部分（后文会有详细介绍）。

第二节

"关东" 指称旅大之意的由来及
旅大早期历史

在帝国主义侵入中国之前，以"关东"作为地域概念称谓旅大地区，从来没有出现在中国的历史上。以"关东"指称旅大地区是近代以后帝国主义侵略中国的产物。

一、《中日马关条约》与"三国干涉还辽"

1894年7月，日本帝国主义以不宣而战的方式，悍然发动了"中日甲午战争"。1895年4月17日，战败的清政府在日本的武力逼迫下，签订了丧权辱国的《中日马关条约》。条约的主要内容是：

一、中国承认"朝鲜国确为完全无缺之独立自主"。

二、割让辽东半岛、台湾全岛及所有附属各岛屿和澎湖列岛给日本。

三、中国赔偿日本军费银两万万两，分八次在七年内交清。

四、开放沙市、重庆、苏州、杭州为商埠。①

《中日马关条约》给中国带来了深重灾难，同时也加深了列强间

---

① 王铁崖：《中外旧约章汇编》（第一册），三联书店1957年版，第614~617页。

的矛盾，特别是日本对辽东半岛的割占，严重影响了沙皇俄国"黄色俄罗斯"计划，激起了其强烈反对。沙皇俄国觊觎中国东北由来已久，一向把包括辽东半岛在内的中国东北看成是自己的囊中之物，绝对禁止别人染指。

俄罗斯本来是一个欧洲国家，16世纪初才形成一个统一的封建农奴制国家。1581年，沙俄开始向东扩张，越过乌拉尔山脉，兼并了西伯利亚各小国，把魔爪伸向中国黑龙江流域。自1643年，沙俄政府派遣了一批又一批沙俄匪徒，窜入我黑龙江流域，烧杀抢掠，侵我疆土，杀我同胞。清政府在平定"三藩之乱"之后，先后于1685年和1686年两次用兵雅克萨，击败沙俄军队，于1687年9月7日签订了《中俄尼布楚条约》，从法律上确定了黑龙江流域属于中国领土，暂时遏止了沙俄的进一步侵略扩张，保障了东北边疆地区的安全。

《中俄尼布楚条约》的签订，并没有遏止沙俄向中国侵略扩张的野心。1858年和1860年，沙俄借英法发动第二次鸦片战争之机，迫使清政府签订了不平等的《中俄天津条约》、《中俄北京条约》、《中俄瑷珲条约》和1864年的《勘分西北界约记》，从中国割去大约150余万平方公里的土地。1881年，亚历山大三世即位后，继续推行扩张政策，提出了"黄色俄罗斯"计划，梦想再把中国的东北、西北、西部地区的领土，甚至中国和日本纳入俄国的版图。沙俄在向远东扩张的过程中一直想在远东寻找一个不冻港，以增强其海军的活动能力。这样一来，大连、旅顺以及整个辽东半岛对俄罗斯来说就特别重要了。1895年4月6日，就在中日双方紧锣密鼓地进行签约谈判之时，沙俄外交大臣罗拔诺夫上奏沙皇："我们要在太平洋上获得一个不冻港，为便利西伯利亚铁路的修筑起见，我们必须兼并满洲的若干

第一章 关东解放区的地域概念及旅大早期历史

部分。"① 这一主张得到了沙皇尼古拉二世的认同，沙俄把寻找不冻港的目标瞄向中国东北最南端的旅顺港。所以，就在 1895 年 4 月 17 日《中日马关条约》签署当天，沙俄当得知日本割占辽东半岛后，立即游说德、法两国，共同对日本进行干涉，声明："俄国政府决定立即以友谊的方式，直接向日本政府提出不要永久占领中国本土的请求"，如果日本拒绝劝告，"俄国正考虑三国对日本在海上采取共同军事行动……"②随后不久，三国派出军舰，到黄海、东海及日本海一带游弋，进行军事威胁，三国干涉集团形成了。最后在三国干涉下，日本经过与"干涉集团"讨价还价，以清政府向其赔偿 3000 万两白银作为"赎辽费"，决定从辽南撤兵归国，将辽东半岛退还中国。史上称"三国干涉还辽"。

二、沙俄强租旅大及"关东州"的建立

"三国干涉还辽"后，沙俄以"还辽"有功自居，采取资本引诱、外交讹诈和军事威胁等卑鄙手段，诱迫清政府签订了一系列不平等条约，如愿攫取了旅大地区的租借权，为实现夺取满洲、建立"黄色俄罗斯"的扩张计划找到了一个非常适宜的立足点。

"三国干涉还辽"次年，即 1896 年 5 月，沙俄诱使李鸿章赴俄参加沙皇尼古拉二世的加冕礼，采取拉拢、贿赂、威胁等手段，强行与清政府签订了中俄《御敌互相援助条约》，即《中俄密约》。主要内容有：日本如果侵占俄国远东领土或中国及朝鲜领土，中、俄两国应

---

① 张蓉初：《红档杂志有关中国交涉史料选择》，三联书店 1957 年版，第 150 页。
② 《德国干涉还辽文件》第 2243 号，参见华文贵、王珍仁：《大连近代城市发展史研究》，辽宁民族出版社 2010 年版，第 68 页。

以海、陆军互相援助;战争期间,中国所有口岸均对俄国军舰开放,一国不得单独与敌方媾和;允许俄国通过黑龙江、吉林两省修造一条铁路以达海参崴,该路的修造和经营,由华俄道胜银行承办。《中俄密约》的签订,使中国东北地区逐渐变成了沙俄的势力范围,为以后俄国强租旅大埋下了祸根。9月8日,中俄又签订了《合办东省铁路公司合同章程》,使东铁成为伏在中国东北大地上的一条毒蛇,吸吮着东北的各类资源。

　　1897年12月1日,沙俄政府以德国占领胶州湾为借口,向清政府提出租借旅顺和大连湾,随后派军舰进占旅顺口和大连湾。1898年2月24日,沙俄政府决定,要求中国政府不仅要让出旅顺和大连湾,而且还应该让出整个辽东半岛,作为俄国的关东州。① 随后,分别于1898年3月27日和5月7日,采取哄骗、威胁等手段,逼迫清政府签订了《中俄旅大租地条约》和《中俄续订旅大租地条约》。根据两个条约的规定,租地北界从辽东半岛西岸亚当湾(即今天普兰店湾)之北起,画一直线到辽东半岛南岸貔子窝湾北尽处止;租地内所有军政、民政大吏全由俄人担任,俄国可在租地内驻军和修建军事设施,"租界附近水面及陆地周围各岛均准俄国享用",中国政府不得在界内驻军;租地界限以北定一隙地(所谓"中立"区),租借地北之隙地北界,西起盖州河口,经岫岩城北,东至大洋河口(此河亦在隙地内);隙地之内的行政由中国官员治理,但中国军队非经俄官员同意不得进入,非经俄国同意,中国不得将隙地之内的铁路、开矿及其他工商利益让与别国。

---

① [俄] 维特:《维特伯爵回忆录》(俄文本第1卷),哈尔滨1922年版,第126页,转引自《大连通史》编纂委员会编:《大连通史》(近代卷),人民出版社2010年版,第239页。

根据 1898 年 3 月 27 日签订的《中俄旅大租地条约》的规定，该条约须在 1898 年 4 月 23 日于俄国彼得堡换文后方能生效。但俄国侵略者迫不及待，于签约次日即 3 月 28 日拂晓，便派兵强行登陆旅顺，随后在旅顺、大连湾一带到处张贴《接管旅、大、金地方布告》。之后，沙俄又于 1899 年 5 月 7 日，通过与清政府签订的《勘分旅大租借专条》及《辽东半岛租地专条》，强行将复州交流岛、西中岛、平岛、凤鸣岛、鹿坨子等岛屿的一部分划入租借地，使租借的面积达 3200 余平方公里之多。

1899 年 8 月 28 日，沙俄政府颁布《暂行关东州统治规则》，将旅大租借地命名为"关东州"，组建"关东州厅"。根据《暂行关东州统治规则》，"关东州"隶属于俄阿穆尔地方总督管辖下，同俄国的后贝加尔州、阿穆尔州、滨海州、堪察加州、库页岛地区等并列。"关东州厅"厅址设在旅顺，下设四个市和五个行政区。四个市为旅顺市、大连市、金州市和貔子窝市（今天普兰店市皮口镇）。五个行政区为旅顺行政区、大连湾及岛屿行政区、金州行政区、郭家岭行政区（地址在今亮甲店的东部）、貔子窝行政区。这是"关东州"作为地理概念第一次出现在中国、旅大地区的历史上，也是中国历史上首次以"关东"指称旅大地区。

"州"是俄国边疆地区的行政区划，与省同级。"关东州"最高长官为"关东州厅"州长官，同时又是太平洋海军司令、关东州陆海军司令，军政、民政一手抓：在民政方面，他拥有与俄罗斯边疆高加索地区最高民政长官同样的权力；在陆军方面，他拥有边疆军区司令的权力；在海军方面，他拥有太平洋舰队和军港（包括旅顺和海参崴两大军港在内）司令的权力。在隶属关系上，军事方面受俄中央政府陆军大臣、海军大臣管辖，同时接受阿穆尔总督领导；外交事务方面受外交大臣管辖，州内各部官员任免需与中央政府相关各部大臣协商后决定，涉外事务须经沙皇批准并遵照外交大臣的训令、命令行事。这哪里是什么租借地，俨然成为进行军政一体统治的俄罗斯领土了。沙皇将旅大租借地命名为"关东州"以及相关条约特别是《中俄续订旅大租地条约》的规定，充分暴露了沙俄要把辽东半岛乃至整个中国东北变成俄罗斯疆域的图谋。

从沙俄政府图谋霸占中国东北的历史轨迹来看，"关东州"应该是从我国历史上指称东北地区的"关东"一词借用而来。关于沙俄侵占中国东北及强租旅大这一历史的发展脉络，时任俄国陆军大臣库罗巴特金有过最好的诠释："1896年收买李鸿章后，我们侵入了满洲。1897年，我们侵入了旅顺"，[①] "不仅应该要求中国让出旅顺口和大连湾，而且还应该要它让出整个辽东半岛，作为我们的所谓关东州"，"必须加速修筑从中东铁路通往旅顺口的支线"。[②] 沙俄企图通过强租旅大进而侵占中国整个东北的意图昭然若揭，这正是沙俄政府将旅大租借地命名为"关东州"的本意所在。

俄国侵占旅大共七年时间，这七年是一步步把旅大变为俄罗斯领土的七年，是不断扩张和掠夺中国的七年，是实行其"黄色俄罗斯"计划的七年。沙俄占领旅大以后，在军事、经济、教育、思想文化等各方面，对旅大地区人民进行殖民统治，使大连地区成为俄国侵略中国东北、华北的军事基地和桥头堡。1898年6月10日，沙皇命令以东省铁路的名义开始在大连湾南岸青泥洼一带兴建港口和城市。1899

[①]［苏］国家中央档案馆编：《日俄战争》，商务印书馆1976年版，第29页。参见华文贵、王珍仁：《大连近代城市发展史研究》，辽宁民族出版社2010年版，第73页。

[②]［俄］维特：《维特伯爵回忆录》，商务印书馆1976年版，第79页，转引自华文贵、王珍仁：《大连近代城市发展史研究》，辽宁民族出版社2010年版，第73页。

年8月11日宣布新建的城市为自由港，命名为"达里尼"，意为"远方的城市"，并将8月29日敕令为"达里尼"建城日。这一天后来也被定为大连市的建城日。1903年7月，纵横中国东北大地的"丁"字形铁路交通大动脉——中东铁路全线建成通车。同年8月11日，沙皇批准建立远东总都督府，颁布了《远东暂行统治条例》。远东总都督府设在旅顺，辖区包括阿穆尔州、外贝加尔州、滨海州、堪察加州、关东州和库页岛，公然将旅大地区纳入俄国的统治序列。

三、日俄战争爆发，"关东州"易手

"三国干涉还辽"不仅使日本到手的"肥肉"被沙俄生生抢去，使其在列强面前颜面尽失，更影响了其大陆政策的实施。退出辽东半岛之后，日本政府就着手准备发动第二次入侵中国大陆的战争，将重新夺回辽东半岛视为最重要的目标。对内，它向全体国民进行战争思想灌输，要国民"卧薪尝胆"夺回辽东，"报仇雪耻"；要求国民改三餐为二餐，省钱支持战争，公开叫嚣战争和准备战争，并制定了10年扩军计划，将甲午战争从中国获取的2.3亿两白银，加上在后来利用中国义和团运动出兵北京所获得的3470多万两白银，全部用于扩军备战。对外，则以同盟外交争取英、美等列强的支持。

俄国深知日本对退出辽东不会善罢甘休，也积极扩军备战。1900年，已有常备军110万人，经过训练的预备役350万人。1890年至1896年间，每年建造和购置新舰就花费2500万至3400万卢布。为了保障军需后勤供应，加速修筑中东铁路，并宣布专为军用，向东北大量增兵，运送作战物资。俄太平洋舰队大部分集结旅顺军港，远东陆军逐渐向辽南转移。到1903年年底，沙俄在中国东北的陆军增至24

万多人，旅顺口及中国东北其他港口有各种舰艇 60 余艘。同时，还夜以继日地加紧赶修旅顺海陆军事设施，其工程量相当于俄国当时国内最大的军事要塞瓦斯托波尔工程量的 16 倍，并在金州和大连湾一带修筑炮台，以固旅顺要塞的后路。

1904 年 2 月 8 日夜，日本联合舰队偷袭旅顺口外俄海军舰队，揭开了日俄战争的序幕。2 月 9 日、10 日，俄、日两国分别下诏宣战。日俄战争正式打响。这是发生在中国土地上的两个帝国主义国家为争夺中国东北权益而进行的一场"狗咬狗"的战争。日俄战争给旅大人民带来了深重灾难，而对于这场在中国境内进行的罪恶战争，软弱无能的清政府竟置国家主权于不顾，无耻地宣称"局外中立"，任凭两个帝国主义者蹂躏祖国的大好河山。

战争以沙俄战败告终。1905 年 9 月 5 日，在美国的调停下，日俄签订了《朴茨茅斯条约》。根据条约，俄国承认日本有权处理朝鲜任何事物；将俄国在旅大"租借地"的租借权，享受的一切特权，在该地域内一切公共财产转让给日本；将长春至旅顺间的铁路和一切支线及所属的一切特权和财产，包括煤矿在内转给日本；将库页岛南部割让给日本；在"满洲"一切领土上凡有碍机会均等原则的，均应放弃。《朴茨茅斯条约》是典型的帝国主义分赃条约，在中国的领土上打仗，瓜分中国的领土和利益，既不允许中国人参加，也不听取中国政府的意见，背着清政府就把中国东北瓜分了。从此以后，日本在"关东州"开始了长达 40 年之久的殖民统治。

日本帝国主义占领旅大以后，继续沿用了沙俄占领时期的"关东州"称谓，依靠"关东州"行政统治及"满铁"（全称为"南满洲铁道株式会社"）经济统治，逐步建立了全方位严密管控的一整套殖民统治体系，对旅大人民实施了残酷的统治和压迫，比沙俄有过之而无不及。在对旅大 40 年的统治中，它利用各种恶劣的手段，不断扩大"关东州"的地界，违约扩展"关东州"地界达 262 平方公里，使"关东州"的范围由沙俄统治时的 3200 平方公里扩大到 3462 平方公里。

日本对旅大的统治可分为三个时期六个阶段：

第一时期为军事占领时期，又称军管署时期。1904 年 5 月 27 日，日军攻占金州城次日，在金州城成立金州军政署。这是日本统治者在大连地区成立的最早的军事管制机构。之后又相继成立了大连军政署和旅顺军政署。1905 年 1 月 27 日，日本辽东守备军司令部决定自 1905 年 2 月 11 日起，将中国名称"青泥洼"、俄国名称"达里尼"改为"大连"。这是"大连"首次作为一个地理概念和行政区划名称出现在中国的历史上。早期大连市的施政区域为大连市街（大体区域西至今劳动公园，东至大连港，南至南山一带）、小岗子（今西岗区）及寺儿沟一带，后来逐渐扩大至沙河口、黑石礁和老虎滩一带，期间曾一度将金州区纳入进来。

第二时期为军政统治时期，又分为关东州民政署、关东总督府、关东都督府三个阶段。1905 年 6 月，日本将旅大地区统称为"关东州"，决定成立"关东州民政署"，同时撤销金州、大连、旅顺三个军政署。1905 年 9 月 26 日，日本在辽阳成立"关东总督府"，1906 年 5 月迁至旅顺。1906 年 9 月 1 日，日本将"关东总督府"更名为"关东都督府"，下设大连、旅顺两个行政区，将金州区划入大连行政区。不论是"关东总督府"时期还是"关东都督府"时期，实行的都是军民合一的政治体制。

第三时期为民政统治时期，又分为关东厅和关东州厅两个阶段。1919 年 4 月，日本殖民当局撤销关东都督府，实行"关东厅官制"，将原属关东都督府的"陆军部"分离出去成立"关东军司令部",即地方政权归属"关东厅",军事机关归属"关东军司令部",实行军政分离。"关东厅"下设旅顺、大连、金州、普兰店、貔子窝五个行政区。1934年12月26日,日本政府宣布废除关东厅,在"关东州"设"关东州厅"。1937年5月,"关东州厅"从旅顺迁至大连,地址在现大连市人民政府所在地。

日本殖民当局为了维护其殖民统治,大量设置警察、宪兵和陆军特务机关,对广大人民和爱国志士施加各种罪名,进行逮捕、监禁和杀害,对旅大人民犯下了累累罪行。

第二章

关东解放区的建立和发展

关东解放区是第二次世界大战后,在苏联红军实行军事管制下的中国共产党领导的特殊解放区。关东解放区建立后,中国共产党人领导旅大各界人民,在彻底粉碎敌伪反动分子武装暴乱和国民党接收旅大企图的同时,加强政权建设,开展生产自救,将关东解放区建设成为全国解放战争稳固的后方战略基地和新中国成立前党领导人民进行政权建设的重要实践基地,为新中国的解放和新中国成立后的人民政权建设作出了重要贡献。

第一节

第二次世界大战胜利与旅大解放

伴随着世界反法西斯战争的胜利，饱受日本帝国主义殖民统治40年之苦的旅大人民，终于迎来了解放的曙光。

一、开罗会议与雅尔塔会议

随着 1942 年 6 月美国在中途岛战役和 1943 年 2 月苏联在斯大林格勒保卫战中取得决定性胜利，世界反法西斯同盟开始在太平洋战场和欧洲战场展开全面反攻，第二次世界大战出现重大历史性转折。

1943 年 11 月 22 日至 26 日，中、美、英三国首脑在埃及的开罗召开会议，讨论对日作战和日本战败后的处理意见。会后，三国发表了《开罗宣言》。宣言明确提出：

三大盟国此次进行战争之目的，在于制止及惩罚日本之侵略，剥夺日本在 1914 年第一次世界大战开始以后，在太平洋所夺得的或占领之一切岛屿，使日本所窃取于中国之领土，例如满洲、台湾、澎湖列岛等，归还中国。日本亦将被逐出其以武力或贪欲所攫取之所有土地。

三大盟国抱定上述之各项目标，并与其他对日作战之联合国家目标一致，将坚持进行为获得日本无条件投降所必要之重大的长期作战。①

同年 11 月 28 日，美、英、苏三国在伊朗首都德黑兰举行首脑会议。会上，斯大林表示，苏联将在欧洲战场结束后参加对日作战。尽管当时斯大林没有就苏联对日作战提出具体条件，但对于苏联政府来说，它不希望日本投降后在亚洲及太平洋地区成为看客，眼看着美国成为亚洲及太平洋地区的主宰。它要做亚洲及太平洋地区将来事务的参与者，特别是谋求在远东地区的利益一直是俄国人几个世纪以来的梦想。此时，美英两国已准备通过牺牲中国的利益以促使苏联在欧洲战事结束后出兵对日作战，准备"在远东领土上作出让步来换取苏联对中国成立联合政府的支持"。②

1945 年 2 月 4 日至 11 日，苏、美、英三国首脑斯大林、罗斯福、丘吉尔聚会苏联克里米亚半岛的雅尔塔，讨论欧洲战后处理和对日作战的问题。经过讨价还价，2 月 11 日，苏、美、英三国秘密签订了《苏美英三国关于日本的协定》（简称《雅尔塔协定》）。其主要内容如下：

苏、美、英三国领袖业已议定，苏联于德国投降两三个月及欧洲战争结束时，将协助中国对日宣战，其条件为：

（一）外蒙古人民共和国之现状应加以保存。

（二）苏联应恢复以前俄罗斯帝国之权力，此权力因 1904 年日本诡谲攻击而受破坏。

甲、南库页岛及其毗连各岛应归返苏联。乙、大连商港应开为国

①《国际条约集（1934－1944）》，世界知识出版社 1961 年版，第 407 页。
②［美］罗伯克·达莱克：《罗斯福与美国对外政策》，商务印书馆 1984 年版，第 713 页。

际港，苏联在该港之优越权利应获保护，旅顺应恢复为苏联所租用之海军基地。丙、中东铁路以及通往大连之南满铁路，应由双方共组之公司联合经营，苏联之优越权利应获保证，中国对满洲应保持全部主权。

（三）千岛群岛应割予苏联。

唯上述关于外蒙、旅顺、大连以及中东、南满两铁路诸点，必予得中国蒋主席之同意，罗斯福总统将依据斯大林元帅之意见采取措施，以获得蒋主席之同意。三强领袖业已决议，苏联所提要求于日本被击败后必予实现，苏联则准备与中国国民政府缔结中苏友好条约，俾以其武装部队协助中国，解决中国所受日本之约束。①

《雅尔塔协定》是一个极为秘密的协定，同时也是一个事先未征得中国政府同意，事后又没有经中国政府签署，严重侵犯中国主权的协定，是苏、美、英为了各自利益而达成的一种妥协。此时，中国虽位列世界"四强"之一，但由于实力较弱，还无权过问当时世界的一些重大事务，甚至连自己的领土和主权都无法保护和维护。可见，在任何时候，国际政治都是靠实力说话的。

雅尔塔会议结束后，蒋介石政府为防止苏联在中国东北建立自己的势力范围，曾建议美国政府：将旅顺港变为中、美、英、苏四国共同使用的军港。但美国出于自身的战略考虑，拒绝了蒋介石的建议。②

---

① 秦孝仪编：《中华民国重要史料初编·战时外交（二）》，第541页，转引自《大连通史》编纂委员会编：《大连通史》（近代卷），人民出版社2010年版，第976页。

② 中国社会科学院近代史研究所编：《中国近代通史》（第9卷），凤凰出版传媒集团、江苏人民出版社2007年版，第533页，转引自《大连通史》编纂委员会编：《大连通史》（近代卷），人民出版社2010年版，第977页。

二、《中苏友好同盟条约》的签订及其主要内容

随着欧洲战事结束和苏联对日作战准备的进展，如何履行《雅尔塔协定》就成为重大政治问题和军事问题。1945 年 6 月 12 日，蒋介石在重庆会见苏联驻华大使彼得洛夫，称"中国的军港，自己不能管理，不能使用，便是主权的不完整，所以租借这种名义，切不可再用"，建议由中苏两国共同使用旅顺军港，被彼得洛夫回绝，称这是苏、美、英三国共同商议的结果。[①] 蒋介石政府转而求助美国，希望美国政府在接下来的中苏谈判中给予支持。但美国政府却一再敦促蒋介石政府尽快与苏联进行谈判，确定苏联对日作战的时间表。在此情况下，并考虑到战后希望得到美、苏两国政府的支持，国民政府决定让步。

1945 年 7 月 2 日，国民政府开始与苏联政府在莫斯科进行谈判。由于中方在外蒙独立特别是东北主权问题上拒不退让，谈判一度陷入僵局。8 月 6 日，美国在日本广岛投下了第一颗原子弹。为了在战后远东地区获得更多利益，苏联政府改变了原来确定的中苏间不达成协定即无法对日作战的原则，连忙于 8 月 8 日对日宣战。8 月 9 日，苏联红军出兵中国东北，同时警告国民政府：最好尽快达成协议，否则"共产党将进入东北地区"。

苏联出兵中国东北，一方面加速了日本的投降，另一方面也使国民政府和美国政府产生担忧：由于中苏之间迟迟没有达成一项协议，

---

① 秦孝仪编：《中华民国重要史料初编·战时外交（二）》，第 556 页，转引自《大连通史》编纂委员会编：《大连通史》（近代卷），人民出版社 2010 年版，第 977 页。

使得战后苏联"将立即实际控制满洲及朝鲜北部，并将不受与中国签订的任何条约的限制"，使中国共产党进入东北地区。① 无奈之下，8月14日，国民政府与苏联政府签订了《中苏友好同盟条约》，以及与之相关的《关于中国长春铁路之协定》、《关于大连之协定》、《关于旅顺口之协定》、《关于中苏此次共同对日作战，苏联军队进入东三省后苏联军总司令与中国行政当局关系之协定》等四个协定。

《中苏友好同盟条约》共8条，其主要内容是：（1）两国协同其他国家对日作战，直至获得最后胜利为止，战争中相互间给予必要的援助和支持；（2）两国不单方面与日本进行单独的谈判，或缔结停战协定和和约；（3）两国应顾及双方利益，在战后根据尊重主权及领土完整不干涉内政的原则，共同密切友好合作；（4）为加速两国复兴及对世界繁荣有所贡献，战后彼此应给予一切可能的经济援助。②

《关于大连之协定》共7条，另有相关的《关于大连协定之议定书》两条。其主要内容是：（1）宣布大连港为自由港，对各国贸易及航运一律开放。中国在大连港指定码头及仓库租与苏联；（2）大连之行政权属于中国，大连港港口主任由中国长春铁路局长在苏籍人员中遴选，征得大连市长同意后派充之，港口副主任按前述手续由华籍人员中遴选派充之；（3）对日作战时，大连受旅顺口海军根据地区域设定之军事统制；（4）由国外进入该港，经中国长春铁路直运苏联之货物，与由苏联经上述铁路经大连港出口之货物，或由苏联运入为大连港港口设备所需之器材，均免除关税；（5）所有港口设施

---

① ［美］迈克·沙勒：《美国十字军在中国（1938－1945）》，商务印书馆1982年版，第260页。

② 牛创平、牛翼青编著：《近代中外条约选析》，中国法制出版社1998年版，第119～121页。

及设备之一半，无偿租与苏联使用，租期为 30 年；（6）长春铁路由大连通往沈阳，在旅顺口海军根据地区域以内各段，应不受该区域内所设定之任何军事监督或管制。①

《关于旅顺口之协定》共 9 条。主要内容是：（1）为加强中苏两国安全，防止日本再事侵略，中国同意由中苏共同使用旅顺口为海军基地。（2）旅顺口作为纯粹的海军基地，仅由中苏两国军舰及商船使用。设立中苏军事委员会，处理军港共同使用事项。委员会由中方二人、苏方三人组成，委员长由苏方派任，副委员长由中方派任。（3）旅顺口海军基地之防护，中国政府委托苏联政府办理。（4）旅顺口区域内之民事行政属于中国，中国政府对于主要民政人员之委派，将顾及苏联在该区域内的利益，且须征得苏联军事指挥当局同意后任免。苏联军事指挥当局为保障安全与防卫而向中国行政当局所作之建议，当予以实行；如有争议，由中苏军事委员会审议决定。（5）苏联政府在规定区域内有权驻扎陆海空军，并决定其驻扎地点。（6）本协定期限为 30 年，期满后，苏联在该区域内所有财产无偿归中国政府。②

依据《关于旅顺口之协定》的附件规定：自辽东半岛西岸猴山岛（后三道）湾以南之地点起，向东经石河驿和邹家嘴至辽东半岛东岸划为一线，此线以南为苏联红军军事管制范围即苏联海军根据地陆路界线。附件还规定了苏联红军军事管制的水域界线：西方水域为自北纬 39°、东经 120°49′之点起，至北纬 39°20′、东经 121°31′之点止，将两点连为一线后，转向东北普兰店方向，至其以南之陆路界线

---

① 牛创平、牛翼青编著：《近代中外条约选析》，中国法制出版社 1998 年版，第 127 页。

② 牛创平、牛翼青编著：《近代中外条约选析》，中国法制出版社 1998 年版，第 129～131 页。

之起点；东方水域为自陆上界线终点起，向东经过北纬 39°20′、东经 123°08′之点后，转向东南至北纬 39°、东经 123°16′之点止，此

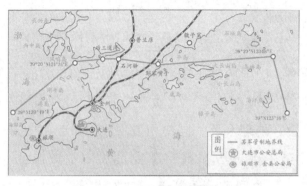

▲ 苏军管制地界示意图

两条曲线以南各岛归于本地区。这一区域范围基本上与沙俄占领和日本殖民时期的"关东州"的区域范围相一致。

《中苏友好同盟条约》实质上是对雅尔塔会议关于中国部分的确认并予以具体化；是把沙俄时期在大连及东北的权益通过条约以法律形式由苏联全部继承下来，实质上是一个不平等条约；是美、英、苏三国为了分割战后权益而牺牲中国利益的一种交易。可见，即使作为第二次世界大战的战胜国，中国依然没有从根本上摆脱如同清政府时期那样成为各个强国相互交易的筹码的悲惨地位。国民政府为了换取苏联支持，不惜牺牲民族利益而接受了强加给中国的不平等条约。

这个条约虽然不平等，但在当时的历史条件下，换得苏联出兵东北，加速了日本的灭亡，之后又迟滞了国民党军队进入东北地区的时间。对此，蒋经国后来曾回忆道：国民政府军队"想在大连登陆，苏方反对的理由：大连是商港，如允许军队登陆，就是违反了《中苏友好同盟条约》。后来，国军被诱到安东（今丹东）登陆……企图在葫芦岛登陆的国军，同样受阻，陆路进军，屡遭袭击"。① 正是由

① ［美］江南：《蒋经国传》，中国友谊出版公司 1987 年版，第 138 页，转引自《大连通史》编纂委员会编：《大连通史》（近代卷），人民出版社 2010 年版，第 982～983 页。

于遭到种种阻挠限制，国民党军队直到 1946 年春季才进入东北。而先期进入东北地区的中国共产党人抓住这一有利时机，迅速发展壮大了自己的力量。在大连地区的中国共产党人更是充分利用了这一有利条件，把大连变成了巩固的特殊革命根据地，创建了关东解放区，有力地支援了全国的解放战争。

三、苏军出兵中国东北，进驻旅顺和大连

雅尔塔会议结束后，在得到美、英两国承诺的情况下，从 1945 年 2 月到 7 月，苏联开始了横跨欧亚大陆的百万大运兵行动。此前，苏联红军最高统帅部任命华西列夫斯基元帅为远东前线的最高指挥官。苏联红军最高统帅部的既定目标是消灭日本关东军，占领南库页岛和千岛群岛，接收中国的旅顺、大连，确保苏联太平洋舰队自由出入太平洋。至 8 月，苏联已经在远东地区集结总兵力 157 万人，各种火炮 2.6 万门，坦克和自行火炮 5500 万辆，军用飞机 3900 架，[1] 完成了对日本关东军的包围态势。

此时，日本关东军共有兵力 90 余万人，是日本在海外唯一完整的机动作战部队。关东军的作战目标为防范苏联，把中国东北变成日本本土决战的后盾。到 1945 年，关东军用时 14 年，在中苏、中蒙边境修筑了 17 个堡垒工程，总长达 1000 多公里，有 8000 多个永久工事。在东北修建了 20 多个空军基地，133 处机场，200 多个起降场，400 个机场点，可容纳 6000 多架飞机；修建了 150 多座医院，拥有 7.5 万个床位；修建了可容纳 55—60 个师团的兵营，储备了可供

---

[1]［苏］谢·马·什捷缅科：《战争年代的总参谋部》，洪科译，生活·读书·新知三联书店 1972 年版，第 525～526 页。

180—200个师团使用的粮食、弹药和燃料；修建了13700多公里的铁路和22000多公里的公路，所修铁路可向中苏边境一昼夜发送90多列火车，运送两个师团的兵力。① 此前，日本在旅顺已开始兴建天皇行宫，取名"关东神宫"（解放后拆除，旧址在今旅顺同心街1号），准备作本土决战失败后天皇迁都中国东北之用。

1945年7月26日，美、中、英三国签署《波茨坦公告》，向日本政府发出最后通牒。8月6日，美国在日本广岛投下了第一颗原子弹。8月8日，苏联向日本政府发表宣战声明。8月9日0时10分，150万苏联红军以坦克开道，迅速沿中苏、中蒙边境向中国东北的日本关东军发起"向心攻击"，一路所向披靡，昔日号称"皇军之花"的日本关东军顷刻间变成了"凄凉的稻草人"。8月15日，日本天皇发布投降诏书。8月17日，日本关东军总司令山田乙三致电苏联远东军总司令华西列夫斯基元帅，称关东军"奉天皇之命停止军事行动"，向苏联红军交出武器。8月19日，华西列夫斯基要求日本关东军所有部队必须在8月20日12时之前完成投降事宜。

为加速对中国东北各主要城市的占领，迅速解除日本关东军的武装，防止工矿企业和其他重要目标遭到破坏，苏联红军各集团军在日军投降之后，纷纷组建了规模较小但弹药充足的快速分队，继续快速向前推进。

8月22日，苏联后贝加尔方面军副司令伊凡诺夫中将率领250名空降兵在旅顺土城子机场先遣着陆，就任旅顺警备司令，日军驻旅顺守备司令、海军中将小林向伊凡诺夫中将交出军刀，率部向苏军投降。8月23日，苏联红军近卫军坦克部队第六集团军的首批坦克部

---

① 汪宇燕、何明编著：《苏联出兵东北始末》，人民出版社2005年版，第215～216页。

队开进旅顺和大连。8月24日，由普列奥勃拉任斯基中将和特里波尔斯基海军少校率领的俄太平洋舰队空降兵部队在旅顺降落，在旅顺港升起苏联海军军旗。

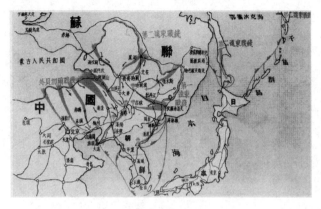

▲ 苏联出兵中国东北路线示意图

8月22日，苏联后贝加尔方面军雅曼诺夫少将率领250名空降兵在大连周水子机场着陆，在大连大和宾馆（今大连宾馆）成立苏军驻大连警备司令部，雅曼诺夫就任司令官（后由高兹洛夫中将接替）。在大广场（今中山广场）、小岗子（今西岗区）、沙河口、甘井子日伪警察署旧址分别建立了区警备司令部，实行军事管制，规定：大连有苏军驻在，不容其他军队驻扎。①

与此同时，苏联红军机械化师、坦克团、炮兵团、飞行团等部队陆续进驻金州。陆军总部设在金州城区，彼兹五谷里中将任司令官。同时在金州设警备司令部，西连科中校任司令官，在金州大连湾、大孤山、董家沟、大李家、石河、杏树屯、登沙河、华家屯、亮甲店、三十里堡、老虎山、金州城区等12个区（二十里堡区除外）设区警备司令部。

到8月底，苏联红军进驻旅大地区的兵力已达1万余人。苏军进驻旅大后，首先接受日军投降并解除日本军队的武装，将少将以上的

① 《"八·一五"后苏军在旅地区的情况》、《地方治安维持会大事日记》，转引自大连市公安局编：《大连公安史选编》（第一辑），1985年内部出版，第4页。

战犯集中看押，对全区实行军事管制，地方治安暂由日伪警察维持。

随同苏军同时抵达旅大地区的还有部分东北民主抗日联军战士。1945年9月16日（一说12日），由董崇彬、刘玉泉、季喜林等组成的东北抗日联军大连工作组从长春抵达大连。次日，大连苏军警备司令部任命董崇彬为沙河口区苏军警备司令部副司令、刘玉泉为甘井子区苏军警备司令部副司令、季喜林为西岗区苏军警备司令部副司令。他们在大连期间，协助苏军解除日伪武装，维护地方治安，筹建人民武装，为大连的解放作出了贡献。大连市政府和公安总局成立后，他们逐步将物资、仓库和部队进行了移交，于1945年11月15日撤回长春。①

苏联红军进驻旅大，标志着日本帝国主义在大连地区长达40年殖民统治的结束。从此，被日本侵略者侵占40年的"关东州"——旅大金（旅顺、大连、金州）地区重新回到了祖国的怀抱。旅大解放了！

---

①大连市公安局编：《大连公安历史长编》，1987年内部出版，第3~5页。

第二节

关东解放区的建立

在苏联红军向中国东北发起进攻的同时，中共中央命令冀热辽边区和山东解放区的人民军队迅速开赴东北，并陆续派遣政治局委员彭真、陈云、高岗、张闻天和 1/4 以上的中央委员，率领 2 万名干部和 10 万大军挺进东北，与共产党在东北的抗日力量会合，消灭日本侵略军和伪满残余，建立民主政权。与此同时，国民政府在美国的帮助下，从陆、海、空三路向东北大举进军。苏联根据与国民政府签订的《中苏友好同盟条约》，陆续将东北占领区的行政权交付国民政府。一场争夺东北的激烈斗争不可避免地展开了，而位于辽东半岛南端、扼海陆交通要冲的旅大地区，更是成为这场争夺战的重点之一。

一、旅大解放初期的政治社会形势

旅大解放初期，除了苏联军管当局和东北抗日联军大连工作组外，主要有以下三股政治势力：

一是中共胶东区党委委派在大连建立的地下抗日组织和旅大人民自发的武装组织。抗日战争时期，中共胶东区党委曾派左友文等来大连开展地下工作，发展武装力量，并任支部书记。"八·一五"

后，他已组织有 300 人的武装，命名为中国国民革命军第十八集团军第八路军，但由于没有与苏军接上联系，后由李鹏华率领转战庄河，编入东北人民自治军辽南大队。此外，中共胶东区党委还曾于 1943 年派张世兰、张寿山来连，建立了抗日同盟会。"八·一五"日本投降后，抗日同盟会已组织起一个营四个连、共五六百人的武装队伍，命名为中国国民革命军第十八集团军胶东军区第五支队，也是由于没有与苏军接上联系，其中的一、二连于 1945 年 9 月 24 日被沙河口区苏军警备司令部包围后解散，三、四连仍继续活动，后成为共产党领导下的甘井子区警察分局的重要力量。①

旅大解放后，一些工人积极分子自发组织职工会和工人纠察队，一面护厂，一面为维护工人权益与厂主、资本家进行斗争。还成立了自发的武装组织，比较著名的有李瑞和、李世燕、牟正之、孙振山组建的中国八路军辽东地方特别工作队，李仲和、宋文芝组建的中国八路军仲和治安大队，以及张世政组建的武装队伍等。这几支武装队伍共有人员近千人，枪支若干，其中，除李瑞和等领导的中国八路军辽东地方特别工作队被后来成立的大连市公安总局改编外，其他几支大都被苏军解散。②

二是日伪残余势力。旅大解放后，日本在旅大的殖民统治机构尚未彻底解体，一些汉奸、劣绅、敌伪残余等不甘心失败的残余势力，摇身一变，成帮结队，以协助苏军维持治安的名义，取得了合法地位，继续为非作歹，密谋东山再起。1945 年 8 月 18 日，大连伪商会会长、大汉奸张本政等勾结原日本关东州厅长官今吉敏男，打着"协力当局维持治安并谋民生"的幌子，成立了大连地方自卫委员会

---

① 大连市公安局编：《大连公安历史长编》，1987 年内部出版，第 5~6 页。
② 大连市公安局编：《大连公安历史长编》，1987 年内部出版，第 6~7 页。

（后改称"大连中国人会"）。9月12日，该组织经苏军军管当局同意，又改称大连地方治安维持委员会（简称维持会），并组织了"欢迎国民党党政军筹委会"。与此同时，一些日伪残余、汉奸、劣绅、工头恶霸等反动势力相继在旅顺、金县和大连的沙河口区、岭前区等地成立了地方治安维持委员会。它们打着协助苏军维持地方治安的名义，到处招兵买马，网罗社会渣滓，迅速拼凑起了近万人武装，组织了县区警察署，公开叫嚣准备迎接中央军队和美军，一度左右了大连的政局。据史料记载，当时大连地区除甘井子区在抗联工作组刘玉泉扶持下建立了新型的人民警察局外，其他如大广场、西岗、沙河口、旅顺、金州等大部分地区的警察局均掌握这些人手里，① 即使是共产党控制下的甘井子区警察署及其所辖派出所，也被治安维持会安插了若干亲信。②

　　三是国民党地区党部。国民党凭借着国民政府与苏联政府签订的《中苏友好同盟条约》，公开在旅大各县市区成立地区党部，大肆发展党员，进行反苏反共的破坏活动，准备接收旅大。1945年9月，国民党东北党务专员罗大愚，先后从长春派出两批人马到大连，组建了国民党大连市党部。10月1日，经苏军大连警备司令部同意，公开挂出国民党大连市党部的牌子，以合法身份公开活动。与此同时，罗大愚又指派刘启华等先后组建了国民党金县党部和旅顺市党部。不久，苏军当局发现他们公开进行反苏反共宣传，遂于10月5日，将汪渔洋等人拘押，宣布取缔国民党大连市党部。从此，国民党在旅大地区转入地下活动，组建地下武装，与大连治安维持会等反动组织相勾结，阴谋颠覆民主政权。

---

① 大连市公安局编：《大连公安历史长编》，1987年内部出版，第16～17页。
② 大连市公安局编：《大连公安历史长编》，1987年内部出版，第9页。

在上述反动组织的把持下，解放初期的旅大治安形势可以说非常混乱，交通阻滞，商行关闭，工厂停产，工人失业，学生停课，经济瘫痪。一时间，盗匪四起，枪声不断，民不聊生。据史料记载，从1945年9月5日至9月22日，短短18天内，仅大连市内就有19家公司企业和24户居民住宅遭到哄抢。① 再加之国民党凭借合法地位大肆进行的反苏反共宣传和"撒灰"活动，"迎接国军"的谣言四起，广大民众人心惶惶。中共旅大地方党组织就是在这种历史背景下，根据中央部署，开始了人民民主政权的筹建工作。

二、关东解放区民主政权的建立

中共旅大地方党组织在中共中央东北局的领导下，与原在旅大的抗日力量及旅大人民自发的武装组织相互配合，密切联系群众，依据苏联红军军管旅大地区的实际情况，努力取得苏联红军的支持，同时又照顾到苏联在大连的特殊境地及其外交影响，实行坚定灵活的斗争方针，采取公开与隐蔽相结合的斗争形式，在旅大建立了党的组织和人民民主政权，使旅大地区成为由苏联红军军管、中国共产党领导下的特殊解放区，使大连成为中共在全国最早控制政权的大城市之一。

（一）关东解放区地方党组织的建立

为贯彻中央指示，1945年9月9日，中共山东省胶东区党委、北海地委率先派出长山列岛特区工委书记兼武装大队政委郭壮及干部吴善昌、王泽民等一行14人，携带胶东北海军分区司令员孙瑞夫、政委刘浩天致苏联红军司令部的信函，乘船到达旅顺。在与苏联红军

---

①大连市公安局编：《大连公安历史长编》，1987年内部出版，第9页。

取得联系并经苏军同意后，他们以"民主训练处"、"民众联合会"的名义在旅顺开展工作，揭开了中国共产党以特殊的方式在苏军管区内从事党的组织建设和人民民主政权建设的序幕。10月初，以吴善昌为书记的中共旅顺市工作委员会正式成立，主要负责旅顺市和金县党的组织建设。最初，旅顺工委隶属中共胶东区党委和北海地委。1945年12月，旅顺工委改为旅顺市委，划归中共大连市委领导。

1945年10月初，中共中央东北局派原中央东北工作委员会常务副书记韩光①到大连，同苏联红军当局交涉中共山东部队乘船到东北路经大连事宜。苏军驻大连警备司令官高兹洛夫中将接受了中共的提议，同时建议中共尽快派干部到大连，配合苏军对旅大地区进行管理和建设。高兹洛夫向韩光提出："希望能赶快把市委成立起来，派个市委书记，市政府要派个副市长"②，还"需要派个公安总局长"。③韩光返沈后，立即向东北局彭真等领导同志作了汇报。东北局认为大连的形式和时机很好，应尽快搭建起党、政、警、群领导机构的架子，掌握大连政权。决定任命韩光为中共大连市委书记，并从首批到沈阳的解放区干部中选派优秀人员到大连参加工作。

中共中央东北局对大连党组织的指示概括起来是：要从苏联红军对大连地区实施军管的实际出发，工作中要照顾到苏联的外交利益，不使苏军产生困局；在实施中共各项政策时要同苏军当局友好协商；

①韩光（1912—2008），黑龙江齐齐哈尔人。1930年加入中国共产党。1945年10月受命赴大连组建大连市委，先后任中共大连市委书记、中共旅大地委书记、旅大市市长等，为解放初期的大连发展作出了重大贡献。1952年12月调离大连，曾任中共中央纪律检查委员会书记等职。

②在此之前，苏联军管当局已内定由大连市治安维持会副会长迟子祥任大连市市长，并已报斯大林批准决定。

③韩光：《关于大连解放初期公安工作的一些情况》，载大连市公安局编：《大连公安史选编》（第三辑），大连出版社1990年版，第106～107页。

工作方式方法应有别于其他解放区的模式，在此前提下放手开展工作，充分发动和依靠工人阶级恢复和发展生产，安定民生，支援前线。

1945年10月中旬，遵照中共中央东北局提出的"抢形势"、"搭架子"指示，韩光等人二次返回大连，经与苏军协商后，迅速开始了党组织的建设工作。出于形势考虑，最初他们是以中共大连市工作委员会的名义开展工作的，由韩光、原晋绥区党委秘书吕赛，以及先期进入普兰店的原胶东区党委情报科科长陈云涛、中共中央晋绥分局情报处处长于会川、山东军区滨海第三军分区司令员赵杰、胶东军区政治部第二科科长张致远、中共中央统战部友军工作科的王西萍等组成。他们先后与抗战时期在大连活动的中共胶东大连支部、胶东海外各界抗日同盟总会大连分会、大连社会科学研究会等革命组织取得联系，使他们在大连市工委领导下开展工作。

11月初，中共大连市工委对内改称中共大连市委员会，直属中共中央东北局领导。下设组织部、宣传部、社会部、民运部四个工作机构，辖1个市委（旅顺市委）、2个县委（大连县委、金县县委）、5个区委（寺儿沟区委、岭前区委、西岗区委、沙河口区委、甘井子区委）。在此期间，苏军当局曾多次提议大连市委挂出牌子，公开活动。大连市委经反复考虑，经报请东北局批准，决定大连党组织暂不公开。

大连市委成立后，在苏联红军的配合支持下，首先抓新闻舆论宣传工作，于10月下旬派人接管了由日本人办的《泰东日报》。11月1日，中共大连市委机关报《人民呼声》正式创刊，这是中国共产党在大城市创办的最早的报纸之一。考虑到当时大连党组织并未公开，报纸对外以市职工总会的名义主办发行。1946年6月10日，《人民呼声》改名为《大连日报》。《人民呼声》报创刊后,《新生时报》①、《民众报》、《实话报》等报刊相继问世。1945 年 12 月,大连市委派人以大连市政府名义接管了日本人创办的大连中央放送局,改名为大连广播电台,于 1946 年 1 月 16 日正式开播,这是继延安新华广播电台之后建立的第二座人民广播电台。为便于处理各方面关系,报纸、电台有意识地选用中央社、美联社、共同社发来的电讯稿,标题尽量采用中性语言,运用多种形式宣传中国共产党的方针政策,对于推动大连地区的社会安定、促进经济发展和发动群众发挥了作用。

大连市委组建后,通过各种形式积极发展党员干部,充分发动群众。从 1945 年 10 月到 1946 年 4 月,大连市委以市总工会的名义,先后举办了 5 期工人训练班,共培训工人骨干 1000 余人,从中发展党员 300 多人。各级党组织也积极开展工作,加强骨干培养,从 1945 年 9 月到 1946 年 6 月,共建立党支部 104 个,发展党员 1581 名。为发动群众,大连市委先后在全地区开展了反奸清算、减租减息、住宅调整运动。这是中国共产党领导下的大连地区对人民群众进行的最现实、最深刻的翻身解放教育运动,有效地团结和发动了人民群众,仅大连县就发展党员 124 人,全县 70 个建制村,有党员的村达到 56 个,建立党支部 13 个。到 1946 年末,全区党支部由 104 个发展到 202 个,新发展党员 1209 人,党员总数达到 2790 名。②

这里有必要再来介绍一下中共旅大地方党组织与苏军的关系,这对进一步了解关东解放区检察制度的建立发展非常重要。二次大战后,国际政治格局发生了新的变化,美苏由战争期间的盟友关系迅速

---

① 大连市政府机关报。
② 《大连通史》编纂委员会编:《大连通史》(近代卷),人民出版社 2010 年版,第 1000 页。

转变为相互对立的关系。在远东，美国企图利用国民党控制中国东北，而这与苏联的远东利益明显相抵触。因此，从抵制美国的远东计划着眼，苏联对国民政府接收东北和旅大并不支持，这表现在国民党企图在大连建立运兵航空站、借用美国军舰往东北运兵在大连登陆，以及接收旅大的整套计划，都遭到了苏联政府的拒绝，而对中国共产党军队途经大连北上以及在旅大建立民主政权却给予了默许。虽然苏军对中共旅大党组织给予了大力支持，但根据《中苏友好同盟条约》，出于外交考虑，苏军又对中共旅大党组织的活动进行了种种干涉和限制。因此，1945 年 10 月，中共中央东北局书记彭真曾明确指示中共大连市委：要充分利用苏军在旅大驻军这一对我有利的方面，既要照顾苏联的外交关系，又要放手开展工作；要充分发动和依靠工人阶级，恢复生产，安定人民生活，努力支援前线；在当地实施我党的各项政策，要同苏军当局充分协商取得互相谅解；工作方法上，不可照搬其他解放区的模式。① 遵照这一指示精神，中共旅大党组织确定了与苏军当局的关系原则：地方党政领导与苏军当局高层始终保持密切联系，出现分歧时及时交涉，通过改进关系，保证政策顺畅实施；认清共同利益所在，求大同存小异；在实践中向苏联驻军学习。② 如在反奸清算斗争中，很多地方采用了老解放区的方法，在开批斗会时给地主戴纸帽、游大街，苏军对这种做法坚决反对，曾冲进会场把桌子掀了，甚至要关押区干部。经交涉后旅大党组织改变了工作方法，将斗争改在室内进行。同时，中共旅大党组织对苏军当局也不是一味迁就，而是以同志式的态度，提出批评意见。如在政治关系上，苏军经常对当地工作事无巨细，指手画脚。对此，1948 年 3 月

---

① 韩光：《旅大八年》，载《大连党史》1990 年第 4 期，第 7 页。
② 韩光：《旅大八年》，载《大连党史》1990 年第 4 期，第 14 页。

15 日，中共旅大地委专门起草了《关于苏共与中共同志在完成巩固苏联海军基地共同任务中的工作关系问题几点意见》，向苏军提出批评意见。苏军对中方的意见十分重视，最后经过协商，决定双方每月召开一次联席会议，互相交流沟通情况。应该说，在一些重大问题上，苏军当局维护了与旅大地方党组织的友谊，如默许中共将旅大建成隐蔽的后方基地、帮助中共战胜国民党封锁、发展生产等，为中共旅大党组织和关东解放区的建立和发展作出了贡献。①

在中共旅大党组织方面，为了照顾苏方的外交关系，在 1949 年 4 月 1 日正式公开之前，其各级组织及其所开展的一系列活动，都是以隐蔽或半隐蔽的方式存在和进行的。在不公开活动期间，党的许多活动都是通过以各种身份作掩护的党员和群众组织来进行的，如市委书记韩光对外的公开身份是大连市公安总局训练处处长、关东公署副主席，市委委员陈云涛是大连市政府副市长等。当时很多政府机关的主要领导也都是由共产党员来担任的，如市公安总局局长赵东斌②、大连地方法院第一任院长兼首席检察官于会川、关东高等法院两任首

---

① 韩光：《旅大八年》，载《大连党史》1990 年第 5 期，第 23 页。

② 赵东斌（1913—2005），曾用名赵杰。汉族。河南商城人。1928 年 2 月参加中国工农红军。1933 年 5 月加入中国共产党。1945 年 10 月，抗战胜利后调任大连市公安总局局长、市委委员。1946 年 8 月兼任大连地方法院首席检察官。1946 年 12 月调离旅大，任辽宁军区副司令员。建国后历任东北军区装甲兵副司令员、中国人民志愿军坦克兵指挥部司令员、沈阳军区装甲兵司令员、军委装甲兵副司令员等职。2005 年病逝于北京。

席检察官乔理清①和裴华夏②、大连地方法院第二任院长曾化东等都是共产党员。许多政府机关如旅大行政联合办事处、关东公署、关东高等法院等还成立了党组，并以党的组织原则来开展工作，如关东高等法院《关于领导关系、分工负责及会议制度的决定》明确规定，关东高等法院以"民主集权制"为组织原则。用时任大连市委书记韩光的话，这叫"西瓜政策"，外面的皮是国民党的，里面的瓤是共产党的。这是关东解放区地方党组织的一个明显特点，也是其开展工作的一种策略。通过这种策略，在苏军的积极配合与支持下，中共大连市委（地委）有效地控制了大连市政府、关东公署、大连市公安总局、关东高等法院等要害部门，将旅大地区的政权牢牢地掌握在党的手里。也正是从这一点上，关东解放区又被称为苏联红军军事管制，实为中国共产党领导下的特殊解放区。

（二）关东解放区民主政权的建立

1945年9月，国民党依据《中苏友好同盟条约》、中苏《关于大连之协定》、中苏《关于旅顺口之协定》，开始着手接收大连的准备

---

① 乔理清（1910—1949），又名乔天榜、晓三等。汉族。山西省临汾县人。早年积极宣传进步文化思想，被阎锡山密令通缉，奔赴延安。1937年4月在延安抗大学习时加入中国共产党。1947年1月来大连，同年4月任关东高等法院首席检察官、中共旅大地委社会部副部长。1948年9月，先后历任关东公安总局副局长、旅大行政委员会委员、旅大区党委锄奸委员会委员等职。1949年10月22日因积劳成疾，病逝于大连，时年39岁。

② 裴华夏（1903—1954），又名裴济华。汉族。安徽省寿山县人。1925年参加革命。1926年加入中国共产党。1928年赴莫斯科中山大学学习。回国后曾任上海党中央交通局主任、中共皖西北特委宣传部长、上海互济会书记、济南市委书记、开封市委书记等职。1947年3月来大连。1948年10月，被关东公署任命为关东高等法院首席检察官。1950年6月，受命组建旅大人民检察署。同年10月14日，任新成立的旅大人民检察署副检察长。1954年9月28日病逝于北京，享年51岁。

工作，成立了国民党东北各省市党务专员办事处，将大连定为行政院院辖市，并任命沈怡为大连市市长，在重庆和上海成立了大连市政府办事处，准备接收大连。同时派出人马到旅顺、大连、金州成立国民党党部，作为接收大连的先遣队，与大汉奸张本政为首的大连治安维持会等地方伪政权相勾结，妄图控制大连地区的政局。

在这种严峻形势下，为避免给国民政府接收旅大和美国政府干预以口实，1945 年 10 月 27 日晚，根据中苏两国签订的《中苏友好同盟条约》及有关协定的精神，苏军当局在大连大和宾馆（今大连宾馆）召集大连市社会各界代表会议，协商成立大连市政府和政府组成人员名单。出席会议的有中国共产党方面的市职工总会代表唐韵超、陈云涛，治安维持会代表邵尚俭、迟子祥，国民党大连市党部代表王德崇等 10 余人。会议在苏军大连警备司令高兹洛夫的主持下，一致同意成立大连市政府。会上，苏军当局推荐治安维持会的代表迟子祥为市长，中共领导的职工总会推荐中共党员、市委委员陈云涛为副市长。经协商，与会代表一致同意。

10 月 28 日，苏军大连警备司令高兹络夫中将签署文告，宣布日本统治时期的政府机构行政官员全部退职，任命迟子祥①为市长，陈云涛②为副市长，组建新的市政府。大连市政府内设秘书处、财政

---

① 迟子祥（1884—1951），山东蓬莱人。1903 年到大连，以经营杂货起家。1920 年代末，当选山东同乡会会长。从 1930 年代开始，陆续担任大连商会副会长、大连地方治安维持会副会长等职。1945 年 10 月任大连市长。1947 年 4 月任关东公署主席。1951 年，因反革命罪被判处死刑。

② 陈云涛（1906—1984），山东黄县人。1925 年加入中国共产党。1945 年抗战胜利后受中国胶东区党委派遣到东北开展工作。同年 9 月 25 日，新金县（今普兰店市）民主政府成立后任第一任县长。1945 年 10 月，奉命调至大连工作，出任大连市副市长并任中共大连市委、旅大地委委员等职。1956 年后，调至北京工作。

局、社会局、建设局、教育局、卫生局、公安总局①等，共有职员2657人②，其中有日籍职员 780 人，中国籍旧式留用人员 1500 人。政权建立之初，虽然人员构成复杂，并且由资产阶级的代表人物担任市长，但并没有影响人民民主政权的性质和中国共产党对民主政权的掌控，更没有影响中国共产党的主导性及政策的实施。对此，时任大连市委书记韩光回忆道："苏军当局提名当地大商人迟子祥出任市长，我党以职工总会的名义推荐陈云涛任副市长。有几个局长职位也都是苏方提名，由当地工商界人士担任。我们委派了市政府的秘书长及公安、财政、教育等局局长和其他各局的副局长。……由于当时的特殊历史条件，大连的地方政权有很大的特殊性，虽然让政治名声不好的迟子祥当了市长，但政府的实际权力还是牢牢掌握在我党的手里。"③

---

① 根据当时的档案资料（参见省档案局：《1947 年大连市政府各级人员姓名及简历》），当时大连市政府只设有秘书处和财政局、社会局、建设局、教育局、卫生局五个局，并没有公安总局这一设置。但根据时任大连市公安总局局长赵东斌及其夫人王华的回忆，"在行政机构上，我们属于市政府一个局，但是我们和政府还有着一定独立性"。[参见赵杰、王华：《解放战争初期的大连公安工作》，载大连市公安局编：《大连公安史选编》（第三辑），大连出版社 1990 年版，第 128 页。] 而且，时任大连市委书记韩光在回忆这段历史时，也称公安总局是市政府的一个局。他回忆道，在市政府人员的组成上，"我党以职工总会的名义推荐陈云涛任副市长。……委派了市政府的秘书长及公安、财政，教育等局局长和其他各局的副局长"。（参见韩光：《解放初期的大连》，载中共大连党史网：http：//www.szb.dl.gov.cn/typenews.asp? id = 175。）如此来看，在当时的大连市政府序列上，是有公安总局这一设置的，可能是我党当时为了便于加强对公安机关的领导和掌控，才没有明确将其纳入市政府的系列。但到后来成立关东公署时，便正式将关东公安总局纳入关东公署的序列。笔者在此采纳了韩光和赵东斌等人的回忆，将公安总局作为当时大连市政府的一个内设机构。

② 《大连通史》编纂委员会编：《大连通史》（近代卷），人民出版社 2010 年版，第 1004 页。这一数字不包括公安总局的工作人员。

③ 韩光：《解放初期的大连》，载中共大连党史网：http：//www.szb.dl.gov.cn/typenews.asp? id = 175。

11 月 8 日，大连市各界群众在市政府门前广场（今人民广场）召开庆祝大连市政府成立大会，市长宣布就职，颁布 11 条施政纲要。主要内容包括：保障人民生命财产及合法权利；保障人民的言论、出版、集会、结社、思想、信仰的自由；凡敌军及伪满军之武器、弹药、装备、器材，任何人不得破坏或隐匿；迅速恢复一切生产；保证学龄儿童有受到教育的机会；实行婚姻自由；坚决镇压战争罪犯和罪大恶极的汉奸，没收其财产等。副市长陈云涛在大会上宣布，"大连地方治安维持会"为非法组织，予以取缔，并希望市民协助政府做好城市生产、生活，恢复经济建设。

这是在苏联红军军事管制下，实行各界统一战线，由中国共产党担负起全部领导责任的民主政权，中共党员通过在政府各部门担任公开职务的便利条件，同人民群众保持密切联系，不断扩大党的政治和社会影响力。

大连市政府成立后，立即着手没收、接管日本公营工厂、仓库和军阀、财阀、战争罪犯的财产工作，严惩罪大恶极的汉奸特务，收缴日本侨民私藏的武器弹药，开展禁烟（鸦片烟）、禁赌、禁娼等行动，社会秩序迅速得到改善。与此同时，开始对政府机关工作进行整顿，裁减冗员，简化行政手续。经过两次精减，到 1946 年年底，政府职员由 2657 名减至 628 名，精干了队伍，提高了工作效力。此外，市政府还对所辖区界进行了重新划分，确定市内划分为 12 个区，即寺儿沟区、南山区、老虎滩区、西岗区、中央区、黑嘴子区、刘家屯区、沙河口区、马栏屯区、星个浦区、香炉屯区和甘井子区。市郊划出 6 个区，即革镇堡区、南关岭区、营城子区、栾家屯区、小平岛区和岔沟区。1946 年年初，又将市内 12 个区合并为 5 个区，即中山区、寺儿沟区、西岗区、岭前区和沙河口区。1946 年年初，为应对国民党接收旅大，大连市委经研究决定，成立了大连县，将大连市郊 6 个区和市内原星个浦区、香炉屯区、甘井子区 3 个区划归大连县管辖。① 大连市政府对辖区采取四级管理体制，即市、区、坊、间。区为二级政权，坊为区的派出机关，每个区辖 20—40 个坊不等，每个坊 25 个间，每个间 25 户。当时，大连市区人口为 479913 人，共辖138 个坊，3786 个间。②

　　1946 年 1 月 30 日，为加强民主化政治建设，遵照中共中央东北局的指示，依照政治协商会议精神，中共大连市委在市政府礼堂召开了有各阶层代表参加的市临时参议会议，参会人员包括各界代表 100余人。会议制定了《大连市临时参议会组织条例》、《旅大地区各级政府暂行施政纲领》，民主选举出 51 名参议员、3 名大连市行政委员。中共党员唐韵超当选临时参议会议长，徐宪斋、韩光为副议长，并由 5 人组成驻会委员会。会议还决定成立大连地方法院，选举中共党员、大连市公安总局副局长于会川为大连地方法院院长兼首席检察官。1946 年 3 月，大连市临时参议会举行第二次全体会议，审议副市长陈云涛代表市政府向大会所作的《半年来的施政报告》。与会代表经过审议，对市政府半年来的各项工作提出了许多意见和建议，并一致通过发展工商业、文化教育、市政建设等重要议案。大连市临时参议会是大连市的最高权力机关，它的成立是大连政权建设上的一个创举，对团结各界力量参政议政、建设民主政治具有重要意义。

　　在大连市民主政权建立前后，中国共产党领导下的旅顺市政府、

---

①根据当时大连市委的考虑，如果国民党成功接收大连，中共大连党组织将让出大连市区，退守广大的大连郊区开展斗争，走农村包围城市的道路。成立大连县，就是为了缩小大连市的管辖范围，为我党开展农村斗争留出足够的发展空间。

②参见《大连通史》编纂委员会编：《大连通史》（近代卷），人民出版社 2010 年版，第 1005 页。

金县县政府等也相继成立。1945 年 8 月下旬，以旅顺一心药铺张心斋为首，成立了"旅顺民众联合会"。同年 9 月初，由胶东区党委派来旅顺的王泽民、郭壮等人与张心斋等取得联系，对"民众联合会"进行了改组，使之成为接受共产党领导的革命组织，张心斋任会长，王泽民任副会长。10 月 15 日，在旅顺苏军当局的主持下，以"民众联合会"和国民党操纵的维持会为基础，组成旅顺市政府，中共党员王世明为市长，维持会委员陈民立为副市长。此后，共产党领导下的金县县政府和大连县政府分别于 1945 年 12 月 16 日和 25 日先后成立。

至此，共产党领导下的关东解放区四个主要基层民主政权全部成立。当然，此时的关东解放区还没有一个统一的全区性的政权组织形式，各基层政权基本上还处于一种彼此独立、各自为战的局面，一些全区性的组织协调实际上主要是由大连市委通过各市、县党组织来实现的。这种状况直到旅大联合行政办事处特别是关东公署成立后才得以改观。

（三）人民警察队伍的建立

苏联红军进驻大连后，大连虽然从日本的奴役下解放出来，但社会治安形势十分严峻，大部分警察署和地方治安的权力迅速把持在由国民党支持的地方维持会手里。加强社会治安管理，建立一支人民的警察队伍，成为中共大连市委一项极为重要的任务。

1945 年 9 月 16 日，以董崇彬、刘玉泉、季喜林等 7 人组成的东北抗联大连工作组受命赴大连，分别被任命为西岗区、沙河口区和甘井子区的苏军警备司令部副司令，协助苏联红军解除各类非法武装，收缴日本警察的武器弹药，改编维持会。10 月 1 日，刘玉泉经与抗盟会取得联系，决定由抗盟会派干部、战士进驻甘井子区警察署，任命抗盟会三连指导员李继先任甘井子区警察局长兼治安大队长，这是中共在旅大地区建立的第一支合法的人民警察队伍。10 月下旬，中共辽东军区派秦淑云、金路清等到沙河口区警察署工作，在苏军和董崇彬的支持下，收编了区治安大队，组建了沙河口区警察局，秦淑云任局长，金路清任副局长。10 月 25 日，苏军以勾结土匪等罪名将维持会支持的西岗区警察局长苏省三逮捕，季喜林随即任命胶东派来的中共干部姜彬义任西岗区警察局长。同日，中共旅顺区工委和市政府，以反苏、私收烟税等罪名逮捕旅顺市警察局长、伪治安维持会头子吴执中，将旅顺市警察局改称旅顺市公安局，任命中共党员郭壮为公安局长、李茂德为副局长。

就在抗联大连工作组等紧锣密鼓地组建人民警察队伍的同时，中共大连市委也积极着手组建大连市公安总局（最初称大连市警察总局）。1945 年 10 月中下旬，中共山东滨海三分区司令员赵杰奉命来大连，被苏军大连警备司令高兹洛夫任命为大连市公安总局局长。按照苏军要求，为便于工作，赵杰改名赵东斌。

随后，韩光召集会议，传达了"东北局对大连工作的方针和彭真同志关于开展大连工作的指示"，就如何"抢形势"、"搭架子"、"组建警察局"等问题进行了探讨。① 会议决定：总局的办公地点为现人民广场 3 号（今大连市公安局办公地址）；尽快对现有各县区的警察队伍进行排查，摸清底数；抽调得力干部组建警察总局。会议确定了以警察总局为依托，组建人民武装的工作思路，决定先以旅顺、甘井子、沙河口、西岗警察局为重点；对情况复杂、问题严重的大广

---

① 大连市公安局编：《大连公安历史长编》，1987 年内部出版，第 16 页。

场、金州警察局，先摸底，再分化瓦解，打击少数，争取多数。① 经过紧张筹备，1945 年 11 月 7 日，大连市警察总局正式成立。11 月 25 日，为区别于旧警察署，大连市警察总局改称大连市公安总局，各分局随之改称公安分局。

公安总局组建之初，下设秘书室、训练处、保安科、总务科，另在大连市委社会部设立侦查科、情报科、狱政科，作为总局的职能部门。这是对外称呼，对内则完全是按八路军的组织形式搭建的（改编后的各县、区分局也是如此），设司令部、政治部、后勤部，其中秘书室对内称司令部，训练处称政治部，保安科称作战科，总务科称后勤部，韩光对外称训练处处长，对内则称政委。② 在组织关系上，总局党的领导关系归属大连市委，军事指挥和干部任免统归辽东军区，其中总局营以上干部和县、区、局级以上干部，均由辽东军区决定和任命。③

当时，大连地区公安战线的领导干部来源非常广泛：一是东北抗联战士；二是从延安和冀、鲁解放区，以及新四军派来的干部，以山东最多；三是组织调动路经大连的干部，主要是从东北局、辽东军区派到大连的干部；四是从当地挑选、招收的工人、农民、学生等。

大连市公安总局成立后，随即对各县区警察局进行接管和收编。当时，经过东北抗联大连工作组和中共旅顺工委的工作，到 11 月初，由维持会控制的西岗警察局、旅顺警察局和沙河口警察局均已控制在

---

① 赵杰、王华：《解放战争初期的大连公安工作》，载大连市公安局编：《大连公安史选编》（第三辑），大连出版社 1990 年版，第 126～127 页。

② 赵杰、王华：《解放战争初期的大连公安工作》，载大连市公安局编：《大连公安史选编》（第三辑），大连出版社 1990 年版，第 129 页；大连市公安局编：《大连公安历史长编》，1987 年内部出版，第 17 页。

③ 赵杰、王华：《解放战争初期的大连公安工作》，载大连市公安局编：《大连公安史选编》（第三辑），大连出版社 1990 年版，第 127～128 页。

我党手里。到 1946 年 6 月，总局又陆续接管、收编了大广场警察局（1945 年 11 月 18 日）、大连消防队（1945 年 12 月 4 日）、金县警察局（1945 年 12 月 7 日），建立了水上警察局（1945 年 11 月上旬）、岭前公安分局（1946 年 1 月 8 日）、大连县公安局（1946 年 2 月），以及各警察大队，从而将旅大地区的治安大权牢牢控制在我党手里。

关东解放区公安机关的主要任务：一是维护社会治安；二是准备打仗，是穿着警服的解放军；三是支援前线，为前线培养和输送兵源。

在组建党、政、警机构的同时，中共大连市委还加强群众团体的组建工作，先后组建了大连职工总会、大连市各界妇女联合会等群众性组织。到 1945 年 12 月中旬，中国共产党领导下的关东解放区的党、政、警、群组织的架子陆续搭建起来，基本完成了中共中央东北局提出的关于"抢形势"、"搭架子"的工作任务，为关东解放区的巩固和发展打下了坚实的组织基础。

三、锄奸反特，建立革命秩序

为了争夺旅大，国民党首先采取的阴谋手段是策反、暴乱与武装颠覆，妄图趁民主政权立足未稳之际，夺取领导权。日伪残余分子也不甘心失败，趁机行凶抢劫，扰乱社会秩序。刚刚建立的民主政权在中国共产党的领导下，粉碎了敌人的阴谋破坏活动，取得了重大胜利。

（一）与"地方治安维持会"的斗争

旅大解放初期，以张本政为代表的汉奸、劣绅和日伪残余势力，利用天时、地利的便利条件，在骗取苏军的信任后，迅速在大连、旅顺、金县等地建立了地方治安维持会，组建了县区警察署（局）和治安队，一度左右了旅大的政局。与维持会争夺治安管理权就成为成立之初的旅大民主政权的一项主要任务。

1945年11月4日，大连市政府召开庆祝苏联十月革命28周年和大连市政府成立纪念大会的筹备会。会上，大连维持会会长张本政率先发难，企图推翻职工总会推荐的以陈云涛为代表的中共方面的政府人选。职工总会代表据理力争，挫败了其阴谋。11月7日，大连市各界人民在市体育场隆重集会，纪念苏联十月革命28周年。会上，工人高呼口号，要求惩办汉奸张本政。在会后的游行过程中，负责大会安全的维持会死硬分子开枪打死了一名纠察队队员。在职工总会的领导和市公安总局的支持下，维持会分子的武装被最终缴械。

11月8日，大连市政府成立后，维持会被宣布为非法组织予以取缔，但其所支持的武装组织依然存在。后经过东北抗联大连工作组和中共旅顺工委的工作，陆续控制了由维持会支持的西岗警察局、旅顺警察局和沙河口警察局，只剩下大广场和金县这两个警察局还把持在维持会的手里。

1945年10月下旬，筹建中的公安总局派中共党员赵恩光任大广场警察署副署长，遭到维持会支持的原署长潘澄宇的顽固抵抗。总局遂派谭松平、高英、任九珠等进驻大广场警察署，任谭松平为警察署第一大队副大队长，进行内部分化瓦解工作，但潘澄宇依然立场反动。鉴于潘澄宇曾系恶霸工头，有民愤血债，总局决定除掉之，彻底接管大广场警察局。11月17日，总局以召开会议之名，将潘骗至总局，就地逮捕，于1946年4月5日被大连地方法院判处死刑。逮捕潘澄宇后，谭松平等人迅速控制住潘的亲信，并进行分化教育。11月18日，总局任命赵恩光为大广场警察局局长，谭松平、徐喜庆为副局长，从而扫除了维持会在大连市区最后一个武装组织。

1945 年 9 月 13 日，苏军金州警备司令部指派金州地方维持会与邓德山（曾任伪团长）等组织的队伍组建了金县公安局，任命刘熙文为局长，邓德山为保安大队长。1945 年 10 月下旬，公安总局局长赵东斌将胶东军区派来大连的王善兴等人分配到金县公安局，被苏军任命为公安局副局长。11 月中旬，金县工委讨论决定：（1）打垮维持会，成立民主政府；（2）解决警察领导权；（3）开展工人工作。12 月 7 日清晨，经县工委李建东和王善兴等要求，苏军将邓德山父子三人逮捕归案，随后任命中共党员赵寿梦为金县公安局长，王善兴为副局长，县工委委员陈远吉为副局长兼保安大队队长。至此，旅大地区被维持会把持的最后一个武装组织被清除。

（二）歼灭国民党"东北海军陆战队"和"暴力团"

1945 年 9 月初，国民党东北海军陆战队上尉分队长李中奉命由营口潜入大连，纠合日伪残余分子组织反动武装。李中到达后，与国民党原上海特派员王云取得联系，以大连"中华栈"为据点，密谋策划建立国民党中央"东北海军陆战队"。随后，李中、王云在大连地区四处招兵买马。1945 年 10 月 30 日，正在筹建中的大连市警察总局接到情报："国民党海军陆战队一伙住在'中华栈'招兵买马。"公安机关迅速出击，除李中外，其余全部抓捕归案。

在破获国民党"东北海军陆战队"案后不久，大连市公安总局又再次侦破了国民党"暴力团"案，一举捣毁了国民党在大连的地下武装组织。

1946 年 1 月 25 日（农历腊月二十三）下午，大连市岭前分局破获一起抢劫案，得悉逃脱的王国屏正在策反我公安人员。时任市公安总局副局长、市委社会部部长于会川听取汇报后，认为此案可能隐藏着敌人的一个巨大阴谋，遂决定派人与王国屏取得联系，伺机打入敌人内部。1月26日下午，打入敌人内部的侦察员送来情报，称敌首脑机关正在西岗区富久町141番地一幢小白楼开会。于会川接到情报，即刻指挥人员封锁小白楼，一举捕获国民党大连市党部代理书记长、第四独立团政治部主任刘世德，团长汪逢玺，参谋长谷世卿等人。当时，他们正在谋划于农历除夕趁居民燃放鞭炮之机进行武装暴乱。现场还搜取了国民党在大连的组织的花名册、工作计划、电报密码本，以及枪支弹药和各种印章、委任令状等证据若干。在罪证面前，狡猾的敌人不得不低头认罪。

据供认和证据显示，国民党在大连市共有地下党员860多人，骨干分子165人，已有175人混入我民主政权内部。这说明暴力团已在暗中掌握了相当数量的武装，并已深深地打入民主政权内部，一旦时机成熟，即行夺取人民政权。市公安总局随即在全市进行大搜捕，先后共逮捕200余名案犯。歼灭国民党大连市党部及其第四独立团，使大连人民特别是一些怀有正统观念的青年知识分子，认识到国民党反动派的本质，同时彻底捣毁了国民党反动派在大连市的组织系统和地下武装力量。

（三）平定"逢坂町暴乱"，清除日本法西斯残余分子

经过长达40年的殖民统治，日本政府早已把旅大地区视为日本本土的一部分，陆续向旅顺、大连迁入了大量日本侨民，以及军、警、宪、民政等人员。到日本投降之前，旅大地区共有各类日本侨民和人员25万之众。对此，大连市政府成立后，在颁布的大连市政府"施政纲要"第4条明确规定："凡敌军及伪满军之武器、弹药、装备、器材及军产官产一律没收，任何人不准破坏或隐匿，如有破坏或隐匿者，

人民均有检举之权，经查实后，决予严惩。"12月1日，又颁发了《对日本侨民的施政纲领》，要求大连的"日本侨民一律不得保存和私藏武器弹药、装备军火等，现有保存和私藏者，应立即送缴政府，如有隐匿不缴者，当予以战争罪犯同样之严惩，且任何人均有检举之权"，同时也强调"对日本侨民，在遵守政府法令原则下，保障其生命财产之安全"，"在人格上、政治上一律平等"。但极少数顽固的军国主义法西斯分子，不甘心失败，到处进行抢劫凶杀，屡屡制造事端，煽动民族对立情绪，干扰旅大人民的解放事业。对此，大连民主政权展开了针锋相对的斗争。平定"逢坂町暴乱"就是其中的一起典型案件。

1945年12月30日晚9时，原日本大连宪兵队宪兵田中、平野、若浦三人持枪闯入日本侨民早川家中，枪杀早川及其妻子后，抢走现金6万元（苏币）。之后在一个多月的时间里，三人又勾结原日本宪兵山田持枪，先后闯入苏联侨民彼得罗夫和日本侨民权名津澄子家中实施抢劫。公安机关接到报案后，经过侦查①，发现这一系列谋杀、抢劫案件均系田中一伙人所为，决定对其实施抓捕。在抓捕过程中，田中、平野等持枪拒捕，造成公安警员宋元德牺牲。最后，田中等为逃脱制裁，纵火烧毁楼房，乘公安警员救火之机，在浓烟的掩护下，仓皇出逃。平野在逃跑的过程中被击毙，田中等得以逃脱。5月14日，田中等在逃脱两个多月后被抓捕归案，被民主政府判处死刑。

随着中国共产党领导下的关东解放区的党、政、警、群等组织机构的相继成立，各地方治安维持会、国民党地下组织等陆续被取缔和捣毁，到1945年年底，旅大地区的革命秩序基本确立起来了。

---

① "侦查"一词，当时多用"侦察"，为便于理解，本书在用于表示侦查行为的动词时统一为"侦查"，而用于表示其他名词如"侦察员"、"侦察科"等时则保留原词"侦察"。

第三节

关东解放区的巩固和发展

关东解放区民主政权成立后，旅大各界人民在中国共产党领导下，克服各种困难，在彻底粉碎敌伪反动分子武装暴乱和国民党接收旅大企图的同时，积极开展生产，发展经济，支援全国解放战争，使关东解放区成为全国解放战争稳固的后方战略基地，为新中国的解放作出了重大贡献。

一、国民党接收旅大阴谋的破产

1945 年 9 月，国民政府依据《中苏友好同盟条约》及《关于大连之协定》、《关于旅顺口之协定》的规定，开始为接收东北和旅大发起舆论攻势和组织准备。成立了国民党东北各省市党务专员办事处，将大连定为行政院院辖市，并任命沈怡为大连市市长。同时国民党东北党务专员罗大愚，先后从长春派人到旅顺、大连和金县组建国民党党部和武装组织。虽然国民党大连市党部、东北行营辽宁先遣军第四独立团（即暴力团）等相继被取缔或捣毁，但国民党并没有停止阴谋接收旅大的活动。

1945 年 10 月 12 日，国民政府东北行营主任熊式辉、行营经济委员会主任委员张嘉璈、外交部东北外交特派员蒋经国、行营政治委员会委员莫德惠等40余人抵达长春，与先期到达同苏军谈判的国民政府军事代表团团长、行营副参谋长董彦平一道，在长春同驻东北苏军总司令马林诺夫斯基元帅就接收东北事宜进行了多次谈判，希望在"办理东北政治经济的收复事宜"方面，能"得到苏联盟军的善意帮助"，要求苏方协助国民政府建立政权及经过大连向东北运兵等。马林诺夫斯基当即回绝，表示"根据《中苏友好同盟条约》，大连为自由港，中国军队不能由大连港登陆"，对于行政接收问题，则"须请示莫斯科"。

与此同时，韩光也受中共中央东北局指派，赴大连与苏军交涉中共山东部队进军东北途经大连事宜，由此开启了中共领导下的大连民主政权的筹建步伐。而在国民党方面，虽几经交涉，其经大连向东北运兵的愿望始终没有实现，但迫于国际压力，苏联对国民政府一再要求接收大连地方行政权的要求不便拒绝。1946年1月6日，苏军总司令部参谋长特罗增科中将在给董彦平的复信中称："已接获大连方面的复电，中国政府在大连建立政权，苏联方面可无阻碍。"1月18日，蒋经国与沈怡飞抵长春，准备进入大连。之后，董彦平又以"据报大连市现有武装工人纠察队八千人"为由，要求"派相当兵力护送前往"，以保证接收人员安全，遭到苏方拒绝。由于双方就"安全"问题始终未能达成协议，国民政府始终没能派人前往大连。①

1947年1月3日，"美国照会苏联，提出大连应即由中国管理，开放国际贸易，恢复中国长春铁路交通"。② 同时，国民政府也大造

①董彦平：《苏俄据东北》，文海出版社1965年版，第90～136页，转引自大连市公安局编：《大连公安史选编》（第二辑），1986年内部出版，第55～59页。
②梁寒冰、魏宏运编：《中国现代史大事记》，黑龙江人民出版社1984年版，第323页。

舆论，声称在沈阳已设立了"大连市政府"，任命了大连、旅顺两市市长等。1947年3月7日，苏联政府向国民政府提议："在整个旅大地区应迅速建立适应于1945年8月14日签订的中苏协定要求的中国行政。"① 国民政府由此迅速成立了以董彦平为首的旅大视察团，准备赴旅大实地考察。

中共旅大地委一直严密注视着国民政府企图接收旅大的各种活动，采取了一系列应对措施：一是尽可能地缩小大连市的行政范围，以便万不得已交出大连市行政权时，我方还可以占据大连市周边广大农村区域，以尽量减少我方的损失。因此，早在1946年初，就将原属甘井子区全部和旅顺市及沙河口区部分区域划出去，专门成立了一个与大连市并列的行政区域——大连县。二是大连市公安总局改称关东公安总局，所有公安人员改穿国民政府的警服式样，佩戴警衔。1947年5月14日，关东总局颁发了关东地区各级警察等级划分的暂行规定。三是经与苏军当局商定，将流行于旅大地区的苏币②实行登记、兑换，加贴印花，加盖钢印，以防敌人带进大量苏币，破坏本地区的金融秩序。四是打击特务的破坏活动，以防国民党特务机关为配

---

① 《苏联塔斯社声明》，载《大连日报》1947年7月16日第1版。
② 又名苏联红军票。苏联红军出兵中国东北后，以"苏联红军司令部"的名义，于1945年9月20日在我国东北地区发行的随军使用的军用钞票。"红军票"面额有1元、5元和10元、100元四种，发行总额为97.25亿元，与伪满洲币等值流通。由于伪满洲币充斥市场，"红军票"强行挤进，导致东北物价飞涨，币值贬值，100元买不到200克玉米，5元买不到一盒火柴。1946年8月1日，国民党东北行辖经济委员会发布《东北九省苏军票收兑办法》，对苏联红军司令部发行的百元券即日起停止流通，按10:1兑换东北九省流通券。8月2日，我东北行政委员会也发布命令：在解放区暂停红军票。1949年12月7日发布红军票兑换办法，按1元红军票兑换东北银行地方流通券30元的比例兑换。关东公署为防止境外红军票流入旅大地区，决定采取对红军票贴签的办法，兑换期限为1947年5月23日至27日，对苏联红军票和伪满洲币10元、100元券，均贴同额签方能使用。

合国民党接收旅大，进行阴谋破坏活动。从 1946 年 7 月到 1947 年 6 月，公安机关先后破获国民党各种特务案件 24 起。五是改善工作方法，注重斗争策略。在宣传上，必须向群众说明"中央军来不了"，"避免在群众中造成思想混乱。报纸在宣传上也应该逐渐使'红色'变得'淡'些"。①

1947 年 5 月 28 日，苏军驻大连警备司令部通告中共旅大地委书记韩光和公安总局局长周光②，国民党视察团将于 6 月初到达大连，要求中共旅大地委配合接待。苏军的意见很明确，就是由地方政府出面迎接，迫使国民党承认旅大地区已经建立民主政权的既成事实。其实，在国民党接收旅大的问题上，苏军与中共的意见是一致的，并不想真正把旅大的行政权交给国民政府，但为了应付以美国为首的一些国家的责难，不得不对外作出履行条约的表示。

5 月 29 日，中共旅大地委召开紧急会议，就视察团到旅大的活动作了分析部署，确定了"内紧外松，不冷不热"的方针，要求：(1) 整理市容和秩序，保证不发生张莘夫事件③及请愿示威事件；(2) 增加粮食供给，压低粮价；(3) 报纸不准刊登反蒋、反美、反视察团的宣传文章，可宣传民主政府的善政；(4) 加强旅馆、港口、街头等处的监控工作；(5) 做好视察团参观与私人活动主要场所的

---

①大连市公安局编：《大连公安历史长编》，1987 年内部出版，第 70 ～ 74 页。

②周光（1912—1977），安徽金寨县人，1927 年参加革命。1928 年加入中国共产主义青年团。1929 年参加中国工农红军。1930 年加入中国共产党。参加了长征。1946 年 6 月调任大连市公安总局训练处第一主任，同年 10 月任总局第二政委、副局长。1947 年 5 月任关东公安总局局长兼警官学校校长。1950 年兼任旅大人民检察署检察长、大连市人民政府副市长。1951 年调任东北军区公安军第一副司令员。1952 年后历任长春市市长、市委书记处书记、吉林省副省长、省委常委等职。1977 年 4 月病逝于长春。

③1946 年 1 月 16 日，东北经济接收委员张莘夫在前往接收抚顺煤矿途中遭到袭击身亡，舆论认为是苏方保护不力所致，造成苏方很大被动。

控制准备工作，并与苏方密切联系。会议组成了临时工作委员会。随后，公安总局、旅顺市公安局相继召开股及分所长以上干部会议，布置工作方案，并从金县公安局抽调干部到城乡进行控制。关东公署、关东高等法院等也都派出干部参与行动。应对国民党视察团的工作准备就绪。

1947 年 6 月 3 日，由董彦平率领的国民党政府视察团乘坐 "长治" 号军舰抵达旅顺口。团员共 12 人，携带 5000 万元苏币以及电台、无线电话、照相器材等。苏军代表秦琴科、关东公署主席迟子祥、旅顺市市长王世明、关东公安总局局长周光等在旅顺港迎接了视察团一行。视察团的工作内容主要包括视察旅顺海军根据地和大连市执行行政职务的机构及设施、维持地方治安的中国武装，以及中苏友协等社会团体、学校等公用事业和商业、港口、公路、铁路等，涉及政治、经济、军事、文化等各方面。

根据事先安排，关于视察团的一切接待均由关东公署出面进行，并且只有在拜见公署主席迟子祥后，视察团才可视察旅大地方行政机构，旨在迫使其承认旅大的民主政权。此举遭到董彦平的回绝，称视察团 "以苏军当局为接洽对手……所谓关东公署之见，不在余考虑范围之内"。[1] 对于视察团的这种态度，中共旅大地委采取了针锋相对的斗争策略，决定：既然视察团不承认关东公署，公署即不予接待。并下达通知，没有公署信函，各单位概不接待。

在中共旅大地委的应对下，视察团在旅大的活动四处碰壁，视察团为了扰乱旅大金融秩序而携带的 5000 万元苏币也全成了废纸，不

---

[1] 秦孝仪编：《中华民国重要史料初编·战后中国（二）》，第 521 页，转引自《大连通史》编纂委员会编：《大连通史》（近代卷），人民出版社 2010 年版，第 1022 页。

仅无法给潜伏的特务提供经费，就连其日常生活都无钱可付。有团员发牢骚道："做外交无证明、无钱，不如回去。"① 就这样，视察团在旅大待了10天，几乎一无所获后，于6月12日，乘"长治"号离开旅大。

这场斗争的胜利，彻底粉碎了国民党政府通过外交途径接收旅大的企图。6月25日，国民党外交部长王世杰照会苏联驻华代办费德林，对苏联驻旅大当局对视察团没有给予相应协助表示遗憾。8月22日，国民政府发表声明，暂停开放大连港，任何外国轮船驶往大连，必须得到中国政府许可，任何外轮不得经营中国沿海贸易，借此对旅大地区进行了更加严密的经济封锁。

在挫败国民党接收旅大阴谋的同时，中共旅大地委领导全区人民又陆续摧毁了国民党大连特别市党部（国民党在"暴力团"案后重新建的组织）、国民党金县党部、国民党旅顺市党部、大连三青团及其地下武装组织，以及中统、军统和美国在大连的特务组织等反动势力，有力地打击了反动党团的阴谋颠覆活动，保护了新生的民主政权。

二、关东解放区统一政权组织的建立

在中共旅大地委领导全区人民战胜国民党接收旅大的斗争中，为了加强对全地区工作的统一领导，同时也是作为应对国民党接收旅大的一项举措，关东解放区统一的政权组织开始建立。

---

① 中共吉林省委党史研究室等编：《韩光党史工作文集》，中央文献出版社1997年版，第315~316页。

（一）旅大行政联合办事处成立

1946 年 9 月 29 日至 10 月 1 日，旅顺、大连、金县的政府及群众代表举行联席会议，决议成立旅大金行政联合办事处（后简称旅大行政联合办事处），作为旅大地区临时的最高权力机关。旅大行政联合办事处设主任委员 1 人，副主任委员 1 人，委员共 21 人。设民政、财政、工商、司法、教育、卫生 6 个工作研究委员会及海口管理委员会（后又增设渔盐业研究委员会）。大连市市长迟子祥兼任旅大行政联合办事处主任，刘顺元（又名刘辛垣，中共党员）任副主任。旅大行政联合办事处是旅大地区临时的最高权力机关，统一领导整个关东解放区的财经工作，保证人民的粮食与燃料供给，促进工商业的发展，同时负责"筹备建立旅大金地区的民选的统一的民主行政机构"。[①]

（二）关东公署成立

1947 年 4 月 3 日至 4 日，旅大各界人民代表大会[②]在旅顺召开，选举旅大地区最高行政机关及其组成人员。这是一次记载比较翔实的民主选举大会，今天我们再来翻开有关档案资料，仿佛置身于当时的选举会场，依然可以体会到在关东解放区进行的这场民主实验那种和谐、团结、民主的氛围，以及先辈们初次当家做主的心情和追求民主的那种严肃、认真和虔诚，从中也可以洞察关东解放区最高检察机关

[①] 《旅大金行政联合办事处关于召开旅大人民代表大会之决议》，大连市档案馆 2 - 1 - 19 - 12 号档案。

[②] 准确的称呼应该叫"旅大金各界人民代表大会"，含指关东解放区所统辖的旅顺、大连、金县等区域。为便于称呼，人们一般习惯上简称为"旅大各界人民代表大会"。从档案资料来看，当时的人们时而称旅大金各界人民代表大会，时而称旅大各界人民代表大会。

产生的历史瞬间。关于大会的历史背景，前文已有所交代，这里只根据史料描绘一下大会的准备和召开情况。

1946年3月29日，旅大行政联合办事处召开全体行政委员会议，研究召开旅大各界人民代表大会事宜，决议于1947年4月2日在旅顺市召开旅大金地区各阶层人民代表大会，选举组织旅大金民主的临时行政公署，并对代表名额进行了分配。代表名额共计321人，其中大连市99人、金县93人、旅顺市71人、大连县58人，小学文化程度187人、中学文化程度及大学文化程度58人，分别来自商业界（62人，占19.3%）、实业界（58人，占18%）、地主农民（49人，占15.3%）、群众团体（37人，占11.6%）、知识文化界（32人，占10%）、劳动界（30人，占9%）、妇女界（26人，占8.1%）、行政界（20人，占6.2%）、宗教界（7人，占2.1%）。可以看出代表的名额分配既考虑到了代表的参政议政能力，也有着较强的社会广泛性和代表性。

之后，大会筹委会成立了旅大各界人民代表大会主席团和秘书处，制定了《旅大各界人民代表大会秘书处工作人员规则》（共13条）、《会议时间内应遵守事项》（共12条）和大会议事日程。大会原定4月2日召开，后调整为4月3日至5日，实际会期为4月3日至4日，共2天。1947年4月3日上午9点，大会正式开始，到会代表317人。会议日程如下：

4月3日上午，表决大会筹委会拟定的主席团、秘书处人员名单和大会的程序与日程，由大会筹委会报告代表人数及审查情形；举行开幕式，由旅大行政联合办事处主任迟子祥作工作报告，全体代表对工作报告进行表决。下午，讨论表决旅大最高行政机关名称、组织机构及办公地点；各代表团分组讨论推荐公署各机构候选人。

4月4日上午，选举公署主席、副主席、秘书长，法院院长、检察官，程序是：先由主席团公布选举规则及候选人，然后全体代表讨论候选人、选举监票人，最后宣布选举结果。下午，选举公署各厅、局长，程序是：宣布选举办法，新当选的公署正副主席提名各厅、局长候选人，全体代表讨论表决，公布选举结果，最后由新当选的公署主席宣布施政纲要。①

从会议实际进行的日程和进展来看，应该说，这是一次非常严谨、紧凑、民主和成功的选举大会。从选举成立大会主席团、秘书处，宣布大会程序，到提名候选人，选举监票人和候选人，大会都严格按照事先制定的程序进行，充分体现了民主协商的精神。这里只在三个方面作一阐述：

一是主席团作风民主。凡是主席团提出的意见，如为何举行此次代表大会、为何将最高行政机关称为旅大临时行政公署，以及后来为何改称关东公署等，主席团均向与会代表作了详尽说明。特别是在代表有不同意见后，能够予以尊重。4月3日晚上，金县和大连县代表在小组讨论中均认为当日下午形成的关于将最高行政机关称为"旅大临时行政公署"不妥，认为"'旅大'二字向为旅大地区之习惯语，单单字面意义上研究，仅仅是代表旅顺大连，并不概括金县大连县等地，这一最高行政机关，名称上若用习惯语，实有些不太恰

<hr />

① 参见《旅大金各界人民代表大会重要的谈话演讲记录》，大连市档案馆2－1－19－12号档案。关于旅大各界人民代表大会的日程，从档案资料看，有两个版本：一个是手写的版本，就是本书所引用的版本；一个是打印的版本。根据打印的版本，大会日期为4月3日至5日共3天。（参见大连市档案馆2－1－18号档案。）据分析，手写的版本比较可信。打印的版本应该是原计划设定，由大会秘书处打印的。实际开会后，由于进展比较顺利，使得大会得以提前完成所有议程。

当"，① 故提请再议。主席团立即接受，并于 4 月 4 日上午提请大会审议，最后改称"关东公署"。

二是选举方式民主。所有候选人或是由各代表团提名，或是由代表联名提名，然后根据提名情况，或实行差额选举，或实行等额选举。

三是代表参与踊跃。翻看当时的会议记录，经常看到"会场空气沉静，代表在酝酿中"、"鼓掌"、"热烈鼓掌"等字眼，许多决议或人选的赞成票都在 300 票左右。对不赞成的事项或人选，代表们或当场提出质疑，或事后提请再议。如对"旅大临时行政公署"的称呼，当场就有代表表示异议，大会遂提请全体代表再次酝酿。金县和大连县的代表更是在休会后继续商量乃至当日夜间，并最终使主席团在第二天提请大会再次审议。

关东解放区的最高检察机关——关东高等法院首席检察官及其工作机构就是在这样的氛围中选举诞生的。在会上，大连市公安总局局长周光提名乔理清为关东高等法院首席检察官，因只有一名候选人，乔理清等额当选为关东高等法院首席检察官，在当天实到会 314 名代表中，赞成票为 300 票，属于高票当选。

会议最后决定成立关东公署，选举迟子祥为关东公署主席，乔传钰（中共党员）、刘顺元为副主席，陈瑞光为秘书长，周旭东为关东高等法院院长，乔理清为关东高等法院首席检察官；选举张致远为民政厅厅长、宋承章为财政厅厅长、陈民立为工业厅厅长、于鹏九为商务厅厅长、林基永为农林厅厅长、杨凤鸣为卫生厅厅长、庞大海为交通厅厅长、周光为公安总局局长，并由以上十五人组成关东公署。会议通过的《旅大金各界人民代表大会关于关东公署的决议》规定，

①大连市档案馆 2－1－18－9－1 号档案，第 3 页。

关东公署是旅大地区最高行政机关，负责"管理关东地区之一切地方行政事宜"；下设秘书处、民政厅、财政厅、工业厅、商业厅、交通厅、教育厅、农林厅、卫生厅、公安总局、高等法院。① 随着关东公署的成立，旅大行政联合办事处在完成其历史使命后被撤销。关东公署相当于省级建制，隶属东北人民政府，下辖大连市、旅顺市、大连县、金县。1949 年 4 月 27 日，旅大地区第二届各界人民代表大会召开，决定将"关东公署"改称"旅大行政公署"。②

关东公署的成立，进一步健全了关东解放区民主政权的组织体系，标志着中国共产党领导下的关东解放区民主政权进一步巩固。从此，关东解放区的人民在中共旅大地委和公署的领导下，积极进行生产，发展经济，将旅大地区建设成为中国共产党领导下的隐蔽的战略后方和特殊根据地。

三、发动群众，巩固新生民主政权

（一）开展反奸清算斗争，打击日伪反动势力

刚刚成立的中共大连市委清醒地认识到："虽然已经建立了民主政府，然而真正的革命秩序尚未建立起来……为使旅大人民彻底解

---

① 后增设经济设计委员会和文物保管委员会。
② 关于为何又将"关东公署"改为"旅大行政公署"，主要是因为"关东"一词在中国近代史的语境里，多指山海关以外的东北地区，再用"关东"一词来代指旅大地区，容易引起歧义。再加之，经过大连解放后的几年，人们已经习惯用"旅大"指称包括旅顺、大连和金县等在内的整个地区了，1947 年成立关东公署时的那些顾虑，已经不存在了。所以，1949 年 4 月 27 日，旅大第二届人民代表大会以"'关东公署'名称中的'关东'二字含义和地理概念不确切"为由，将"关东公署"改称"旅大行政公署"。

放，唯有放手发动群众，开展反奸清算。"① 一场声势浩大的反奸清算斗争就这样在全区范围内轰轰烈烈地开展起来了。

在反奸清算斗争中，市职工总会在中共大连市委的领导下，带领全市工人开展了向日本资本家和包工头索取工人"身份保证金"、"退职金"等日本统治时期巧立名目盘剥工人的各种资金。市职工总会专门成立了一个调解委员会，裁决劳资纠纷。据不完全统计，在反奸清算斗争中，大连工人向日本资本家和包工头索取战争特别费及退职金、保险金、储蓄金、欠金等共计1.2亿元（苏币），解决了10余万失业工人的生活问题。此外，职工总会还多次召开群众大会，公开对罪大恶极的汉奸、恶霸进行诉苦清算斗争，有力地震慑了敌伪反动势力，提高了广大工人的阶级觉悟，坚定了他们跟共产党走的信心。

1946年8月20日，由大连市政府从各部门抽调干部组成反奸清算工作队，开进大连当时有名的贫民窟——寺儿沟。工作队以市委副书记兼工运书记柳运光为首，下设5个工作组。各工作队按两三人一小组，根据分工，走街串巷，深入工人家中访贫问苦，宣传民主政策。同时，根据市政府的"施政纲要"，对群众反映的一批民愤极大的汉奸、狗腿子进行了坚决镇压。1946年9月3日，工作队召开了清算汉奸、狗腿子的贫民翻身大会，2万多群众参加了大会，并纷纷上台控诉汉奸、恶霸的种种罪行。9月5日，大连地方法院在西岗区北岗桥附近召开了有8000人参加的公判大会，判处恶霸、汉奸、伪区长高福堂死刑，执行枪决。经过2个月的反奸清算斗争，共没收汉奸、恶霸财产700余万元（苏币），使贫民窟的群众深切体会到共产党是人民的大救星，认识到只有组织起来才有力量。所以，纷纷成立

---

① 《大连通史》编纂委员会编：《大连通史》（近代卷），人民出版社2010年版，第1035页。

互助会，兴办合作社。反奸清算斗争彻底摧垮了敌伪反动势力及其社会基础，为巩固人民民主政权，建设新生、繁荣的新关东开辟了广阔的前景。

（二）开展住宅调整和土地改革运动，让广大群众享受革命果实

住宅调整运动又称"搬家运动"，是解放战争时期关东解放区为改善贫民住房状况掀起的一场群众性运动。

1946年年初，罗荣桓来大连疗养，他根据旅大地区不能像其他解放区那样通过分田来发动群众的特殊区情，建议中共大连市委可否将日本人倒出来的房子和反奸清算没收的房子分给广大贫民，以此来发动群众。此建议得到了大连市委的接受和实施。于是，大连历史上一场有名的"搬家运动"在全区展开。

沙俄统治旅大时期，将大连市区分为三部分：欧罗巴区、行政办公区和中国人居住区。欧罗巴区位于今劳动公园、解放路以东，南山北麓到大连港之间，其中又把今人民路、中山路以北至铁路线划为金融区和商业区，把商业区以南的今朝阳街、五五路以西划为中下层的俄国人居住区，把该区域以东的山坡幽静地带划为官僚、高级职员居住区。行政办公区位于今胜利桥北侧。中国人居住区位于今劳动公园以西，自东关街至五一广场一带。日本占领大连后，基本沿袭了这一规划，将市区划为日本人居住区、中国人居住区和军用区。军用区位于今南山北麓经中山广场以东地区。日本人居住区位于今植物园两侧直至劳动公园一带，包括今胜利桥以北原俄国人的行政区。中国人居住区与沙俄时期基本相同。后来，随着日本大型企业的建立，在其周围也开始建立职工住宅，如建在大连铁道工厂附近的日本职工宿舍

（位于今沙河口区兴工街附近）等。到 1945 年 8 月日本投降时止，日本共在大连建有房屋 4237008 平方米，其中官有房产 456775 平方米，铁路、电业、水务等房产 348985 平方米，民用房产 3431248 平方米。日本人的住房多环境幽美，市政、室内设施齐全，条件远优于中国人住房。

1945 年 8 月大连解放时，大连市区中国人房产约有 195 万平方米，人口近 60 万人，80% 住在今西岗区及其附近的贫民窟。当时，大连市主要有三个较大的贫民窟：香炉礁贫民窟、石道街贫民窟和寺儿沟贫民窟。①

1946 年 7 月，中共旅大地委发布了《关于开展大连住宅调整运动的决定》，明确指出，发动住宅调整运动的目的：一是给群众以实际的经济利益；二是给群众以可能的政治觉悟，使广大群众拥护共产党，拥护民主政府。规定征收"房子的对象是：日本战争罪犯、军警宪兵、官吏、大商人、高级职员"，"房屋分配的对象是：在业工人、失业工人、城市贫民、民主联军家属、贫困战士家属、中小学教员、中下层公务人员，及其他无房及少房的市民"。同时还具体规定了运动的领导机构、时间安排和实施的步骤。该《决定》代表了最大多数人民群众的利益，因而受到了广大市民的拥护。

为保证调整工作的顺利开展，大连市政府成立了大连住宅调整委员会总会，全权负责住宅调整工作。调整工作先后分三次进行：第一次调整从 1946 年 7 月开始至 10 月结束；第二次从 1946 年 12 月大批遣返日侨日俘回国开始至 1947 年 3 月结束；第三次从 1947 年 4 月开

---

① 参见《大连通史》编纂委员会编：《大连通史》（近代卷），人民出版社 2010 年版，第 111~112 页。

始至 5 月结束。整个运动历时 1 年多，于 1947 年 7 月圆满结束。根据 1948 年的统计，通过三次住宅调整，"享受房屋所有权者 12492 户，房屋面积 1613214 平方米；享受免租权者 9023 户，房屋面积 487157 平方米；享有租用权者 5390 户，房屋面积 511542 平方米"。①

在开展住宅调整运动的同时，关东解放区还适时开展了土地改革运动。1946 年 5 月 4 日，中共中央发出了著名的《五四指示》，在《五四指示》的指引下，全国各解放区掀起了轰轰烈烈的土地改革运动。1946 年 7 月，中共旅大地委发出《关于继续进行反奸清算，开展减租减息运动、相机解决土地问题》的指示，在全区开展了减租减息、分配官地运动。② 所谓"官地"就是日本殖民时期日本统治当局占有的土地。日本投降后，民主政权共没收日本"官有土地" 50529718 平方米，合 75756.7 亩。③ 从 1946 年下半年到 1947 年上半年，在这次运动中，通过分配"官地"和没收畏罪潜逃的大汉奸的土地，共分配 12 万亩土地给无地和少地的农民，同时还削弱了封建地主、富农的土地占有数量。

住宅调整和土地改革运动，特别是住宅调整运动对巩固新生的关东解放区的民主政权，将旅大建设成为全国解放战争的坚固的后方战

---

① 大连市史志办公室编：《大连市志·房地产志》，大连出版社 1997 年版，第 101 页。
② 关东解放区作为特殊的解放区，当时没有像其他解放区那样以"清算"的方式进行土地改革。当时全区正处于国民党严密封锁之下，为"集中力量粉碎蒋匪所造成的困难，以恢复和发展工业生产，旅大地区曾有意识地延迟了平分土地的执行，而首先执行削弱封建剥削的政策"。待到 1949 年中华人民共和国建立后，经过充分的准备后，以土地调剂为主要方式的土地改革运动，才在全区全面展开。（《大连通史》编纂委员会编：《大连通史》（近代卷），人民出版社 2010 年版，第 1121 页。）
③《大连通史》编纂委员会编：《大连通史》（近代卷），人民出版社 2010 年版，第 1122 页。

略根据地，具有十分重要的意义。首先，她使翻身解放的广大工人、城市贫民得到了胜利果实，使他们看到只有中国共产党才是"人民的靠山"。在"搬家运动"中，有大批工人和贫民子弟踊跃参军和要求加入中国共产党。其次，在"搬家运动"中有效地开展了"诉苦运动"。通过开展"诉苦运动"，提高了群众的政治觉悟，一批中共党员和积极分子走上基层领导岗位，把日本统治时期的汉奸、恶霸、分区长、伪干事等全部清除，从而使关东解放区的基层民主政权进一步得到巩固。

四、发展生产，支援全国解放战争

（一）开展生产自救，粉碎国民党封锁

随着接收旅大企图的破产，国民党加紧了对关东解放区的军事和经济封锁，妄图将新生的民主政权扼杀在摇篮里。中共旅大地委率领广大人民群众，克服重重困难，展开生产自救，伴随着东北解放的隆隆炮声，彻底粉碎了敌人的阴谋。

1946年秋，国民党在东北地区采取"南攻北守，先南后北"的战略计划，集中10万兵力，分三路进攻辽南解放区，先后攻占万福县、庄河、瓦房店、普兰店和貔子窝，推进到石河驿苏军关卡线以北地区，呈迂回包围之势，对关东解放区实行海陆封锁。在国民党军的封锁下，关东解放区的工业原料、燃料、粮食的来源被切断，大批工厂停产，近8万工人失业，有3万—5万人处于饥饿与半饥饿状态，许多居民只能靠豆饼、野菜和海菜充饥。

面对封锁，中共旅大地委积极应对，提出了"组织生产，自力更生"的口号，号召全区人民，开展生产自救。并于1947年春作出

了《关于开展生产运动的决定》，制定了应对措施。在中共旅大地委和各级政府的领导下，一场轰轰烈烈的生产自救运动在旅大城乡展开。

在农业生产方面。为鼓励农民积极从事农业生产，地委通过关东公署颁布了诸多农业法令，如《农村租佃关系暂行调整办法》、《农村劳资关系暂行调整办法》、《关于果园植棉种落花生办法》等。各区（市）县也都结合自身实际，或将解放前日本掠夺农民的"官地"及反奸清算出来的土地分给农民，或组织农民开垦荒地，或组织农民成立互助组，积极组织农业生产。通过努力，1948 年，旅大地区共"生产粮食 20.8 万吨，解决了全区年需粮食的 80%"。

在手工业生产方面。主要是通过组织生产合作，解决工人就业，特别是鼓励妇女参加手工生产。经过 1 年多的努力，大连县仅 1948 年就安排就业 2.69 万人，加上 1947 年的就业人数，共达 4.47 万人，占全县总人口的 35%；金县则有 8300 多名妇女参加军鞋生产，共做军鞋 14 万余双；大连市区的就业人数则占到全市总人口的 48.7%。"党领导人民闯过了历史上最为严重的时刻。"

在渔盐生产方面。1947 年 8 月，地委成立了由中苏共同经营的盐业公司，成立了盐业管理局，统一管理全区盐业生产经营，并鼓励民营盐业及公私合营盐业公司。到 1948 年年末，全区"总产盐量达 18.62 万吨"。与此同时，关东公署投资打造渔船，积极恢复和发展渔业生产。1948 年，全区鱼产量达 17951.7 吨。

在工业生产方面。由于关东解放区在解决人民生活的同时，还担负着支持全国解放战争军需物资的重任，因此中共旅大地委指出，关系到支持解放战争和人民生活急需的工厂，如布类、胶鞋、被服等，要千方百计优先组织恢复生产。到 1948 年，全区公有企业开工达 75

个，总投资 50 亿元（关东币），工业产值达 400 亿元（关东币），全区工人总数 120924 人，解决了 2/3 工人的就业问题。在发展公有企业的同时，私营企业也不断发展。到 1948 年 11 月，大连市私营企业由 1947 年的 1170 家增加到 2960 家，整个关东解放区有私营工厂和各种手工业共计 5173 家，职工 16918 人，生产总额 89 亿多元（关东币）。

在组织工、农、渔、盐等生产的同时，关东解放区还积极改善财政，发展地方金融和对外贸易。1946 年 10 月 20 日，中共旅大地委作出《关于今后财经工作的决定》，指出我们的总方针是："组织生产，发展贸易，支援前线，改善民生。"及时纠正了以往各解放区来连"分抓"物资的做法，实行统一计划管理，同时加强税收工作，采取"累进税"。1947 年 4 月，关东公署将原来的大连市工业银行、大连市农业银行、大连市商业银行合并为关东银行，同时进行货币改革，将原来流通的苏币改为关东币①，抑制了全区的通货膨胀。在对外贸易上，努力突破海上封锁，加强与苏联合作，加强与各解放区的联系。1948 年，全区全年贸易总额 937 亿元（关东币），其中进口 532 亿元，出口 405 亿元。在进口的物资中，多为生产资料和生活必需品，说明关东解放区在争取工业原料、粮食等生产生活必需品方面取得了成功。"从此，大连的经济逐步摆脱困境，转入主动，打开了恢复生产、安定民生的前进道路"，彻底粉碎了国民党的军事和经济封锁。②

---

① 旅大解放后，旅大地区共有红军票、伪满洲币、日本币和朝鲜币四种流通货币，由于币值不等，导致金融秩序混乱。由此，关东银行于 1948 年 11 月 15 日发行了统一的"关东币"。关东币面值分 1 元、5 元、10 元、50 元、100 元五种，共发行 37 亿元。

② 参见《大连通史》编纂委员会编：《大连通史》（近代卷），人民出版社 2010 年版，第 1127～1136 页。

（二）支援全国解放战争

早在韩光、赵东斌等来大连工作之时，中共中央东北局和中共辽东省委交给他们的任务，除了"抢形势"、"搭架子"外，另一个重要任务就是将旅大建设成为"支援解放战争的人力、物力、财力的基地，为全国的最后解放出大力"。中共旅大党组织认真遵照这一指示精神，在建立和巩固关东解放区的同时，积极支援全国解放战争，为战争前线和其他解放区输送了大量人力、物力和财力，使旅大地区成为全国解放战争的稳固的后方战略基地。主要体现在以下三个方面：

一是输送兵员与干部。限于当时的特殊历史背景，输送兵员的工作主要是由公安总局来做的。1948 年 8 月 14 日，时任公安总局局长周光在总结过去三年支前工作时说："总局过去新兵、老兵走了三万多人，其中从警察中参军上前方的 14360 人。"据资料记载，从 1946 年 2 月至 1948 年 9 月，公安总局共向前线输送兵员 6 批，共计 32700 余人。其中有不少是前线急需的技术人员，如大连警官学校四大队培训的 3 期共 900 多名汽车司机、坦克手等技术人员，毕业后全部派往前线，他们中"很多人都成了我军第一代的坦克手，还有不少已是师级以上的领导干部"。①

关东解放区在向前线输送兵员的同时，还向前线和新解放区派遣了大批干部。1948 年，遵照东北局指示，旅大地委抽调 1500 名干部，随军南下，分赴武汉、南昌、广州、上海等地。据统计，至 1949 年末，从旅大调出 4000 多名干部支援全国各地，其中大部分在

---

① 大连市公安局编：《大连公安史选编》（第一辑），1985 年内部出版，第 256 ~ 258 页。

建国后从事领导工作。①

　　二是支援物资与军火。在 1945 年 8 月 15 日日本投降前，旅大地区曾是日本帝国主义侵略中国的桥头堡和军需补给基地，储存有大量军需物资。解放后，虽大部分被苏军控制，但旅大地方党委也接收了一部分，并从民间搜集来大量物资，通过各种渠道运到东北前线，关东解放区向前方支援的物资，包括军用被服、布匹、军鞋、医疗器械、药品、武器弹药等。解放战争初期，大连市公安总局将掌握的布匹无偿运往前线，仅 1946 年，支援前方棉纱 199.5 件，棉布 155 匹，另有军火、药品若干，价值近 2.6 亿元（苏币）。当时，旅大地区的很多工厂、公司、企业除满足本地需求外，都面向东北和华东战场进行生产，公安总局所属被服厂就承担了供应南满部队被服的主要任务。② 从 1946 年 2 月至 1949 年上半年，旅大解放区为各解放区制作军服 30 万套。从 1947 年 2 月到 1948 年底东北解放，仅大连市和大连县就制作军鞋 236.5 万双。③ 从 1946 年到 1948 年，大连的三三化学制药厂共生产 62 个规格、45 个品种药品；生产各种规格注射剂 10012 万支、片剂 317.7 万片、软膏及粉剂 3.12 万件、胶布 2.37 万筒，全部运往前线。④ 此外，中国共产党还积极在大连开展兵工生产，支援前线。其中建立的第一个大型兵工厂——大连建新公司，从 1947 年 7 月至 1949 年年底，在短短 3 年时间里，共研制生产各式炮弹 54.57 万发、药筒 26 万余个、雷管 24 万只、60 式迫击炮 1430 门、各

---

① 大连市史志办公室编著：《中共大连地方史》，大连出版社 1996 年版，第 163 页。
② 大连市公安局编：《大连公安史选编》（第一辑），1985 年内部出版，第 261～262 页。
③ 刘影：《稳固的战略后方，重要的支前基地》，载《大连党史通讯》1998 年第 4 期，第 21、24 页。
④ 徐元辰：《医务工作者的特殊贡献》，载大连市史志办公室编：《城市的接管与社会改造》（大连卷），大连出版社 1998 年版，第 306 页。

种引信和底火 140 万个、苏式冲锋枪 1563 支、弹体钢 3000 多吨、各种型号无烟炸药 450 吨，绝大部分供给辽沈战场和华东战场。① 可以说，当时的旅大是全国解放战争名副其实的后方供应站。

三是派遣医疗队。从 1946 年 3 月至 1948 年年末，大连地区先后向辽南、辽东、辽西各战场派遣五批支前医疗队约 50 人左右，携带大批药品、器材，参加战场伤员医疗救护工作。1947 年我军在东北战场发动冬季攻势的时候，大连曾在 3 天内紧急动员百余名医护人员组成 6 个手术队赶往前方，为支援东北解放战争作出了积极的贡献。与此同时，旅大地区作为一个隐蔽的后方，在安置大批干部疗养、医治从前方撤下来的我军伤病人员方面也曾起了重要作用。解放战争期间，旅大地委在极其艰难的条件下，创建了一所大型疗养院，曾接纳大批来自各解放区的伤病干部。当时，我军许多高级领导干部，如罗荣桓、徐海东、张爱萍、李一氓、魏文伯、吕振羽、阿英、冯定、柳青、张逢时等同志都曾在大连疗养过。不少干部在大连疗养后留在了大连工作，如边章五、刘顺元、乔理清、裴华夏等。

五、中共旅大党组织公开活动

1948 年 11 月，东北人民解放军经过 3 年浴血奋战，解放了东北全境。11 月 23 日，中共中央东北局召开扩大会议，会议通过了《关于全东北解放后的形势与任务的决议》，提出两个重要任务：一是大力发展生产，在军需上支援全国解放战争；二是大力培养干部，为迎接全国解放培养干部。1949 年 1 月 6 日至 8 日，随着三大战役的胜

①大连市档案（馆）局编：《大连解放档案文献图集》，中国档案出版社 2010 年版，第 114 页。

利，中共中央在西柏坡召开政治局会议，会议通过了《目前形势和党在 1949 年的任务》，指出 1949 年党的主要任务是召开政治协商会议，组成新的中央政府。

东北解放和全国解放战争的节节胜利，极大地鼓舞了旅大人民的生产热情，也使苏军当局认识到中国共产党即将夺取全国政权的前景，从而对中共旅大各级党组织的干涉和限制也逐渐减少。同时，中共旅大地委通过举办各种培训班，以及开展反奸清算运动、减租减息运动、住宅调整运动、大生产运动等，培养了一大批党员干部，涌现出了大批经过斗争考验的积极分子。

在此之前，1946 年 7 月，根据中共辽东省委决定，大连市委改称中共旅大地委（1947 年曾一度称中共关东地委），改由中共辽东省委领导。此后，为加强对旅大地区的领导，中共中央东北局和中共辽东省委先后多次对中共旅大地委成员进行调整。1948 年 7 月，经过调整后，欧阳钦①为地委书记，韩光为地委第一副书记，李一氓②为第二副书记，由三人组成常委会。

为了纯洁党的组织，中共旅大地委从 1948 年 2 月开始，在全区开展了"三查三整"，即查阶级、查思想、查作风，整顿组织、整顿思想、整顿作风的整风运动；同年 9 月 4 日，又召开党员干部学习大会，地委书记欧阳钦作了《关于国际主义问题》、《关于阶级与党》

---

① 欧阳钦（1900—1978），湖南宁乡人。1918 年参加由毛泽东、蔡和森组织的北平留法勤工俭学预备班学习。1919 年赴法勤工俭学，其间加入蔡和森组织的进步团体"工学世界社"。1924 年加入中国共产党。1948 年 7 月，调任旅大地委书记。新中国成立后，于 1950 年至 1955 年，先后任中共旅大市委书记兼旅大警备司令部政委。1955 年后，曾任中共黑龙江省委第一书记、中共中央东北局第二书记等职。

② 李一氓（1903—1990），四川彭县人。1925 年参加中国共产党。参加了二万五千里长征。解放战争时期，曾任苏皖边区政府主席等职。1948 年 5 月调任中共旅大地委第二副书记。1950 年 6 月调离大连，在北京长期从事外事工作。

的报告，对中国共产党的性质、组织原则、纪律、作风等作了深入阐述。通过这些工作，使大连地区的党组织的思想建设和组织建设得到了加强，为党组织在大连地区公开做好了思想和精神上的准备。

1949 年 2 月 21 日，中共东北局决定将中共旅大地委改名为中共旅大区党委，改由中共中央东北局领导，下辖 2 个市委（大连市委、旅顺市委）、2 个县委（大连县委、金县县委）、5 个区委（中山区委、寺儿沟区委、岭前区委、西岗区委、沙河口区委）。3 月 1 日，旅大区党委召开执行委员会会议，认为党组织向广大市民公开的时机已经成熟，决定向全体人民群众公开。

旅大地区党组织公开的步骤分两步进行：第一步是 1949 年 3 月初，公开党的各级组织及其领导人，同时公开党的政策主张和一般活动。第二步是到 1949 年 12 月，支部党员全部公开。1949 年 4 月 1 日至 3 日，区党委在大连文化宫召开全区党的活动分子大会，向全市人民公开了大连地区党的组织。区党委书记欧阳钦作了《在目前形势下大连党的任务》的报告，指出：在当前形势下，党的中心任务概括为两项，"发展生产，改善民生；发展文化，培养干部"，并强调一切工作都要为经济建设服务。这次大会是大连地区党的组织在历史发展中的一个重大转折，标志着大连地区党的工作以及经济、文化等建设进入了一个新的发展阶段，从此，中国共产党成为了领导旅大人民建设繁荣民主新大连的中坚力量。到 1949 年 12 月末，旅大地区全面完成了党的公开工作。

中共旅大党组织公开后，中共旅大区党委带领全区人民积极发展生产，支援全国解放战争，在中共中央的统一部署下，派出大批干部随军南下，为全国解放战争的最后胜利作出了贡献。

历史，已渐渐远去。但，旅大，这个中国解放战争时期中国共产党领导下的特殊解放区，在新中国的成长史上却像那镶嵌在历史天空的一颗明星，历久弥新，永远不坠。她为新中国的解放事业和建设事业贡献了许多，孕育了许多。在她的怀抱中所孕育出的关东检察制度成为中国共产党进入城市后建立的最早的人民检察制度，她开启了检察机关由国家权力机关产生和监督的先河，实现了检察机关迈向法律监督性质的历史性跨越，是新中国检察制度的前奏。

第三章

关东解放区检察制度的
建立和发展

　　关东解放区的检察制度是在 1945 年苏联红军解放旅大后，在党的领导下，伴随着旅大民主政权的建立同时建立的。从当时特殊历史情况和对敌斗争的需要出发，关东解放区的检察机关与审判机关均设置在法院内部，实行合署办公。她以民主集中制为组织原则，与旧的检察机关有着本质的不同，是一种新型的人民的检察机关，是人民民主专政的有力武器，是中国共产党在城市中建立的最早的人民检察机关。

第一节

关东解放区检察机关的建立和发展

　　就在党领导下的大连民主政权紧锣密鼓筹建的时候，作为民主政权重要组成部分的一种新型的检察机关也应运而生了。正如任何一种事物都经历了一个历史的逻辑的发展过程一样，关东解放区的检察机关也经历了一个逐渐的发展过程。概括起来，关东解放区检察机关的建立和发展大体经历了三个阶段。

一、萌芽阶段——社会部时期的关东解放区检察机关（1945 年 10 月至 1946 年 1 月）

　　这个时期正是中国共产党领导下的关东解放区开始创建的阶段，同时也是关东解放区检察机关开始酝酿、萌芽的时期。这一时期，在大连市，检察机关和审判机关基本上是与公安机关共同在一个统一的机构即公安总局内存在并开展工作的，在党内的组织形式是中共大连市委社会部，对外是大连市公安总局司法科；而在旅顺市、大连县和金县，则是以市（县）政府内的司法科的形式存在并开展工作的。之后成立的大连地方法院、金县地方法院和旅顺地方庭（法院）以及设置在这些法院内部的检察机关，正是在这些机构的基础上成立并发展起来的。

（一）大连市委社会部与大连市公安总局司法科成立

1945 年 10 月 15（16）日，韩光根据中共中央东北局关于"抢形势"、"搭架子"的指示，返回大连，在驻大连苏联红军的支持下，迅速组建了以其为书记的中共大连工作委员会（后改称中共大连市委），并开始筹建大连市政府、警察总局和司法机关。1945 年 11 月 7 日、8日，大连市警察总局、大连市政府相继成立。

▲ 大连市公安总局办公大楼（社会部最初的办公地点）

与此同时，为了同国民党特务有效地进行隐蔽斗争，中共大连市委开始筹建大连市委社会部①。1945 年 11 月中旬，中共大连市委社会部正式成立，内设司法科、情报科、侦察科、看押科（一说为狱政科②）、总务股。于会川为社会部第一任部长，对外称大连市警察总局副局长。成立初期，社会部的办公地址设在大连市警察总局二楼（现大连市人民广场 3 号大连市公安局办公地址），与总局合署办公。不久，社会部迁至今大连市人民广场 2

---

①社会部是中共隐蔽战线工作的指挥机关。1939 年 2 月，中共中央将"中央特别工作委员会"和"中央敌区工作委员会"合并作为"中共中央社会部"，又称"中央情报部"。社会部的前身是 1931 年 11 月在江西瑞金成立的国家政治保卫局。政治保卫局是苏维埃政权同一切军事的、政治的、经济的反革命活动作斗争的专门机关，对一切反革命案件均有侦查、逮捕和预审之权。这些机构都部分具有检察机关的职能和性质。
②大连市公安局编：《大连公安史选编》（第二辑），1986 年内部出版，第 19 页。

号（大连市中级人民法院所在地）办公。

社会部是中共大连市委的一个职能部门，在当时是不对外公开的，其"职能科室，也是总局的职能部门，只是分工不同，其人员的供给皆属总局"①，社会部的各科室对外虽是以总局的职能部门进行活动，但具有相对的独立性，其人员和工作开展也由部长、总局副局长于会川直接领导。

社会部成立初期，只有十几人，除部长于会川外，其他组成人员是：司法科科长于亮、副科长周美鑫，情报科科长林树青，侦察科科长孙旭照，看押科（又名狱政科）科长张阜民，总务股股长石朋。社会部的领导干部主要是由东北局、辽东省委、辽东军区派来的干部组成，还有一部分是各解放区向东北输送的干部途经大连时经上级批准留下来的，社会部的其他一般干部主要是由就地选拔的先进工人、学生等组成。

最早，社会部司法科的工作人员有高英、张绍华、王克恭、曾化东，后来有于剑、牟慎之、朱永康、何荣（又名何春风）、高仲达、付永智、姜旭光、孙毅、程潜、任寿武等。这些人员后来都陆续成为关东解放区审判机关和检察机关的重要组成人员，并长期在大连司法机关工作，很多还走上领导岗位。如于会川后来成为大连地方法院院长兼首席检察官；于亮后来任大连地方法院刑事庭庭长，建国后曾任大连市中级人民法院副院长；周美鑫后来任大连地方法院审判庭庭长；林树青后来任大连地方法院书记官长，新中国成立后曾任大连市公安局副局长、大连市人民检察院副检察长；孙旭照后来任大连地方

---

① 《大连社会部的创建》（节选），载大连市公安局编：《大连公安史选编》（第一辑），1985年内部出版，第30页。

法院检察官；高英建国后曾任大连市中级人民法院副院长；于剑后来任关东高等法院旅顺地方庭副庭长；曾化东后来任大连地方法院院长，新中国成立后曾任旅大市中级人民法院院长、辽宁省人民检察院副检察长；何荣后来任关东高等法院检察官室检察官；高仲达后来任关东高等法院秘书，其他人后来也都成为关东解放区各地方法院或高等法院的骨干力量。仅从这一点就可以看出，关东解放区的审判机关和检察机关正是从当时的大连市委社会部开始启航的，为后来关东解放区的审判机关和检察机关奠定了工作和干部基础，是建国后大连审判机关和检察机关的摇篮。

1945 年年末，根据形势需要，随着大连市警察总局改为大连市公安总局，社会部司法科对外也改称为大连市公安总局司法科，于亮任司法科科长。除司法科保留外，其他科一律改为股，设在司法科之下。其中，情报科改为文牍股，侦察科改为侦察股，看押科改为看押股。增设审讯股，周美鑫为股长，高英为副股长。① 司法科依然在市委社会部部长、公安总局副局长于会川直接领导下，对内称社会部，对外是公安总局的一个职能部门。

此时的大连市委社会部及其所领导的司法科，主要负责锄奸保卫工作，对特务间谍进行隐蔽侦查、逮捕、起诉和审讯，案件范围以政治案件即特别刑事案件为主（一般治安和刑事案件由总局治安科负责），已经明显具有司法机关的属性，后来成立的大连地方法院就是以大连市委社会部及其领导下的司法科为主要班底组建起来的。时任大连市委书记韩光后来回忆道："那时'公检法'和市委的社会部是

① 参见《大连地方法院一年来司法工作总结报告》，1947 年 3 月 14 日起草，大连市档案馆 1 - 1 - 8 - 2 - 1 号档案，第 4 页；周美鑫：《回忆大连地方法院成立初期情况》，载大连市中级人民法院史志办公室编：《大连法院史资料选编（1946 -1986）》，1986 年内部出版，第 25 ~ 26 页。

'一揽子'", "市委社会部管'公检法'。"① 其中,社会部司法科下属的侦察股主要负责案件的侦查、逮捕和起诉,大连地方法院成立后,它改为地方法院的检察庭,是关东解放区检察机关的萌芽。

(二)大连市政府地方法院接收委员会成立

大连民主政权成立初期,司法干部十分匮乏,吸收和利用旧法人员,就成为新生民主政权的一项重要工作。

为了筹备成立大连地方法院,1945 年 12 月 18 日,大连市政府在其内部成立了一个由旧法人员组成的"大连地方法院接收委员会",成员有宫本初、广树震、程绍武、朱纯本、颜世禄等,以宫本初为主。1945 年 12 月下旬,公安总局司法科审讯股股长周美鑫受于会川委派,与大连地方法院接收委员会接洽。其主要任务是:"除负责对五个人做政治思想工作外,主要是筹备成立法院;在法院未成立前,(安排并指导该委员会)受理民事案件和审理一般刑事案件。"②

大连地方法院接收委员会五人都属于旧式留用人员,其中有的在日寇统治时期当过律师,有的在律师事务所当过代书。由于受日本帝国主义的奴化教育很深,他们对中国共产党不很了解,犹如"惊弓之鸟",谨小慎微,极少言谈。在经过思想工作后,这些人逐渐解除疑虑,表示愿意为新生的民主政权工作。其中对程绍武的处理对这些人员触动尤为深刻。程绍武系张宗昌的干儿子,原住在大连岭前秀月街张宗昌的别墅。新政府将别墅没收后,不仅对程绍武的住处做了适当安排,而且派车去给他搬家,其中的一切财物仍归他本人所有,他

---

①韩光:《关于大连解放初期公安工作的一些情况》,载大连市公安局编:《大连公安史选编》(第三辑),大连出版社 1990 年版,第 111 ~ 112 页。

②周美鑫:《回忆大连地方法院成立初期情况》,载大连市中级人民法院史志办公室编:《大连法院史资料选编(1946 - 1986)》,1986 年内部出版,第 25 页。

本人后来还一直在法院工作，被任为推事（即审判员）。对程绍武的处理，使接收委员会其他人员切实感觉到共产党确实对他们是真心真意的。①

中共大连市委社会部领导下的大连市公安总局司法科和附设于大连市政府下的"大连地方法院接收委员会"，共同构成了大连市早期的人民司法机构，它们"是后来大连地方法院正式成立的前身"，共同负责本地区的司法工作。在具体职能分工上，"公安总局司法科处理政治案件和刑事案件，一般的刑事案件由总局一科（即治安科）处理，而市府地方法院接收委员会是处理大连市及大连县所有各种不动产及注册等"，1945 年 12 月下旬后又在司法科指导下，负责"处理一般民刑案件"。② 其中，公安总局司法科是当时大连市主要的司法机构。

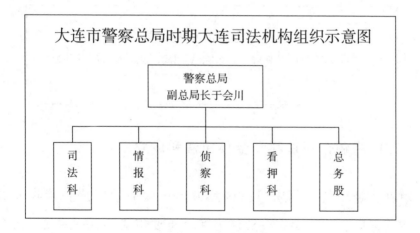

大连市警察总局时期大连司法机构组织示意图

①周美鑫：《回忆大连地方法院成立初期情况》，载大连市中级人民法院史志办公室编：《大连法院史资料选编（1946–1986）》，1986 年内部出版，第 25 页。
②《大连地方法院一年来司法工作总结报告》，1947 年 3 月 14 日起草，大连市档案馆 1–1–8–2–1 号档案。

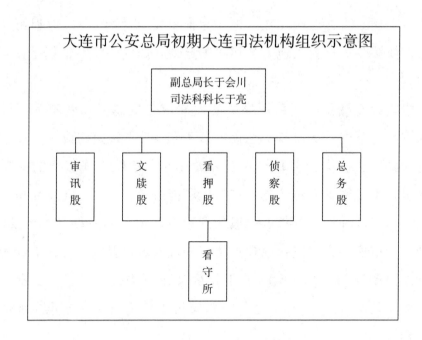

大连市公安总局初期大连司法机构组织示意图

大连地方法院接收委员会

委员：宫本初、广树震、朱纯本、程绍武、颜世禄，以宫本初为主

（三）旅顺市司法科和金县司法科成立

就在大连市公安总局司法科和大连市政府地方法院接收委员会陆续成立之际，作为关东解放区另两个重要组成部分——旅顺市和金县的早期人民司法机构也相继成立。

1945 年 11 月 1 日，中国共产党领导下的旅顺市政府民政局司法科成立，负责本地区的司法工作。初仲陶任科长，设科员 3 人。1946年 1 月 22 日，司法科改称司法处，冯德述任处长，办公地址在旅顺监狱（今旅顺日俄监狱旧址）。

1945 年 12 月 16 日，中国共产党领导下的金县民主政府司法科成立，负责本地区的司法工作，周旭东为科长。

至此，中国共产党领导下的关东解放区早期司法机构已初步建立，它们为即将诞生的关东解放区的审判机关和检察机关做好了组织和人员上的准备。这时的司法机构虽名为司法机构，但主要工作是在当地党组织的领导下锄奸反特，创建民主政权，建立革命秩序。其间办理的比较著名的案件是大连市委社会部部长于会川指挥侦破的国民党大连市党部及其"暴力团"案，通过对这一案件的侦破，基本上清除了国民党在大连的地下武装组织，对保护新生的民主政权、争取广大市民的支持具有决定性的意义。

二、创建阶段——地方法院时期的关东解放区检察机关（1946 年 2 月至 1947 年 4 月）

在关东解放区建立正式的人民审判机关和检察机关，既是我党重视法治建设的一贯传统，更是大连当时特殊区情的现实要求：

第一，根据国民党政府和苏联政府签订的《中苏友好同盟条约》，大连地区由苏联实行军事管制，行政权属中华民国，除苏联红军外，其他军队包括国民党的军队和共产党的军队都不能进入，但可以有警察、法院等，允许中国人实行地方自治，而且考虑到苏联的外交政策，中国共产党也没有以公开身份进行活动。

第二，顺应当时苏军军管当局的治理要求。据时任大连市公安总局局长赵东斌回忆："当时，苏军当局对我们的要求是：不要搞公开斗争，不搞游行示威，不要公审犯人。"① 当时，一些公安分局未经批准就召开群众公判大会处决犯人，有的甚至惊动了苏军，苏军高层还准备出动军队和坦克进行镇压。② 为此，公安总局明确规定："今后各分局凡是召开群众大会，枪毙犯人必须经总局及苏军警备司令部批准。"③ 也就是说，要按照规矩和程序合法地开展工作。

第三，应对国民党当局接收大连。当时的大连随时面临国民党当局前来接收，对此，苏联方面外交压力非常大。为照顾苏联的外交政策，不给国民党当局以接收的借口，必须采取隐蔽的方式，通过自治机构以合法的方式进行斗争。比如，为应对国民党接收，自 1946 年 5 月 1 日，所有公安人员均着近似国民政府警察的警服、警衔，帽徽为中华民国国旗"青天白日满地红"，以示大连是在国民政府领导下的"地方自治"。此外，还有城市治理方面的考虑，如调解民众纠纷等。凡此种种，促使当时大连市委对司法机关的建设非常重视且非常倚重。

对此，时任大连市委书记韩光后来在回忆当年为什么成立大连地方法院时明确讲到了这一点。他说："一九四五年十月中旬，我来到大连，着手组建市委、市政府、市公安总局和市法院。当时，有一点我们很明确，即地方民主政府得很快建立起来。虽然还不懂用'法治'二字，可是我们迫切地需要运用人民法院这一专政工具，以有效地对敌伪残余势力作斗争，对当时的敌人——国特、美特作斗争，特别是对国民党恐怖组织暴力团、地下军作斗争。他们也是日以继夜

---

① 赵东斌、王华：《解放战争初期的大连公安工作》，载大连市公安局编：《大连公安史选编》（第三辑），大连出版社 1990 年版，第 132 页。
② 赵东斌、王华：《解放战争初期的大连公安工作》，载大连市公安局编：《大连公安史选编》（第三辑），大连出版社 1990 年版，第 134 页。
③ 大连市公安局 51 - 46 - 28 号档案，第 19 页。

地'工作'。可他们的'工作'则集中于一个目标——颠覆地方民主政权、搞乱社会治安，时时刻刻危及人民生命、财产的安全。我们当然不怕他们。我们手中有公安局，有侦察机关，有公安武装。但是，为了动员广大人民群众更有效地和他们作斗争，就非运用人民法院这个国家机器不可。这是广大人民群众喜欢接受的一种有效的斗争形式。……除对敌斗争外，人民内部总会有些矛盾，有些问题要调解解决，这就是民事诉讼方面，我们也不能忽视。人民法院，在这方面就要很好地为人民服务。……市委为了加强对公、检、法工作的领导，注意研究和掌握党在这方面的路线、方针、政策，以及协调有关方面的工作，一开始就设立了市委社会部。"①

（一）大连地方法院及大连检察机关建立

1945 年 11 月，大连市委经研究，决定建立正式的审判机关和检察机关，并责成市委社会部部长、公安总局副局长于会川负责组建工作。② 1946 年 1 月，中共大连市委在韩光住处召开专门会议，研究成立大连地方法院。参加会议的有当时的大连市委书记韩光，副书记柳运光，委员赵东斌、于会川、唐韵超等。会议经研究决定成立大连地方法院，拟任于会川为大连地方法院院长兼首席检察官，对内是中共大连市委社会部部长。③

1946 年 1 月 30 日，大连市最高权力机关——大连市临时参议会在大连市政府礼堂隆重开幕。会议一致通过了大连市政府"施政纲

①韩光：《关于大连市法院的建立》，载大连市中级人民法院史志办公室编：《大连法院史资料选编（1946－1986）》，1986 年内部出版，第 9～10 页。
②大连市史志办公室编：《大连英烈》，大连出版社 1992 年版，第 130 页。
③赵东斌：《我所知道的大连地方法院》，载大连市中级人民法院史志办公室编：《大连法院史资料选编（1946－1986）》，1986 年内部出版，第 11 页。

要"，选举了行政委员、常驻委员等。会议选举唐韵超为议长、韩光为副议长。会议决议成立大连地方法院，选举于会川为大连地方法院院长兼首席检察官。

大连地方法院下设检察庭、民事庭、刑事庭、书记官室和司法行政科。检察庭设检察官 1 人、便衣排长 1 人、检查员 2 人、秘书 1 人，孙旭照任检察官，王清杰任便衣排长，李佩季、刑坤忠任检查员，高仲达任秘书，由院长兼首席检察官于会川直接领导。此外，于会川还兼任民事庭庭长，原市政府地方法院接收委员会的 5 人任顾

▲ 大连地方法院

问；于亮任刑事庭庭长，于剑、张绍华、牟慎之等任推事，刑事庭下设司法班和看守所，滕书会为看守所所长，韩寿长、宫本塾为所员；林树青任书记官室书记官长，周美鑫任书记官；张阜民任司法行政科科长。大连地方法院办公地址在今大连市人民广场 2 号。大连地方法院及其内部机构的名称包括工作人员的职称，基本上套用的是国民政府司法机关的体制和称谓，如检察机关设在法院之内、基层法院称地方法院、审判员称推事等，这些都是根据当时大连地区的特殊情况和对敌斗争的需要而定的。

从大连地方法院成立之初的组织机构及人员构成情况可以看出，它基本上是以大连市委社会部（即公安总局司法科）为主要基础，将市政府附设的"地方法院接收委员会"改为民事庭（办理普通刑事案件）组建而成，主要组成人员都基本没有变化。如部长于会川

任地方法院院长兼首席检察官；原侦察股改为检察庭，股长孙旭照任检察官；原审讯股改为刑事庭，于亮任庭长；原文牍股改为书记官室，林树青任书记官长；原总务股和看押股合并，改为司法行政科，张阜民任科长；原市政府地方法院接收委员会改为法院民事庭，其委员任顾问。

大连地方法院是中国共产党领导下的关东解放区成立的最早的地方法院。它基本继承了原来社会部承担的主要职能，以锄奸反特为工作中心，不仅在组织机构上很完整，而且人员配备充足，干部精强，队伍庞大。据史料记载，当时大连地方法院共有工作人员190多人，其中，旅级1人，营团级5人，排连级20多人。仅司法行政科，就下辖有四股（总务股、会计股、保管股、文教股）、一处（传达处，设有正副处长、3个传达员）和法警队、生产班等部门。①

在人民检察制度的发展史上，大连地方法院所设立的检察机关有着举足轻重的历史意义。她至少开创了以下三个方面的先河：

其一，她是中国共产党进入城市后建立的第一个人民检察机关。这样的评价是不过分的。据时任大连市公安总局局长赵东斌后来回忆：1946年2月15日，时任东北民主联军副政治委员罗荣桓路过大连去莫斯科治病时曾说，我们党领导下的城市搞警察，大连是第一个。② 这句话用在检察机关身上也是合适的，不仅大连公安机关，大连检察机关乃至大连审判机关，都是中国共产党领导下的城市里第一个搞起来的。

---

① 关东高等法院：《三年来司法工作概况》，载旅大概述编辑委员会印行：《旅大概述》，1949年版（内部参考），第330页；《大连地方法院一年来司法工作总结报告》，1947年3月14日起草，大连市档案馆1-1-8-2-1号档案。
② 赵东斌、王华：《解放战争初期的大连公安工作》，载大连市公安局编：《大连公安史选编》（第三辑），大连出版社1990年版，第139页。

其二，她首次确立了检察机关与审判机关在司法工作中的同等地位。不管是第一任院长兼首席检察官于会川，还是后来继任的第二任首席检察官赵东斌，院长与首席检察官在地方法院的领导地位是平等的，他们共同领导本地区的司法工作。这一制度架构更是在后来1947年6月制定出台的《关东各级司法机关暂行组织条例草案》中通过法律文件的形式给予确定下来。该《草案》规定，"高等法院首席检察官秉承人民之意旨，与法院院长共同领导关东地区之司法工作，任免司法人员"，以"总揽全局，完成任务"。这为新中国实行检法并立的司法模式提供了实践经验。对于这一点，本文将在第五章中作进一步阐述。

其三，她开创了检察机关由国家权力机关产生的先河。大连地方法院的首席检察官是由大连市权力机关——临时参议会选举产生的，并在后来的《关东各级司法机关暂行组织条例草案》中予以明确规定下来。该《草案》规定："关东高等法院首席检察官由关东人民代表大会选举之，任期至下届关东人民代表大会选举后止，连选得连任。"之后，关东检察机关的主要领导人都是由人民代表大会选举产生或经权力机关任免的。对此，后文将有专门阐述。

大连地方法院成立后，中共大连市委社会部由原来与大连公安总局合署办公改为与大连地方法院合署办公，对内仍称社会部，对外则称大连地方法院，原市政府地方法院接收委员会撤销。大连地方法院成立初期，工作主要分为两部分：一部分是对特殊刑事案件即政治案件的侦查、预审、起诉和处理（包括处决犯人），这是首要任务，主要由原司法科的人员即大连地方法院检察庭和刑事庭担任；民事案件和一般刑事案件则主要是由原地方法院接收委员会的人员，也就是民

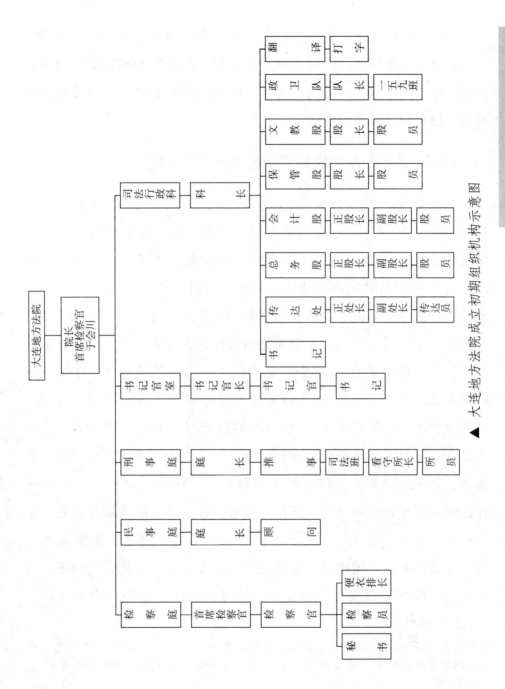

▲ 大连地方法院成立初期组织机构示意图

事庭办理。① 据统计，大连地方法院 1946 年共受理各类刑事案件 907 件，占全关东解放区司法机关所受刑事案件总数的 84%；受理民事案件 371 件，占 78%。可见大连地方法院在关东解放区司法机关所处的核心地位和担负的重要责任。

（二）院长兼首席检察官于会川逝世

于会川（1899—1946），原名于百思，辽宁省黑山县人，生于 1899 年。1921 年毕业于奉天省立第一师范学校。在奉天省立第三小学校任教务主任期间，因支持学生抗日示威游行被撤职。1922 年至 1926 年历任东北军第八混成旅司务长、排长、连长。1927 年考入东北陆军讲武堂第七期，后考入当时著名的法科大学北平朝阳大学②攻读法律。毕业后，先后任东北军第六教导队少校中队长、东北陆军讲武堂第十一期战术教官。1931 年"九·一八"事变后，在辽西一带组织东北义勇军，开展对日寇的斗争。1933 年后辗转华北、西北，从事救亡工作。1937 年 2 月加入中国共产党。"七七事变"后，先后在济南、徐州等地从事敌后抗日活动，曾任爱国将领范筑先部队高级参谋，兼任该部政治干部学校副训育长。1938 年，以民主人士身份任国民党山东省肥城县第一任抗日县长，并将县大队改编为我党领导下的抗日武装，兼任司令员。1939 年后，历任八路军山东纵队第六支队参谋长兼第三团团长、泰西抗日行政委员会副主任、鲁西支队司令员。1941 年赴延安中央党校一部学习。1944 年任中共中央晋绥分

---

① 林树青：《回忆大连解放之初来大连法院工作的一些情况》，载大连市中级人民法院史志办公室编：《大连法院史资料选编（1946 - 1986）》，1986 年内部出版，第 33 页。

② 朝阳大学创办于 1912 年，是民国时期著名法科大学。1949 年改建为中国政法大学，1950 年并入中国人民大学。朝阳大学在民国法学界享有盛誉，世称"南有东吴，北有朝阳"，是我国法学教育摇篮之一。

局情报处处长。

▲ 于会川

1945 年 11 月调来大连，任中共大连市委社会部部长、大连市公安总局副局长。他调来大连工作后，为了巩固大连这个隐蔽的后方基地，虽身患重病，依然坚持战斗，把党和人民的利益放在第一位。他把以往武装斗争的经验灵活运用到新形势下的革命斗争之中，率领公安干警同国民党特务和各种暗藏的敌人进行殊死斗争，相继破获了许多大案要案。1946 年 1 月 26 日，他亲自领导和指挥，侦破了国民党大连市党部及其独立团阴谋颠覆民主政府、杀害革命干部、企图制造反革命大暴动的重大案件，又称"暴力团"案，彻底捣毁了国民党在大连苦心经营的地下武装特务组织，维护了新生的民主政权，其业绩得到了大连市委、市政府及苏联红军大连警备司令部的高度评价。

大连地方法院成立后，于会川被选为大连地方法院院长兼首席检察官，集情报、肃反、检察、审判等重任于一身。当时，由于全国还未解放，中央人民政府尚未建立，我们还缺乏审判和检察的工作经验。于会川从大连的特殊情况出发，参照一些解放区和国民政府的做法，实行审检合署，在大连地方法院内设检察庭，在院长和首席检察官的共同领导下，开展审判和检察工作。并从实际需要出发，一方面组织制定了《惩办汉奸条例》等法规和诉讼程序，由大连市政府颁布实施；另一方面，利用国民党的"六法"（《宪法》、《刑法》、《民法》、《商法》、《刑事诉讼法》、《民事诉讼法》，1948 年 10 月停用），择其可用者用之，依法检察和审判仇视和企图颠覆民主政权的汉奸特务和国民党反动分子，"以其人之道，还治其人之身"。1946 年 4 月 5 日，于会川亲自签署了大连地方法院第一号判决书，依据《惩办汉奸条例》，判处汉奸潘澄宇死刑。

1946 年 5 月 2 日，于会川由于操劳过度，积劳成疾，医治无效，不幸在大连逝世。为表彰其为大连人民作出的卓越贡献，中共大连市委决定授予其烈士称号。5 月 3 日，大连市行政委员会和大连市临时参议会召开会议，专门研究于会川烈士的治丧问题，并决定将大连地方法院门前的南北马路（今北京街）命名为会川路。5 月 27 日，全市 10 万人在大连市大佛山烈士陵园为于会川举行了庄严隆重的安葬仪式，并立碑纪念。碑文曰："于故院长会川先生，辽宁黑山人也，少曾修业于东北讲武堂及北平朝阳大学，'九·一八'后，即积极组织东北义勇军，转战于白山黑水之间，迨 1933 年，复入关内，呼吁国内和平，一致对日作战。1937 年抗战爆发，先生驰骋疆场，挺进敌后，杀敌制胜，使祖国旗帜永远飘扬于苏鲁晋广大平原之上。'八·一五'后，先生来连任公安总局副局长，继由第一届临参会大会公选为大连地方法院院长，半年来于安定社会秩序，惩治汉奸特务，不遗余力，大连人民迄今得以安居乐业，先生实有力焉，先生 15 年来，致力抗日救国与和平民主建设事业，始终如一，其忠义自持，廉洁自奉，爱民以德，待人以诚之精神，允足以垂千秋，而为来者效范也。"当日，全市各机关、团体、厂矿、企业、学校等下半旗，停止娱乐，以示哀悼。

（三）于会川逝世后关东解放区检察机关的发展变化

于会川的逝世对大连的民主政权建设，特别是包括检察机关在内的司法机关的建设和工作开展，影响是很大的。于会川逝世后，大连地方法院工作暂由大连市委社会部副部长吴诚负责。不久，大连地方法院检察庭、刑事庭的全部人员相继调回大连市公安总局，成立了二科、三科即侦察科和审讯科，社会部并入公安总局。地方法院一度只设民事庭、书记官室和司法行政科，相关刑事案件（主要是政治案件）以及检察职能，也暂时由公安总局行使。据史料记载，大连地方法院成立时共有外来领导干部40余名，于会川逝世后，只留下4人，其余全部调走，领导干部由强变弱，由多变少。①

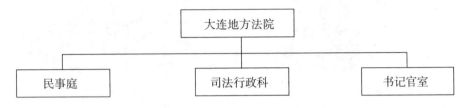

▲ 于会川逝世后大连地方法院组织机构示意图

    1946年7月，中共旅大地委经研究，决定任命曾化东为大连地方法院代理院长兼刑事庭庭长，公安总局局长赵东斌兼任大连地方法院首席检察官，② 同年8月25日，经大连市临时参议会通过后对外宣布，③ 开启了关东解放区检察机关的首长不再由法院院长兼任的历史。之后，为便于工作，减轻人民负担，地方法院于8月下旬进行了一次大的机构整编。整编后的地方法院内设民事庭、刑事庭、书记官室、总务股和警卫队，未再设检察庭，具体工作由从地方法院调到公安总局那部分人组建的公安总局二科即侦察科来履行。这种情况一直延续到1947年4月关东高等法院成立后为止。

---

①关东高等法院：《三年来司法工作概况》，载旅大概述编辑委员会印行：《旅大概述》，1949年版（内部参考），第330页。
②曾化东：《回忆我在大连地方法院的工作》，载大连市中级人民法院史志办公室编：《大连法院史资料选编（1946－1986）》，1986年内部出版，第14页。
③载《新生时报》1946年8月25日第1版。

▲ 曾化东

▲ 赵东斌

　　虽然这一时期，大连地方法院未再设检察机关，但检察机关作为一个办事机构还是存在的，特别是作为检察机关的最高首长——首席检察官并没有取消。[①] 只不过是由之前的与地方法院合署办公，改由与公安总局合署。而且检察工作也没有停止，甚至还有了实质性进展。1947 年 1 月，大连地方法院公审大汉奸张本政，公安总局政治部主任（对外称训练处主任）宋光作为代理检察官

[①]1946 年 12 月，大连公安总局局长兼大连地方法院首席检察官赵东斌因工作变动，调离大连。根据目前通行观点，大连地方法院先后只有过两任首席检察官，即于会川和赵东斌，赵东斌离开大连后，大连地方法院未再设首席检察官。但有史料记载，1947 年 4 月，在选举乔理清为关东高等法院首席检察官时，标注他的身份是大连法院检察官。（参见《旅大金各界人民代表大会重要的谈话演讲记录》，大连市档案馆 2－1－19－12 号档案。）这似乎说明在赵东斌离开大连后，很可能乔理清接任了大连地方法院首席检察官，但仅有这一份史料，尚没有其他史料证明。这里有两种情形：一是乔理清确实曾非正式地被任命过大连地方首席检察官；二是为了选举的需要。因为1947 年春天，乔理清刚刚来到大连，在来之前是华东野战军第三纵队锄保部副部长兼党委常务委员，在大连方面尚没有公开的职务安排，也可能为了选举和隐蔽其身份的需要，暂时以大连地方法院检察官的身份参加选举。

出庭支持公诉，控诉了张本政充当汉奸、残害百姓、附敌祸国等八大罪状。最后，法庭以附敌祸国罪判处张本政有期徒刑 12 年，剥夺公权终身。

在大连地方法院成立之后，1946 年 9 月 22 日，经金县政府、公安局、民主联合会、职工会及各界领袖协议决定，在金县政府司法科的基础上成立了金县地方法院，院长由原司法科长周旭东担任。1947 年 10 月 18 日，关东高等法院成立后，任命边征民为金县地方法院检察官，并代理金县地方法院院长。[1] 法院下设检察庭（后改称检察官室）、民事庭、刑事庭、调解处、执行处、总务部、监狱、法警等部门，有工作人员 32 人，主要以办理民事和普通刑事案件为主。[2]

大连地方法院和金县地方法院的建立，标志着关东解放区有了正式的人民审判机关和检察机关。据统计，1946 年，关东解放区的司法机关共办理各类刑事案件 1075 件，民事案件 478 件。这也是人民的司法机关在关东解放区制作的第一个年度办案统计数字。从此，人民的审判机关和检察机关开始在关东解放区生根发芽，茁壮成长。当然，这时的关东解放区的各司法机关基本上还处于相互独立、各成一体的状态，缺少统一的领导和管理。主要表现在：在工作部署上，缺乏计划，虽然有的法院也有一定的工作计划，如大连地方法院 1946 年冬季的五期整训及审判工作部署等，但总体来说不够规范和经常；在法制编研方面，除了大连地方法院制定了《惩办汉奸条例》、《临时没收财产小组内部组

---

①大连市中级人民法院编：《院史资料通讯》1984 年第 2 期，第 7 页。
②关东高等法院：《三年来司法工作概况》，载旅大概述编辑委员会印行：《旅大概述》，1949 年版（内部参考），第 330 页。

织及其工作简则》以及一些登记表格、各种诉讼用纸之外，其他法院在制度编研方面基本上是空白；在领导体制上，大连地方法院和金县地方法院都相继建立了独立的办公机构，但"大连地院虽然确定了领导，但领导关系过多，行政由市政府，业务由地委社会部，财经由地委财委会，党内由总局，而实际照顾都很少"，① 而旅顺司法处和大连县司法科则是在市县政府的直接领导下，尚不能独立开展工作。1946 年 10 月旅大行政联合办事处成立后，曾成立一个司法委员会，但该机构实际上并没有开展工作，因而也没有统一全区的司法工作。各院（司法处、科）工作开展也很不平衡，1946 年，仅大连地方法院办理的刑事案件就占到全地区的 84％，民事案件占到 78％。② 因此，为加强对关东解放区司法工作的统一领导和管理，建立全区统一的司法机关就变得非常迫切了。

三、完善阶段——高等法院时期的关东解放区检察机关（1947 年 4 月至 1950 年 10 月）

（一）关东高等法院及其检察机关的成立

关东高等法院的成立标志着包括检察机关在内的关东解放区司法机关的发展进入了一个新的历史阶段。

为应对国民党接收旅大，同时也是为了加强关东地区的统一领

---

①关东高等法院：《三年来司法工作概况》，载旅大概述编辑委员会印行：《旅大概述》，1949 年版（内部参考），第 330 页。
②关东高等法院：《三年来司法工作概况》，载旅大概述编辑委员会印行：《旅大概述》，1949 年版（内部参考），第 330～331 页。

导，粉碎国民党反动派的海陆封锁，1947年4月3日至4日，第一届旅大各界人民代表大会在驻旅顺苏军司令部召开，出席代表317名。会议决议成立关东公署和关东高等法院，撤销旅大行政联合办事处。关于关

▲ 关东高等法院成立初期办公地址

东公署的组成，苏军军管当局当时提出了"三三制"的配备方案，即民族资产阶级、知识分子和各个阶层（包括共产党）的代表各占1/3。会议选举迟子祥为公署主席，刘辛垣、乔传钰为副主席，陈瑞光为秘书长，乔理清为高等法院首席检察官，周旭东为高等法院院长。

▲ 乔理清

1947年5月下旬，关东高等法院开始办公，内设秘书室、司法行政处、民事庭、刑事庭、编研室、检察官室，下辖大连地方法院、金县地方法院、旅顺市司法处（1947年10月撤销，在高等法院内设旅顺地方庭）和大连县司法科。高等法院成立之初，关东高等法院约有工作人员60余人，高仲达任秘书室秘书，孙乐宜任司法行政处处长兼刑事庭庭长，于亮任刑事庭副庭长（1947年下半年调任大连县公安局副局长），院长周旭东兼任民事庭庭长（旅顺地方庭成立后又兼任该

庭庭长），关山任编研室主任，何春风（又名何荣）任检察官室检察官。检察官室下设一个侦察班①，高正权任侦察班班长。关东高等法院最初办公地址在旅顺洪光医院旧址②（今旅顺口区和顺街 45 号，现为人民检察博物馆大连分馆）。同年 6 月，迁至旅顺伪民政署旧址（今旅顺口区长江路 77 号）。

关于高等法院检察官室的成立时间，有一种观点认为，高等法院成立之初并没有即时设立检察官室，而是在高等法院成立后经过一段时间才设立的，理由是大连法院院史资料中，直到 1948 年 1 月才有检察官室的明确记载。③ 关于这一点，有理由怀疑该资料记载的完整性，因为就在这一期，其关于高等法院成立时的机构设置，只列举了

▲ 周旭东

刑事庭、民事庭和司法行政处，而根据已经证明了的史实，当时成立的部门还有编研室。我们认为，在关东高等法院成立之初，是设有检察官室的，理由如下：一是根据当时在高等法院工作过的高正权回忆。高正权于 1947 年 5 月就开始在高等法院工作，直至建国后。他到高等法院工作时，高等法院的办公地点在现旅顺长江路 77 号，即高等法院第二个办公地点。据他回忆，当时高等法院就设有检察官室，在一楼办公，检察官

———————————

① 根据高正权同志回忆，这个侦察班原属于大连监狱（又叫大连岭前监狱），1945 年 6 月，高正权调到关东高等法院工作，归检察官何春风指挥。

② 一说为旅顺民族资本家周文贵旧居，系周文贵遗孀于 1940 年投资建造，建筑面积 567 平方米，欧式建筑。据《旅顺口区志》记载，日本统治旅大时期，台湾人洪顶林在此开办洪光医院，开业时间为 1940 年至 1945 年，旅大解放后停业。

③ 参见《大连地区法院沿革（征求意见稿）》，载大连市中级人民法院编：《院史资料通讯》1984 年第 11 期。

是何春风。他本人就是在何春风的领导下负责侦察工作的。二是根据高等法院于 1947 年 6 月 28 日出台的《关于领导关系、分工负责及会议制度的决定》。内中明确规定，高等法院设有检察官室。这份文件是在高等法院成立后不久，由高等法院的筹建者周旭东和乔理清主持制定的，起草时间应该早于 6 月 28 日，可能就在高等法院筹建的关键时期，即 1947 年的 4、5 月。很难想象，他们在文件中作出了明确规定，而在同步进行的机构设置中却没有设置。三是根据大连市中级人民法院组织编写的另一期《院史资料通讯》记载。该院组织编写的《院史资料通讯》1984 年第 5 期记载："一九四七年四月三日，大连各界人民代表大会决定成立关东公署，选举周旭东为关东高等法院院长……同年十二月，关东高等法院由旅顺迁至大连，与大连地方法院合署办公。当时关东高等法院设有秘书室、司法行政处、审判庭、编研室、检察官室、监狱等六个部门。辖大连地方法院、金县地方法院和旅顺地方庭。"根据上下文，这里的"当时"指的是 1947 年 4 月高等法院成立至 1947 年 12 月迁至大连之间，而旅顺地方庭是 1947 年 10

▲ 关东高等法院第二个办公地址（今旅顺长江路 77 号）

月成立的。据以上几点推断，关东高等法院应该在成立之初，至迟在 1947 年 10 月之前就设立了检察官室。

在关东高等法院成立的过程中，中共旅大地委社会部再一次担当了关东司法机关摇篮的角色。1946 年 5 月于会川逝世后，大连地方法院的检察庭和刑事庭的人员大部分回到市公安总局组成二科（侦察科）、三科（审讯科）。同年 8 月，三科的部分人员又回到大连地方法院组建了刑事庭。1946 年 11 月 23 日，边章五[①]（又名边慎斋）被任命为旅大地委社会部部长，兼市公安总局代理局长。社会部第二次成立，下设一科（保卫科，科长史维汉）、二科（侦察科，科长孙旭照）、三科（审讯科，科长孙乐宜、于亮）、四科（总务科，科长李继先）

▲ 1947 年春旅大地委社会部部分成员合影

和秘书科（科长李金锡），办公地址在今大连市西岗区凤鸣街 37 - 47 号、高尔基路 81 - 97 号。[②] 据史料记载，关东高等法院成立后，其

---

①边章五，又名边慎斋，1900 年生于河北省束鹿县文朗口村，1922 年毕业于保定军官学校，1931 年参加革命，曾任中国工农红军第四十师师长、第三十七师师长。1932 年加入中国共产党。此后，先后任中央军委作战科科长、中央军委第一局局长参谋、中央军委五科（局）科长、中央军委一局局长、延安城防司令员、中央军委四局局长、中央情报部第三室副主任等职。1946 年 11 月来大连，任大连公安总局代理局长兼警官学校校长、旅大地委社会部部长。1948 年调离大连，先后任辽宁军区司令员、新中国驻苏联大使馆武官、朝中停战谈判代表团代表等。1954 年 2 月 9 日在北京病逝。

②于亮：《到东北来工作的回忆》，载《旅大市人民检察院解放战争时期旅大地区检察制度史资料（四）走访材料》，第 46 页；大连市公安局编：《大连公安历史长编》，1987 年内部出版，第 421～422 页。

中的大部分人调到关东高等法院。① 可以这样说，关东高等法院的领导干部和工作人员，除从大连地方法院、金县地方法院、旅顺司法处和大连县司法科调来的一些人员外（其中大连地方法院相对多些），有相当一部分，特别是领导干部是从当时的旅大地委社会部调来的，如关东高等法院首席检察官乔理清原为旅大地委社会部副部长，关东高等法院司法行政处处长兼刑事庭庭长孙乐宜原为社会部三科科长，关东高等法院刑事庭副庭长于亮原为社会部三科第二科长，等等。

关东高等法院的成立开启了关东解放区司法机关新的历史发展阶段。

第一，关东高等法院的成立健全和完善了关东解放区的司法体系。在关东高等法院成立之前，关东解放区只有基层一级的审判和检察机关，大多数案件采取的是一审终审制。自从关东高等法院成立后，关东解放区才建立了两级两审终审制，从而建立了相对比较完整的诉讼体系。

第二，关东高等法院成立后，关东解放区才真正在制度层面建立了自己的审判制度和检察制度。关东高等法院成立后，在院长周旭东、首席检察官乔理清的主持下，迅速制定出台了一大批规章制度，其中比较著名的有《关东各级司法机关暂行组织条例草案》（1947年4、5月拟成，同年6月29日由关东公署颁布实施）、关东高等法院《关于领导关系、分工负责及会议制度的决定》（1947年6月28日签发）、《关东高等法院各部门（庭、处、室）工作条例》（1947年7月草订）等，这些制度明确规定了关东司法机关的产生、组织

---

① 于亮：《到东北来工作的回忆》，载《旅大市人民检察院解放战争时期旅大地区检察制度史资料（四）走访材料》，第47页；大连市中级人民法院编：《院史资料通讯》1984年第11期，第4页。

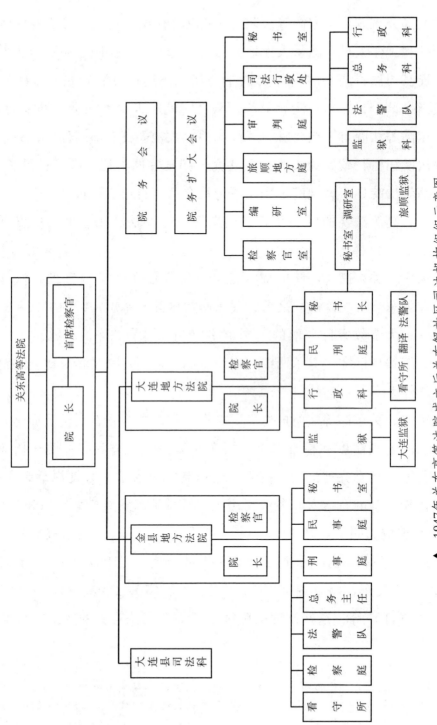

人民检察

关东解放区的人民检察制度

▲ 1947年关东高等法院成立后关东解放区司法机构组织示意图

机构、人员配置、职责分工、领导制度、工作制度、会议制度，以及各司法机关之间的审级关系和案件管辖范围。特别是《关东各级司法机关暂行组织条例草案》专设一章，对检察机关的设置作出了专门规定。《草案》第 23 条规定："关东各级司法机关分别配置检察官，高等法院设首席检察官及检察官若干人，地方法院或司法处（科）设检察官，如在二人以上者得设首席检察官，视工作之繁简得酌设书记官若干人。"第 24 条规定："关东高等法院首席检察官由关东人民代表大会选举之，任期至下届关东人民代表大会选举后止，连选得连任。"这些规定使检察机关的设立和工作开展有了制度上的保证。

第三，关东高等法院的成立使关东解放区的司法机关具有了比较明显的独立地位。如前文所述，在关东高等法院成立前，旅顺司法处和大连县司法科是在市县政府的直接领导下开展工作，还不具有独立性。即使是建立了独立办公机构的大连地方法院，在诸如行政、财政、党务甚至业务方面，都不是很独立。关东高等法院成立后，在其所起草的《关东各级司法机关暂行组织条例草案》的第 3 条就明确规定"关东各市县司法机关均直接受关东高等法院管辖与领导"。第 29 条规定："各级检察机关不受其他机关及审判机关之干涉，独立行使其职权，只服从上级检察机关首长之命令。"在隶属关系上，关东高等法院虽然是关东公署的组成机构，但它却与公署的秘书处和九个厅局不同，不归公署主席直接领导，具有一定的独立性。根据旅大地区首届各界人民代表大会通过的《旅大金各界人民代表大会关于关东公署的决议》规定，"关东公署主席以下设秘书处及下列各厅局：民政厅、财政厅、工业厅、商业厅、交通厅、教育厅、农林厅、卫生厅、公安总局"，作为关东最高司法机关的高等法院并不在此列。其

人民检察

关东解放区的人民检察制度

中含义应当很明确，即秘书处及其他八厅一局，是主席即公署行政首长的办事机构，受主席的直接支配，而关东高等法院不是主席的办事机构，不受主席的直接支配。从关东首届代表大会的选举日程来看，关东高等法院是与公署主席一同选举产生的，其他厅局则另行选举产生。这都说明在制度的设计者那里，关东高等法院与其他厅局是不一样的，有着较强的独立性。而且，关东高等法院还专门建有自己的党组，由乔理清、孙乐宜和于亮三人组成。[①] 1947 年 4 月 25 日，也就是关东高等法院成立后不久，旅大地委为统一公安锄保工作，决定边章五负责社会部，乔理清负责法院，周光负责公安和党内。[②] 这说明在党的关系上，关东高等法院也较以往有了很大独立性，这意味

▲ 乔理清（左）与周光在一起。

着关东司法机关迈出了脱离行政体系的实质步骤。关于关东高等法院的独立地位问题，时任大连市委书记韩光在回忆这段历史时明确说道："后来工作多了，形势发展了，司法工作需要独立起来，就成立了高等法院和大连地方法院。从此，法院和公安局脱钩了。"[③]

第四，关东高等法院成立后，在旅大地委的领导下，根据当时

---

① 于亮：《到东北来工作的回忆》，载《旅大市人民检察院解放战争时期旅大地区检察制度史资料（四）走访材料》，第 47 页。
② 大连市公安局编：《大连公安历史长编》，1987 年内部出版，第 422 页。
③ 韩光：《关于大连解放初期公安工作的一些情况》，载大连市公安局编：《大连公安史选编》（第三辑），大连出版社 1990 年版，第 112 页。

大连地区的情况，结合审判实践，参照有关政策法律和解放区的司法原则，陆续起草了30多部单项法规，除了前文提到的几部法律文件外，其他比较重要的还有：《处理侵占案暂行办法（草案）》、《暂行羁押规则》、《司法收入管理执行条例》、《惩治盗匪及强窃盗暂行条例草案》、《关于诉讼手续暂行规定》、《监外执行条例》、《法律顾问处组织简则》、《关东地区行政村（坊）调解暂行条例草案》、《关东地区婚姻暂行条例草案》、《处理特种刑事暂行办法（草案）》、《关于建立人民陪审制度（草案）》、《民刑案件处理暂行办法》、《劳动改造所暂行管理规则》、《处理贪污渎职案件暂行办法（草案）》、《旅大检察工作条例（草案）》，等等。这些法律文件极大地丰富了关东解放区的法律制度，为各级司法机关执法办案提供了充分依据，逐渐改变了之前主要依据国民政府制定的"六法"进行执法的局面。

关东解放区司法机关起草、制定的法律法规一览表

序号	名　　　称	颁布时间
1	大连市惩治贪污条例	1946 年 1 月
2	大连市毒品治罪暂行条例	1946 年
3	大连市敌产处理暂行条例	1946 年
4	大连市惩治盗匪暂行条例	1946 年
5	大连市民刑案件暂行调解条例	1946 年
6	大连市调解委员会组织条例	1946 年
7	临时没收财产小组内部组织及工作简则	1947 年 2 月
8	处理侵占案暂行办法（草案）	1947 年 4 月
9	关东各级司法机关暂行组织条例草案	1947 年 6 月

人民检察

关东解放区的人民检察制度

序号	名　　　称	颁布时间
10	关东高等法院关于领导关系、分工负责及会议制度的决定	1947 年 6 月
11	关东高等法院各部门（庭、处、室）工作条例	1947 年 7 月
12	暂行羁押规则	1947 年 9 月
13	司法收入管理执行条例	1947 年 11 月
14	惩治盗匪及强窃盗暂行条例草案	1947 年 12 月
15	关于审级管辖规定（关东高等法院通告第一号）	1948 年 1 月 1 日
16	关于诉讼手续暂行规定	1948 年 1 月 7 日
17	关东高等法院关于司法工作配合大生产运动的指示	1948 年 2 月
18	保护公共建筑物及其他公有设施暂行条例	1948 年 2 月
19	监外执行条例	1948 年 2 月
20	法律顾问处组织简则	1948 年 2 月
21	关东地区行政村（坊）调解暂行条例草案	1948 年 3 月
22	犯人劳动改造委员会组织条例	1949 年 1 月
23	关东地区婚姻暂行条例草案	1949 年 3 月
24	处理债务案件基本原则（草案）	1949 年 4 月
25	处理特种刑事暂行办法（草案）	1949 年 4 月
26	关于建立人民陪审制度（草案）	1949 年 4 月
27	关于调解工作方案（草案）	1949 年 4 月
28	民刑案件处理暂行办法	1949 年 4 月
29	劳动改造所暂行管理规则	1949 年
30	处理贪污渎职案件暂行办法（草案）	1949 年 4 月
31	处理窃盗暂行办法（草案）	1949 年 4 月
32	处理破坏经建暂行办法（草案）	1949 年 4 月

序号	名　　　称	颁布时间
33	处理杀人案暂行办法（草案）	1949 年 4 月
34	妨害婚姻与家庭案暂行办法（草案）	1949 年 4 月
35	处理婚姻案件办法（草案）	1949 年 4 月
36	旅大检察工作条例（草案）	1949 年 4 月
37	关东地区司法工作人员奖惩条例	1949 年 8 月

　　此外，自关东高等法院成立后，关东解放区司法工作的计划性明显得以加强，有力地推动了审判工作和检察工作的开展，办案数量和办案质量明显上升，各基层司法机关工作开展不平衡的局面也得以有效改善。在高等法院成立的当年即 1947 年，关东解放区两级司法机关共受理各类刑事案件 1826 人，比 1946 年的 1075 人上升了近 70%。与此同时，大连地方法院所办刑事案件所占比重由 1946 年的 84% 下降到 1947 年的 51.6%，金县地方法院和旅顺地方庭所占比重则分别由 1946 年的 4% 和 12% 上升到 1947 年的 15.4% 和 24.3%。

　　总而言之，关东高等法院的成立在关东解放区司法机关的发展史上是一个重大的历史转折点。从此，关东解放区的审判机关和检察机关在中共旅大地委和关东高等法院的领导下一步步走向完善和规范，检察工作也在探索中不断发展。

（二）关东高等法院与大连地方法院合署办公后检察机关的发展

　　1948 年春，随着东北大部分地区相继解放，国民党反动统治日趋崩溃，所谓接收旅大的计划已经破灭，国民党对关东解放区的封锁也已基本解除。为了便于开展工作，特别是为了加强对大连市的控制和管理，① 1947 年 11 月下旬，关东公署由旅顺迁至大连。1947 年 12 月中旬，关东高等法院也由旅顺迁到大连，与大连地方法院合署办公。

关东高等法院与大连地方法院合署办公后，关东解放区的审判机关和检察机关围绕机构和人员调整等方面进行了几次比较大的整编。

1. 第一次整编。第一次整编是关东高等法院与大连地方法院合署办公不久后进行的。为了整合全地区的司法资源，理顺高等法院与各地方法院（庭）的关系，进一步加强对全区司法工作的领导，根据关东公署关于整编的指示，关东高等法院于 1947 年 12 月下旬制定了《关东高等法院对关东地区司法机关整编意见书》。1948 年 1 月 1 日，关东高等法院发布通告，"兹为提高司法工作效率，充实下层组织，减轻人民负担，特将关东地区之司法组织机构及诉讼案件管辖（地）域，重加调整"，由此开始了关东地区司法机关成立以来第一次有组织、有计划的大整编。这次整编基本上是遵照《关东各级司法机关暂行组织条例草案》、《关于领导关系、分工负责及会议制度的决定》、《关东高等法院各部门（庭、处、室）工作条例》等有关规定进行的，是将这些规定的贯彻落实，标志着关东解放区的审判机关和检察机关正式进入有计划的全面创建阶段。这次整编的主要内容如下：

（1）关东高等法院与大连地方法院合署办公，并进一步明确了

---

① 当时，相对于旅顺市和金县，大连市已经成为关东解放区名副其实的政治、经济、文化中心。对此，在刚筹建大连民主政权时，中共大连市委就有非常清醒的认识。韩光曾说："十个金州也没有一个大连重要。"（参见亮：《到东北来工作的回忆》，载《旅大市人民检察院解放战争时期旅大地区检察制度史资料（四）走访材料》，第 33～34 页。）

关东高等法院与大连地方法院、金县地方法院、旅顺地方庭之间的审级关系。明确规定："关东高等法院受理全关东地区不服地方法院及地方庭判决裁定而上诉抗告之民事案件，及第一审特种刑事案件"，"地方法院及地方庭，受理各该管辖区域民事、刑事第一审诉讼案件，及起诉前之调解案件。"

（2）撤销大连县司法科。"大连地方法院，以大连市及大连县两个行政区域，为其诉讼案件之管辖区域"。

（3）"各级法院之民刑庭，合并改称为审判庭。"①

（4）充实金县地方法院和旅顺地方庭干部队伍，周美鑫调任金县地方法院审判庭庭长，于剑调任旅顺地方庭副庭长。

（5）统一和规范了各级法院的内设机构名称。整编后，各地方法院（庭）均对照高等法院的组织架构，建立健全了各自的内设机构，并统一了机构名称。例如，整编前，大连地方法院设有秘书长、民刑庭、行政科、监狱等部门，金县地方法院则设有秘书室、民事庭、刑事庭、总务主任、法警队、看守所。整编后，除监狱（看守所）外，其他部门均统一为秘书、审判庭、司法行政科等，并设检察官，与院长共同领导本院工作。这次整编还进一步明确了关东高等法院院长和首席检察官共同领导整个关东解放区司法工作的领导地位，并采取民主集中制的组织原则，在高等法院内部建立院务会议、院务扩大会议等会议制度，作为院长和首席检察官开展工作的重要组织形式。

---

① 参见《关东高等法院通知》总发字第一号秘字第一号，1948 年 1 月 1 日。

人民检察

关东解放区的人民检察制度

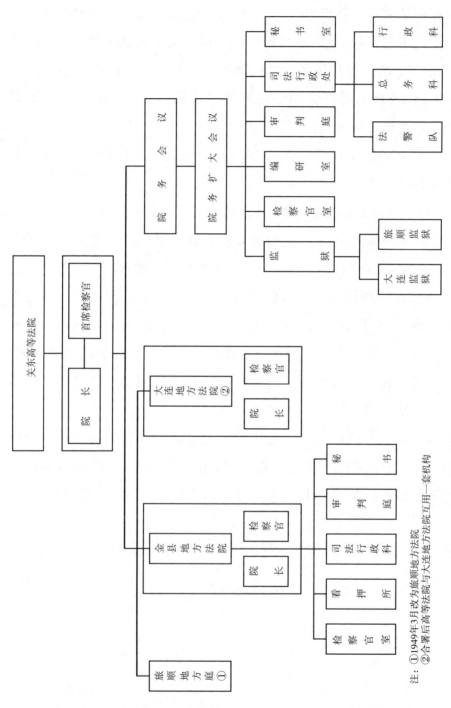

▲ 1948年初高等法院与大连地方法院合署关东解放区司法机构组织示意图

注：①1949年3月改为旅顺地方法院
　　②合署后高等法院与大连地方法院互用一套机构

112

经过这次整编，关东高等法院内设有秘书室、司法行政处、审判庭、检察官室、编研室，并下辖大连监狱和旅顺监狱。高仲达任秘书室秘书，傅科任司法行政处处长，大连地方法院院长曾化东兼任审判庭庭长，何春风任检察官室检察官，关山任编研室主任，宋厚亭任大连监狱监狱长，任寿武任旅顺监狱监狱长。同时，为了"贯彻为人民服务之目的"，"为人民解答法律上及诉讼程序上的一切疑难问题"，高等法院出台了《法律顾问处组织简则》，要求各级法院设法律顾问处，由法院工作人员内指定3—5人组成，并以1人为主任。

这次整编加强了高等法院的领导力量，充实了下级法院的人员。同时，为了减轻人民的负担，配合关东公署在全区开展的大生产运动，将编余的153人调到生产部门。截至1948年10月，全地区两级司法机关共有司法干部112人，加上勤杂人员和生产人员有200余人。

就在第一次整编期间，1948年2月1日，关东高等法院发出了《关于司法工作配合大生产运动的指示》，明确要求"司法工作在巩固民主秩序，保障人民合法权益的原则下，必须全面地注意既不妨碍生产而又利于生产发展，对大生产运动起配合推动的作用"，"保证公署一九四八年经济建设计划的顺利完成"。全区审判机关与检察机关紧密配合，紧紧围绕中共旅大地委和关东公署的中心工作，为方便农民、渔民和商家等的生产经营，采取了法庭审判、就地审判、巡回审判等多种形式的审判方式，积极配合全区的大生产运动，同时，还组织审判人员、检察人员以及在押犯人，积极参加劳动生产，减轻人民负担。年轻的关东检察机关和审判机关从创建伊始，就自觉地将整个工作置身于当地党委和政府的中心工作之下，表现出了强烈的大局意识和政治自觉性。

也就是从这时起，关东高等法院陆续加强了工作的计划性，年初有部署，中间有检查，半年和年终有总结，同时又相继制定了若干工作制度，并从 1948 年 3 月上旬至 4 月下旬，在全区司法机关开展了为期 50 余天的思想作风大检查活动。之后，又相继举办了 3 期司法干部训练班，机关建设和队伍管理逐渐走向规范和成熟。

▲ 裴华夏

2. 第二次整编。1948 年秋，随着全国解放战争形势的迅速进展，特别是随着辽沈战役的全面胜利和东北全境解放，一大批干部从旅大地区调往各解放区工作，关东地区司法机关随之进行了第二次大的整编。1948 年 10 月 28 日，关东公署发布任免令，批准乔理清辞去关东高等法院首席检察官职务，调任关东公安总局副局长，同时任命裴华夏为关东高等法院首席检察官。在乔理清调离前后，高等法院中层以上陆续调走外来干部 20 多名，或充实到旅大地区其他工作岗位，或支援全国其他解放区。关东高等法院根据中共旅大地委和关东公署的指示，开始通过举办培训班的形式，培养新式司法人员。自 1948 年 9 月至 1949 年 12 月，先后举办了 3 期司法训练班，共培养司法干部近 200 名，为关东解放区和全国其他解放区培养了一批急需的新式司法人员。其间，又于 1948 年 12 月 10 日至 14 日，召开了全地区推事、书记、检察和审判扩大会议，作出了废除运用"六法"的决定，会议通过总结工作，交流经验，提高了人民司法的理论与业务水平，特别是进一步统一了广大司法干部对新民主主义的政策和法律思想的认识。

3. 第三次整编。1949 年 1 月，关东解放区的司法机关进行了第三次比较大的整编。整编内容：一是将旅顺地方庭改组为旅顺地方法院，设检察官一职，由时任旅顺市公安局局长吕子先兼任。至此，关东解放区三个主要基层行政区域均有了正式的人民检察机关。二是为了使司法工作更能紧密地与各级政府的中心工作相结合，服务于当地建设，调整了对各基层法院的行政领导关系，决定各基层法院受所在市县政府（行政委员会）的直接领导，高等法院只作业务上的指导。这是关东解放区司法领导体制一次比较大的变化，这一体制颇有些类似于我们今天的双重领导体制。三是为了加强对监狱的领导管理和在押人员的劳动改造工作，关东高等法院决定，将原来附设在司法行政处的监狱科单独设置，升格为劳动改造处，将各监狱改称劳动改造所，其中旅顺监狱改称旅顺劳动改造所，又称第一劳动改造所，用于羁押特刑犯及较长刑期的普通刑事犯；大连岭前监狱改称大连劳动改造所，又称第二劳动改造所，用于羁押普通刑事犯和少数特刑犯。同时，高等法院设劳动改造委员会，由首席检察官直接领导，负责下列事项：监狱行政管理；在监犯人的考核审查改造教育；犯人的习艺生产；犯人生产经费的支付及预决算的审核；各生产部门兼职职员的供给等。

　　此次整编后，周旭东辞去了金县地方法院院长的兼职，周美鑫任金县地方法院副院长，张醒东任旅顺地方法院副院长，方泽任高等法院司法行政处处长，曲初任高等法院劳动改造处处长，高仲达任高等法院秘书科科长兼行政科科长，于志刚任大连地方法院审判庭庭长，滕书会任旅顺劳动改造所副所长，宋厚亭任大连劳动改造所所长，史永和任高等法院检察官室检察官，李日辉任检察官室书记。这次整编后，关东解放区各级司法机关共有工作人员 135 人，加上勤杂人员和生产人员共有 280 余人。

关东解放区的人民检察制度

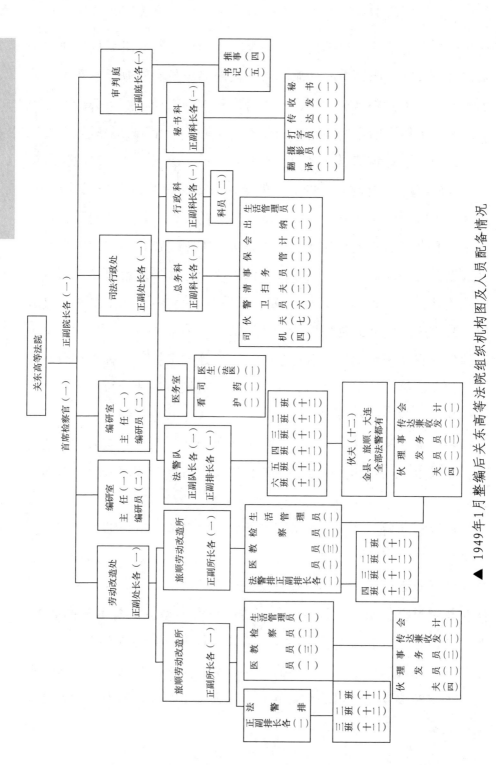

▲ 1949年1月整编后关东高等法院组织机构图及人员配备情况

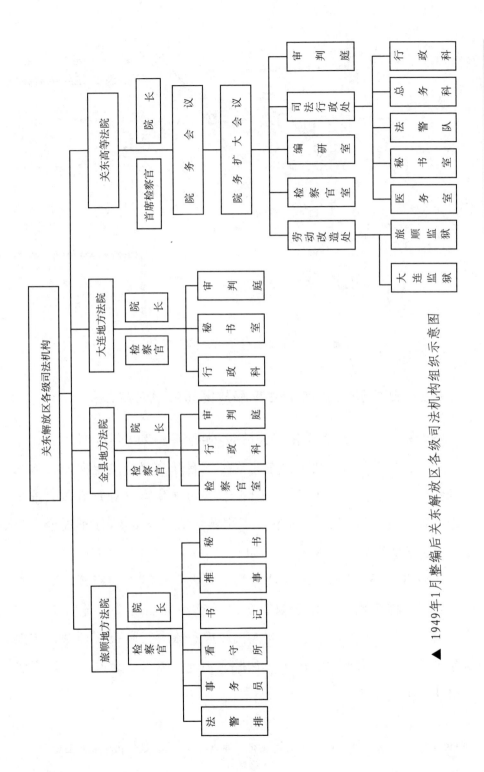

▲ 1949年1月整编后关东解放区各级司法机构组织示意图

人民检察

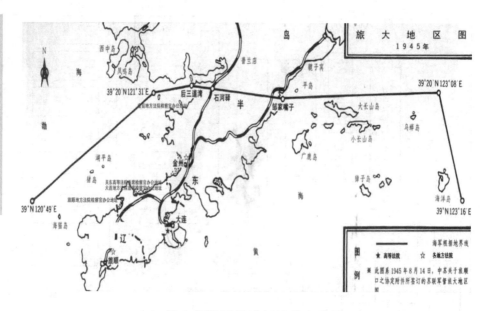

▲ 关东解放区司法机关分布略图

（三） 新中国成立前夕关东解放区司法机关的发展

随着东北全境的解放和三大战役的胜利，1949 年 3 月 1 日，中共旅大区党委①根据中共中央东北局指示召开会议，决定向全市人民公开党的组织，并于 4 月 1 日至 3 日，在市文化宫（原址在现大连市西岗区香洲酒店附近）隆重举行了中共旅大地区活动分子大会。至此，中共旅大党组织正式公开活动。

1949 年 4 月 27 日，旅大地区第二届人民代表大会召开，决议将关东公署改称为旅大行政公署，随之关东高等法院改称旅大高等法院。同年 12 月 10 日，根据东北人民政府和旅大行政公署训令，旅大高等法院改称旅大行政公署人民法院，大连、旅顺、金县三个地方法院相继改称人民法院。

---

①1949 年 2 月，根据中共中央东北局决定，中共旅大地委改为中共旅大区党委。

1949年9月21日，中国人民政治协商会议第一次全体会议在北平举行。会议通过了《中国人民政治协商会议共同纲领》和《中华人民共和国中央人民政府组织法》。根据《中央人民政府组织法》的规定，"组织最高人民法院及最高人民检察署，以为国家的最高审判机关和检察机关"，"最高人民检察署对政府机关、公务人员和全国国民之严格遵守法律，负最高的检察责任"。上述法令，确立了检察机关的法律监督性质和审检并立体制，确立了新中国成立初期检察机关在国家制度和国家机构中的法律地位。1949年10月1日，中华人民共和国成立，任命罗荣桓为中央人民政府最高人民检察署检察长。1949年10月22日，最高人民检察署检察委员会议举行第一次全体会议。会议由检察长罗荣桓主持，宣布最高人民检察署成立。1950年1月29日，中央转发《关于中央人民检察署四项规定的通报》，要求各地迅速成立检察署，"用以保障法律法令政策之实行"。全国各地按照《通报》的指示精神，加快推进检察署机构的建设和人员配备。

1950年6月，遵照中共旅大区委、旅大行政公署和最高人民检察署东北分署的指示，由旅大公安总局①局长周光、旅大行政公署人民法院首席检察官

▲ 建国初期的旅大市人民检察署

---

① 1949年4月27日，在关东公署改称旅大行政公署后，关东公安总局随之改称旅大公安总局。

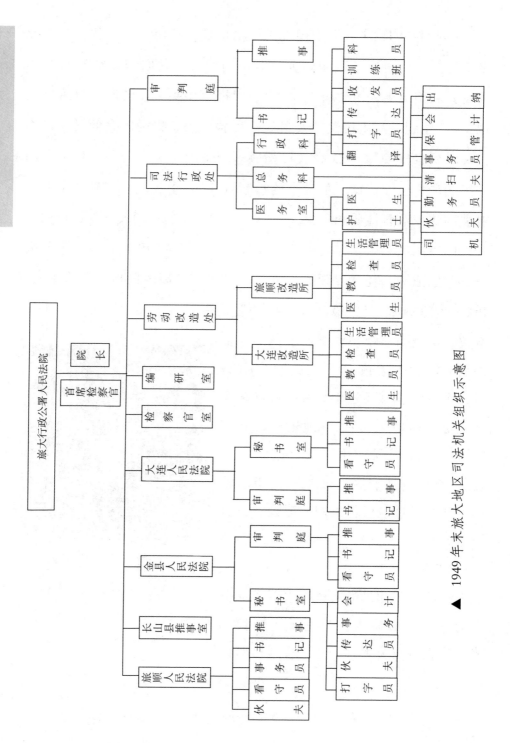

关东解放区的人民检察制度

人民检察

▲ 1949年末旅大地区司法机关组织示意图

裴华夏负责筹建旅大人民检察署。同年 10 月 14 日，旅大人民检察署正式成立，周光任检察长，裴华夏任副检察长。成立之初的旅大人民检察署基本是由旅大行政公署人民法院、旅大公安总局及各地方人民法院调任的人员组成，办公地址就在原旅大行政公署人民法院首席检察官办公所在地，也就是今大连市中级人民法院办公所在地。

至此，大连检察机关进入了一个新的历史发展阶段。从中可以看出，大连检察机关从 1946 年 1 月 30 日诞生之日起，始终是在中共旅大党组织的领导下一步步发展起来的，其组织机构一直延续到中华人民共和国成立之后，成为全国检察系统的一个地方机构，其间始终没有中断过。

第二节

关东解放区检察制度的主要内容

关东解放区的检察制度是在中共旅大党组织领导旅大人民建立人民司法机关、对敌伪残余势力进行斗争的过程中一步步建立和发展起来的。限于当时特殊的历史背景，关东解放区的检察机关在不同历史时期，先后与公安机关和审判机关合署办公，没有建立起像今天这样的比较完整的体系化的机构，在体制架构、工作制度上带有不少公安机关和审判机关的痕迹，存在许多不完善的地方。但关东解放区的检察制度是中国共产党进入城市后建立的最早的人民检察制度，她在很多方面作出了有益探索，对新中国检察制度的建立具有重要意义，是新中国检察制度的前奏。

关东解放区的检察制度的内容主要包括关东检察机关的组织机构体系、职责权限、会议制度、奖惩制度、监所检察制度等内容，见之于关东解放区制定的以下文件的有关规定中：《关东各级司法机关暂行组织条例草案》、关东高等法院《关于领导关系、分工负责及会议制度的决定》、《关东高等法院各部门（庭、处、室）工作条例》、《关东地区司法工作人员奖惩条例》、《暂行羁押规则》、《监外执行条例》、《犯人劳动改造委员会组织条例》、《旅大检察工作条例（草案）》等。据考证，这些文件有许多未经正式公布，但不少在实际工作中得到了执行，它们是关东解放区的检察人对人民检察制度进行的一种有益的探索，这些探索为新中国检察制度的建立提供了宝贵的经验。

一、关东解放区检察机关的性质和组织体系

（一）关东解放区检察机关的性质

关东解放区的检察机关在成立伊始就开宗明义：关东解放区检察机关是人民的检察机关，实行民主集中制。1947 年 6 月 28 日，关东高等法院在制定下发的《关于领导关系、分工负责及会议制度的决定》第 1 条"领导原则"中明确规定："本院系关东地区最高司法机关，奉人民代表大会之命而成立，为新民主政权组成之一部分，院长、检察官均经人民代表选任，对代表大会及关东行政委员会负责，院内各单位工作人员除对人民负责外，均须对上级负责。本院既为新式司法机构，应与旧式司法机关有本质的不同。因此，决定组织原则为民主集权制……在工作内容与形式方面：举凡司法行政民刑诉讼诸端，必须贯彻为人民服务精神，采纳群众意见，集思广益，竭智尽能，按照一定组织系统，由院长检察官总揽全局，完成任务。"

（二）等级体系

《关东各级司法机关暂行组织条例草案》第 3 条规定，"关东高等法院受最高法院及其分院之管辖，关东各市县司法机关均直接受关东高等法院管辖与领导"。根据这一规定，关东解放区的检察机关是

全国司法体系的有机组成部分，关东高等法院在级格上属于省级建制，在业务上接受最高法院东北分院的领导。但由于当时东北尚未解放，以及当时旅大地区属于苏联红军军事管制，在实际运行中，关东解放区的司法体系相对比较独立，共分两级：地方法院和高等法院。与此相匹配，实际运行的关东解放区的检察机关也分两级，分别为设于地方法院的检察机关和设于高等法院的检察机关。

▲ 关东各级司法机关暂行组织条例草案（部分）

（三）组织模式

在机构设置方面，关东解放区检察机关的设置属于典型的审检合署制。所谓审检合署制就是检察机关不单独设立，而是或分设于法院系统内，或直接归属行政机关领导，但不管是设在法院系统内还是设在行政机关内，检察机关均有自己独立的办事机构和组织体系，这是大陆法系国家检察机关普遍采取的一种模式。检察机关常见的组织模式除了合署制外，还有配置制和审检分立制（也称审检并立制）。所谓配置制就是不仅检察机关不单独设立，而且也不像合署制那样有自己独立的办事机构，也就是说，只有工作人员，没有专门的办事机构，"关于检察事务，虽得独立行使其职权，若关于会计、统计及其他行政事宜，则应统于其所配置之法院"。① 配置制最常见的形式就是将检察机关配置在法院系统内。所谓审检分立制，是指检察机关与其他机关在人员和机构设置方面完全分离而独立设置的一种组织形式。包括当代中国在内的不少国家采取的均是审检分立制。

关东解放区的检察机关虽与审判机关均设在法院之内，但却有自己独立的办事机构和组织体系。《关东各级司法机关暂行组织条例草案》规定："关东各级司法机关分别配置检察官，高等法院设首席检察官及检察官若干人，地方法院或司法处（科）设检察官，如在二人以上者得设首席检察官，视工作之繁简得酌设书记官若干人。"《关东高等法院各部门（庭、处、室）工作条例》规定，关东高等法院设"检察官室"，由首席检察官直接领导"监督所属检察官书记"，处理检察事宜。1949 年 4 月草订的《旅大检察工作条例（草案）》

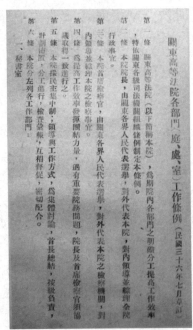

▲ 关东高等法院各部门（庭、处、室）工作条例（部分）

对上述规定稍作部分调整，规定"为建立检察制度各级法院应设立检察机关，高等法院设首席检察官及检察官各一人，各地方法院各设检察官一人"。

实践中，关东高等法院除设首席检察官一人外，另在检察官室设有检察官一人，书记一人。在关东高等法院成立之初，检察官室还设

①谢振民编著：《中华民国立法史》，张知本校订，正中书局 1937 年版，转引自何勤华主编：《检察制度史》，中国检察出版社 2009 年版，第 354 页。

有一个侦察班。一些地方法院也根据规定设置了首席检察官或检察官，以及专门的办事机构。如大连地方法院设置了与院长平级的首席检察官一职，有专人担任，并设检察庭作为检察机关的专门办事机构；金县地方法院则设有与院长平级的检察官一职，有专人担任，同时内设检察庭（后改为检察官室①）。旅顺地方法院因为成立较晚，没有设专人担任检察官，而是由当地公安机关首长代行检察职能。大连县的检察业务由大连地方法院管辖，故没有设立专门的检察官。可见，关东解放区的两级检察机关大都设有专职检察人员和专门的检察办事机构，基本上属于典型意义上的审检合署制。在这一点上，与国民政府的检察体制相比，要更有利于检察机关独立行使职权。1932年7月国民政府行政院第三十八次会议议决的《修正法院组织法原则》规定："于最高法院内置检察署，其他各法院均仅配置检察官，其检察官二人以上者，以一个为首席。"可见，当时的国民政府检察体制实行的是一种审检合署制和配置制的混合体，即在中央一级实行审检合署制，而在地方实行的是配置制。

（四）检察机关的产生及其首长任免

关东解放区的检察机关由权力机关选举产生，其首长由权力机关选举或任免。1946年1月30日，大连市最高权力机关——大连市第一届临时参议会选举于会川为大连地方法院院长兼首席检察官。1946年8月25日，经大连市临时参议会通过并对外宣布，赵东斌被任命为大连地方法院第二任首席检察官。1947年4月4日，第一届旅大各界人民代表大会选举乔理清为关东高等法院首席检察官。1948年

---

①通过现存的一张欢送金县地方法院检察官边征民和书记官长孙旭光南下的照片中，明显可看到人群背后的门上挂有"检察官室"的字样。

10 月 28 日，关东解放区最高权力机关——关东公署发布任免令，批准乔理清辞去关东高等法院首席检察官职务，任命裴华夏为关东高等法院首席检察官。在当时，关东公署不但有行政职能，还有立法、司法职能（高等法院设于其下），它既是关东解放区最高的行政机关，也是最高的权力机关，类似于新中国成立初期的中央人民政府，属于"大政府"概念。因此将其称作人民代表大会闭会期间关东解放区最高权力机关是合适的。

1947 年 6 月颁布实施的《关东各级司法机关暂行组织条例草案》更是从制度层面对检察机关的首长由权力机关选举产生进行了明确规定。《草案》第 24 条规定："关东高等法院首席检察官由关东人民代表大会选举之，任期至下届关东人民代表大会选举后止，连选得连任。"

需要说明的是，在制度层面，关东解放区明确规定检察机关的首长由选举产生，但在实践操作中有所变通。在关东解放区产生的四任首席检察官中，有三位由权力机关选举产生，一位由权力机关任命。其实，根据《关东各级司法机关暂行组织条例草案》，高等法院第二任首席检察官裴华夏也应该由选举产生。之所以选择由最高权力机关任命，大概是因为当时形势发展比较迅速，干部交流比较频繁，无暇为一次人事变化而召开人民代表大会。因此，关东解放区检察机关首长的产生方式应该就是选举制一种方式，任命制不过是迫于形势和工作需要的一种变通而已。

关东解放区检察制度的这一做法，显然是受到了苏联检察制度的影响，这无疑与关东解放区当时在苏联红军的军事管制下有很大关系，这是我国的人民检察制度在制度层面学习苏联，向"苏联转向"的一个重要体现。1936 年的《苏联宪法》第 114 条规定，苏联总检察长由苏联最高苏维埃任命，任期 7 年。可以说，检察机关负责人的产生方式，既是检察制度的重要内容，更是我国政体模式的一项重要内容，它体现了检察机关的权力来源，由人大产生，对人大负责并报告工作。这是我国人民代表大会这一根本政治制度的重要内容。

（五）实行检察一体化和垂直领导体制

关东解放区的检察领导体制前后经历了一些变化，但在大部分时间里实行的是一种严格的一体化垂直领导体制。1947 年 6 月颁布的《关东各级司法机关暂行组织条例草案》第 25 条规定："高等法院首席检察官以下各级检察官，由高等法院首席检察官任免之。"第 35 条第 3 项规定："各级地方法院检察官，受上级检察官之监督。"根据上述规定，1947 年 10 月 18 日，关东高等法院首席检察官乔理清任命边征民为金县地方法院检察官。可见，关东解放区检察机关实行的是严格的垂直领导体制，不仅体现在制度层面，还有实践层面的具体操作。

与垂直领导体制相一致，关东解放区的检察机关实行严格的一体化管理体制。作为关东解放区检察机关的最高首长，关东高等法院首席检察官不但有权亲自指挥处理全区域内的所有检察事务，还有权指挥调动全地区的检察官，有权将某一辖区内的检察事务交由其他区域的检察官处理。《关东各级司法机关暂行组织条例草案》第 28 条规定："各级检察机关与各级法院或司法处（科）管辖区域同，遇有紧急事宜得于管辖区域外行使其职权，首席检察官有亲自处理各该区域内检察官事务之权，并有将该管辖区域内检察官之事务移于别区检察官之权。"1949 年 4 月草订的《旅大检察工作条例（草案）》第 3 条规定："高院及各地院检察官，均受高院首席检察官领导及指挥。"

关东解放区检察机关的一体化体制在对特种刑事案件也就是政治案件的侦查、检察上体现得尤为明显。1948年3月，关东高等法院首席检察官乔理清指挥旅顺市、大连市和大连县的检察人员和公安人员，在中共旅顺市委密切配合下，一举侦破了国民党旅顺市党部重大案件，共逮捕国民党旅顺市党部骨干分子114人，缴获各类犯罪罪证25种1197件，彻底摧毁了国民党旅顺市党部和盘踞在旅顺市的国民党地下武装组织。

1949年1月，为了使司法工作更能紧密地与各级政府的中心工作相结合，服务于当地建设，关东解放区的司法机关进行了第三次大的整编，调整了对各基层法院的行政领导关系，决定各基层法院受市县政府（行政委员会）的直接领导，高等法院只作业务上的指导。相应地，设置在各基层法院内的检察机关的行政领导关系也随之改由当地政府直接领导，但在业务工作上依然实行严格的上下级领导关系。1949年4月草订的《旅大检察工作条例（草案）》第3条规定："高院及各地院检察官，均受高院首席检察官领导及指挥。"这种体制有点类似于目前我国检察机关实行的"双重领导体制"。

（六）独立行使检察权

《关东各级司法机关暂行组织条例草案》第29条规定："各级检察机关不受其他机关及审判机关之干涉，独立行使其职权，只服从上级检察机关首长之命令。"这里的"其他机关"应当是包括立法机关、行政机关、审判机关在内的所有机关，特别是这里单独将审判机关单列出来，主要是因为关东解放区的检察机关与审判机关均设置于法院之内合署办公，旨在强调检察机关虽与审判机关合署，却是独立行使职权，不受其干涉。

为了保证检察机关独立行使检察权，关东解放区不仅在制度上作出了明确规定，还在实践方面进行了很多探索，为检察机关独立行使职权提供保障：

一是实行比较严格的一体化垂直领导体制。

二是实行选举制。首席检察官由代表大会或权力机关选举产生，而不是由法院或政府任命。检察官"由于是从当地选举出来的，他们能否保有自己的职务在很大程度上取决于选民而不是科层结构中的上级"，他们只须接受选民的监督，因而相比较任命制产生的检察官具有更大的独立性。① 马克思在谈到由普选产生的法官的司法独立性时也曾有过一段精彩的论述。他说："书报检查官除了上司就没有别的法律，法官除了法律就没有别的上司。法官有义务在把法律运用于个别事件时，根据他在认真考察后的理解来解释法律；书报检查官则有义务根据官方就个别事件向他所作的解释来理解法律。独立的法官既不属于我，也不属于政府。不独立的书报检查官本身就是政府的一员。法官最多可能表现出个人理性的不可靠，而书报检查官表现出来的则是个人品性的不可靠。"② 这一论述也适用于由选举产生的检察官。

三是将包括检察机关在内的关东高等法院与其他政府部门区别对待。根据规定，关东高等法院与秘书处和其他九个厅局虽均为关东公署的组成部分，秘书处与其他九个厅局是关东公署主席的办事机构（后文有详细介绍），以凸显出高等法院所具有的独特性和独立性。

四是明确检察机关与审判机关的工作分工。主要体现在检察机关

---

① [美] 米尔伊安·R.达玛什卡：《司法和国家权力的多种面孔》，郑戈译，中国政法大学出版社 2004 年版，第 333 页。

② 马克思：《第六届莱茵省议会的辩论（第一篇论文）》，载《马克思恩格斯全集》（第一卷上），第 180 页以下。

与审判机关的关系上。检察机关虽与审判机关共同设置在法院内部，但明确规定了各自的职责权限和领导体制。针对当时检察部门人员少的情况，为了适应工作上的需要，有时审判人员被首席检察官指定从事检察工作，就某一特定刑事案件进行侦查。但在这种情形下，该审判员是以检察官的身份而不是以审判员的身份去做检察工作。有时检察人员也做审判工作（不过这种情况比较少），此时他是以审判人员的身份而不是检察人员的身份去做审判工作。但不论何种情况，同一个人对同一案件都不能既是检察员又是审判员。比如，对于公安机关移送过来的案件，首席检察官经过审查后认为须继续侦查的，即交给某个审判员进行侦查，如果无须继续侦查的即交给其他审判员进行审理。如果在办理民事案件过程中发现有重大犯罪线索，便由首席检察官另行指定专人进行侦查检举，如关东高等法院办理的裕顺精米所老板接香庭、经理张质彬盗卖应归公之敌寇物资案和赵子正反革命案，就是在办理民事案件过程中发现，并由首席检察官指定专人侦查检举的。① 通过这种灵活变通的方式，关东解放区的检察机关较好地解决了在人员少的情况下独立行使检察权的问题。

（七）公安机关的首长是当然的检察官

《关东各级司法机关暂行组织条例草案》第30条规定："各级公安机关首长对解送法院之案件为当然检察官，并协助法院检察官执行其职务，已置检察官之法院，公安机关移送案件时须经检察官交付审判，各级检察官得调度司法警。"这一规定显然受到了其他解放区的检察制度的影响，但更主要还是为了解决当时检察人员缺乏的问题，

①《旅大地区审判工作与检察工作的结合报告》，载《旅大市人民检察院解放战争时期旅大地区检察制度史资料（一）综合材料》，第39~40页。

由移送案件的公安机关首长担任该案的检察官出庭公诉。但明确规定，已设置检察官的法院，公安机关移送案件时必须经过检察官交付，强调了法院专职检察官的优先性和不可替代性。在关东解放区检察制度中，由法院检察官主导检察事务特别是提起公诉是一种原则，而公安机关首长担任检察官出庭公诉则是在检察官缺乏情况下的一种例外和变通，这与其他解放区检察制度中普遍由公安机关或行政机关代行检察权的规定已明显有所不同，也更有利于检察机关独立行使检察权。

1949 年 4 月草订的《旅大检察工作条例（草案）》进一步规定，"各地院检察官缺额者，该管区公安机关首长为当然检察官"，指出当法院的专职检察官缺额时，公安机关首长才是当然的检察官。该《草案》还对公安机关执行检察官职务的案件类型进行了明确，规定"反革命犯、汉奸犯、公共危险犯、私运军火犯、杀人犯、强盗抢劫犯"六类案件，"除检察官直接侦察逮捕者外，得由公安机关执行检察职务向法院提起公诉"，具体就是由"公安机关之司法部门负责人"，"以检察官的资格出庭提起公诉"。

▲ 旅大检察工作条例（草案）（部分）

1949 年 8 月 10 日，东北行政委员会发布《关于公安与司法机关对刑事案件职责的规定》，指出"公安机关为国家的治安机关，职在追诉犯罪，除违警案件外，无判决、处罚、没收之权；司法机关为国家的审判机关，职在判罪科刑。因此，目前公安机关与司法机关的关系，应是检察机关与审判机关的关系"。

二、关东解放区检察机关与其他政权机关的关系

（一）关东解放区的政权组织体系

在介绍关东解放区检察机关与其他政权机关的关系之前，有必要先介绍一下关东解放区的政权组织体系，从而了解关东解放区检察制度运行的体制环境。关东解放区的政权组织主要包括中共旅大地方党组织和民主政权组织等部分。关于中共旅大地方党组织，在第二章第二节"关东解放区的建立"部分已有比较详细的介绍，这里只介绍一下关东解放区的民主政权组织情况。

关东解放区的政权组织属于一种"大政府"的概念，她集立法、行政、司法等于一身，但主要以行政为主，由三级组成，包括全区性政权组织、市（县）级政权组织和区（乡、区公所）级政权组织。由于当时特殊的历史背景，关东解放区的政权组织基本上都是在苏联军管当局的主持下，以地方自治的名义建立的，政府主要成员也是由社会各界公推公选的代表组成。但旅大地方党组织在苏联方面的大力支持下，积极参与关东解放区的政权建设，逐渐成为关东解放区的政权组织的领导核心。

1. 关东解放区的市（县）级政权组织

关东解放区的市（县）级政权组织主要包括先期成立的旅顺市

政府、大连市政府、金县县政府、大连县政府和后期成立的长山县政府①。

（1）旅顺市政府

1945年10月15日，在苏军的主持下，召开了由共产党领导的民众联合会和国民党操纵的维持会等参加的代表大会，决定以民众联合会和维持会为基础组建旅顺市政府，选举共产党员王世明为市长，维持会委员陈民立为副市长。旅顺市政府在民政局下设司法科，负责本地区的司法工作。1946年1月22日，司法科改称司法处。

（2）大连市政府

1945年10月27日，在苏军主持下，召开了大连市社会各界代表会议，决定成立大连市政府。旅大地方党组织安排了一批干部以各种身份作掩护参加了会议。会议选举苏军提名的大资本家迟子祥为市长，选举共产党员陈云涛为副市长，决定赵东斌为市警察总局局长。1945年11月8日，大连市在市政府门前广场（现人民广场）召开群众大会，宣布大连市政府成立。

（3）金县县政府和大连县县政府

在大连市政府成立后不久，共产党领导下的金县县政府（1945年12月16日）、大连县县政府（1945年12月25日）也相继成立。

①1945年12月，中共新金县（现大连市普兰店市）委派武装工作队到长山岛，建立了当地第一个民主政权——长山区公所。1946年年初，长山区公所改称长山区政府，隶属新金县人民政府，下辖大长山岛、小长山岛、广鹿岛、獐子岛、海洋岛及其所属岛屿。1946年6月，长山区划分为长山区和广鹿区。1947年1月28日，经中共旅大地委批准，将长山区、广鹿区和海洋岛、乌蟒岛并为长山岛区，改属关东公署金县管辖，正式成为关东解放区的一部分。1947年4月，又将除石城岛、大王家岛（隶属辽东省庄河县）外的其他岛屿划归长山岛区。1949年9月5日，经东北人民政府批准，长山岛区改区设县，11月1日成立长山县人民政府，隶属旅大行政公署。1952年，因与山东省长山县重名，改称长海县。

这便是关东解放区建立初期的基层民主政权，基本上都是在中国共产党的领导或者主导下成立的。

2. 关东解放区全区性统一的政权组织

全区性的政权组织经历了一个不断变化的过程，先是先期成立的具有临时性质的旅大行政联合办事处，正式机构是1947年4月成立的关东公署。

（1）旅大行政联合办事处

1946年9月29日，大连市政府、大连市临时参议会受旅顺市、大连县、金县人民的委托，召开旅顺市、大连县、金县各地代表联席会议，一致同意筹建旅大行政联合办事处，作为旅大地区的临时最高权力机关，负责筹建旅大地区统一的政权组织，统一全地区的财经工作，保证人民的粮食与燃料供给，促进工商业的发展。1947年4月，随着关东公署的成立，旅大行政联合办事处在完成其历史使命后被撤销。

（2）关东公署

1947年4月3日至4日，第一届旅大各界人民代表大会在旅顺召开，决定成立关东公署。根据大会形成的《旅大金各界人民代表大会关于关东公署的决议》①，关东公署是

▲ 关东公署成立时办公地址（原日伪高等法院旧址）

①大连市档案馆2－1－19－8号档案。

旅大地区最高行政机关，负责"管理关东地区之一切地方行政事宜"。公署下设秘书处、民政厅、财政厅、工业厅、商业厅、交通厅、教育厅、农林厅、卫生厅、公安总局、高等法院，① 设主席一人、副主席 2 人、首席检察官 1 人、法院院长 1 人、秘书长 1 人、各厅局长各 1 人，由以上 15 人组成关东公署。公署办公地址最初设在旅顺市原日伪高等法院旧址②，1947 年 12 月迁至大连市人民广场 1 号（今大连市人民政府所在地）。

关东公署在级格上相当于省级建制，下辖大连市③、旅顺市、大连县、金县。关于省级建制这一点，第一届旅大各界人民代表大会期间，主席团当值主席乔传钰在解释为何将公署的办事机构称作"厅"而不是局时说，"是避免与各市县级政府内的局称混杂"，"可按着省的组织称曰厅比较适当的"。④ 无独有偶，旅大行政公署人民法院于 1950 年 4 月 8 日在起草的《旅大行政公署人民法院司法工作概况》中也称，"现在有一个相当于省级的旅大行政公署人民法院"。可见，关于关东公署的省级建制已是当时的一个基本共识。在隶属关系上，关东公署隶属东北人民政府。

需要指出的是，《旅大金各界人民代表大会关于关东公署的决议》专门列一条规定："关东公署主席以下设秘书处及下列各厅局：民政厅、财政厅、工业厅、商业厅、交通厅、教育厅、农林厅、卫生

①后增设经济设计委员会和文物保管委员会。
②关于将公署设在旅顺的原因，根据公署首任主席迟子祥在第一届旅大各界人民代表大会上的说明，是因为旅顺是当时苏联驻旅大红军的政治中心，而大连只是一个商港。为便于与苏联驻军联系，故将公署设在旅顺。当然，还有应对国民党接收大连的考虑。
③关东公署成立后，原大连市政府变为公署之下的一个地方行政机构，主席为徐宪斋。
④《旅大金各界人民代表大会重要的谈话演讲记录》，大连市档案馆 2 - 1 - 19 - 12 号档案。

厅、公安总局。"《决议》专门作此规定，应该是意在强调秘书处及九个厅、局是公署主席的办事机构，受公署主席直接领导支配。但我们注意到，作为关东最高司法机关的高等法院并不在此列，其中的含义应当很明显，即关东高等法院与秘书处及其他八厅一局，虽同为关东公署的组成部分之一，它却不是主席即公署行政首长的办事机构，也不受主席的直接支配，在法律地位和工作开展上有着较强的独立性。这就为审判机关和检察机关独立开展工作提供了制度上的保证。

我们可以将这一体制与新中国成立后到 1954 年全国人大召开前的检察和审判体制作一对比。1949 年《中央人民政府组织法》规定，中央人民政府委员会组织政务院、人民革命军事委员会、最高人民法院和最高人民检察署。可见这时的中央人民政府是一个"大政府"的概念，行政、军事、司法均包含其中。关东公署也是一个集立法、行政、司法于一体的大政府架构，其下的行政系统和司法系统相对比较独立，可视为我国建国初期政治体制的雏形。

（3）旅大行政公署

1949 年 4 月 27 日，旅大地区第二届各界人民代表大会召开，鉴于"关东公署"名称中的"关东"二字含义和地理概念不确切，大会决定将"关东公署"改称"旅大行政公署"，公署设主席 1 人、副主席 2 人、行政委员 25 人、常委 5 人，下设秘书处、民政厅、财政厅、商务厅、农林厅、卫生厅、交通厅、工业厅、经济设计委员会、文物保管委员会、公安总局、高等法院。旅大行政公署直属东北人民政府，辖大连市、旅顺市、金县、大连县、长山县。新中国成立后，旅大行政公署先后改称旅大市人民政府、大连市人民政府。

3. 关东解放区的代议机构

从关东解放区的各级政权组建过程来看，代议机构在其中占据着非常重要的地位，相关的政权机构及其负责人均由代表大会或参议会等代议机构选举产生，具有着明显的近代政治的色彩。近代政治的一个重要特征就是实行代议制，政府机构及其主要首长均由议会等代议机构选举产生。关东解放区的代议机构的主要表现形式是参议会和各级代表大会，它们是关东解放区的权力机关。其中比较典型的是大连市临时参议会和旅大各界人民代表大会，这两个代议机构代表了关东解放区代议机构两种不同的模式。更为重要的是，这两个代议机构选举产生了关东解放区的检察机关，开创了检察机关由权力机关选举产生的先河。

（1）大连市临时参议会

1946 年 1 月 30 日，大连市第一届临时参议会在大连市政府礼堂召开，参会代表 100 余人。会议制定了《大连市临时参议会组织条例》、《旅大地区各级政府暂行施政纲领》，民主选举出 51 名参议员、3 名大连市行政委员。中共党员唐韵超当选为临时参议会议长，徐宪斋、韩光为副议长，并由 5 人组成驻会委员会。会议还决定成立大连地方法院，选举中共党员、大连市公安总局副局长于会川为大连地方法院院长兼首席检察官。

根据《大连市临时参议会组织条例修正草案》① 规定，大连市临时参议会是代表大连市全体人民的最高权力机关，由市各界各团体推选代表为参议员组成，额定参议员 129 人，每半年召开一次参议员大会。参议员由代表选举产生，任期 1 年，连选得连任。临时参议会设参议长 1 人、副参议长 2 人，由参议员互选产生。由参议员互选 5 人组成驻会委员会（正副参议长为当然驻会委员），在参议会闭会期间

---

① 笔者未找到临时参议会通过的《大连市临时参议会组织条例》，只找到了当时提交会议讨论的《修正草案》。从内容来看，二者应该差别不大。

代行参议会职权，并明确规定，驻会委员若兼任行政职务时不得超过驻会委员总额的2/5。临时参议会行使如下职权：①制定或通过本市施政纲要；②制定或通过本市单行法规；③决定本市赋税增收或减免；④选举市行政委员；⑤听取及通过本市行政委员会之施政报告；⑥监督市政府及各区政府对本会决议之执行；⑦弹劾违法失职之各级行政司法人员；⑧审议政府请议及人民请愿事项；等等。

从大连市临时参议会的建立以及《大连市临时参议会组织条例修正草案》的规定来看，大连市临时参议会不但是大连市的最高权力机关，而且还有常设机构。从后来的历史发展来看，也证明了这一点。1946年3月，大连市临时参议会举行第二次全体会议，审议副市长陈云涛代表市政府向大会所作的《半年来的施政报告》。与会代表经过审议，对市政府半年来的各项工作提出了许多意见和建议，并一致通过发展工商业、文化教育、市政建设等重要议案。1946年9月，在大连市临时参议会和大连市政府的共同召集下，选举组建了旅大行政联合办事处。1947年4月第一届旅大各界人民代表大会期间，唐韵超以大连市临时参议会议长的身份参加了大会的有关工作。可见，大连市临时参议会决不是在开会时临时召集的临时会议机构，而是有固定组织机构的常设的代议机构。

关于为何在参议会之前加上"临时"二字，《大连市临时参议会组织条例修正草案》第4条在规定参议员的资格审查时称，临时参议会设立"由常驻会全体委员、正副市长、地方法院院长、原大会筹委会联络部长组成"的"参议员资格审查委员会"，"在普选未能实行之前根据中山先生（北上宣言）精神由社会各界各团体推选代表为参议员组成临时参议会"。可见，这里的"临时"是"在普选未能实行之前"之临时。关于这一理解，一年后召开的第一届旅大各界人民代表大会也予以印证。1947 年 4 月 3 日，也就是第一届旅大各界人民代表大会召开的第一天，在确定旅大地区最高行政机关的名称时，大会主席团曾提出一个方案叫"旅大临时行政公署"。主席团在解释为何加"临时"二字时称，主要是"因为（当时旅大地区）不到普选时期，我们应当加上'临时'二字，"① 先由"本地区的各界人民代表大会中选举出（旅大地区的）最高行政机关"②。

　　大连市临时参议会是大连市第一个真正意义上的代议机构，也是大连市的最高权力机关，有着政权和统战双重职能。她的成立是大连政权建设上的一个创举，对团结各界力量参政议政、建设民主政治具有重要意义。特别是她开创了检察机关由权力机关选举产生的先河，在中国检察制度的发展史上有着里程碑的意义。

---

① 《旅大金各界人民代表大会重要的谈话演讲记录》，大连市档案馆 2－1－19－12 号档案。

② 时任旅大行政联合办事处主任迟子祥（后被选为关东公署主席）在解释为何将旅大地区最高行政机关称为"旅大临时行政公署"时说："各位代表，联办成立已经过了将近 6 个月了。旅大行政办事处已执行了自己基本的任务，已经到了普遍选举的时候了。但对此问题经特别审慎的讨论之后，旅大行政办事处发现若想在现在进行普遍选举是不可能的。这有以下的两种原因：（1）户籍尚未调查清楚。这一方面是由于居民移动频繁，尚无确数。另一方面是由于外侨数目的不确（如朝鲜人等）。最后又因现尚未发给公民证。（2）春天已来到了。农民已开始春耕，渔民们也都要积极地从事捕渔，许多的企业都准备开工。春天的时间对于商人是特别宝贵的。因此，上述各界居民均不可能积极参加这须历时两三个月的选举。鉴于以上的原因，以及现在是特别需要成立最高政权的时候，联办处认为最方便的办法是由本地区的各界人民代表大会中选举出最高行政机关。我们建议本机关要由 15 位人员组成之，因为将选举出的临时最高行政机关，并非由全体居民，而是由各界代表产生的，所以我们建议要用公开选举的办法。关于未来最高行政领导机关的机构，联办行政委员会有一个共同意见，已向大会主席团提出，作为大会参考。"（参见大连市档案馆 2－1－18 号档案。）

（2）第一届旅大各界人民代表大会

1947 年 4 月 3 日至 4 日，旅大各界人民代表大会①在旅顺召开，选举产生了旅大地区最高行政机关及其组成人员，决议成立关东公署作为关东解放区最高的行政机关，成立关东高等法院作为关东解放区最高的司法机关。

与大连市临时参议会不同，第一届旅大各界人民代表大会没有设置常设机构。根据在此前后制定的《旅大地区参议会参议员选举条例》规定，"由参议会选举产生之旅大行政委员会为参议会闭会期间旅大地区最高行政领导机关"，并未像《大连市临时参议会组织条例修正草案》中所规定的那样，设置一个常驻会的委员会。关东高等法院《关于领导关系、分工负责及会议制度的决定》中也有类似规定，该《决定》在"领导原则"中规定，关东高等法院"院长、检察官均经人民代表大会选任，对代表大会及关东行政委员会负责"。综合上述规定，可否这样理解，在代表大会闭会期间，由关东行政委员会代行代表大会的部分职责。

以上就是关东解放区主要的政权组织形式，关东解放区的检察机关和检察制度就是在这样的组织和制度环境里诞生和运行的。

（二）关东解放区检察机关与各政权机关的关系

1. 与权力机关的关系

关东解放区检察机关由权力机关选举产生，其负责人由权力机关选举产生或任命，对权力机关负责，受权力机关监督。关东高等法院

---

①准确的称呼应该叫"旅大金各界人民代表大会"，含指关东解放区所统辖的旅顺、大连、金县等区域。为便于称呼，人们一般习惯上简称为"旅大各界人民代表大会"。从档案资料来看，当时的人们时而称旅大金各界人民代表大会，时而称旅大各界人民代表大会。

《关于领导关系、分工负责及会议制度的决定》规定，关东高等法院"院长、检察官均经人民代表选任，对代表大会及关东行政委员会负责"。《旅大检察工作条例（草案）》第 19 条规定："旅大行政委员会及人民，有监督、任免检察官之权。"这里的"关东行政委员会"和"旅大行政委员会"相当于代表大会闭会期间的常设机构和最高权力机构。

2. 与行政机关的关系

包括检察机关和审判机关在内的各级法院系统均设于各级政府之下，是各级政府的组成部分。根据第一届《旅大金各界人民代表大会关于关东公署的决议》，关东公署是旅大地区最高行政机关，负责"管理关东地区之一切地方行政事宜"。关东高等法院与公署其他部门共同组成关东公署。根据《关东各级司法机关暂行组织条例草案》第 35 条第 1 项规定："高等法院院长及首席检察官执行关东公署行政会之决定、决议，受正副主席及人民之监督。"之后，经过1949 年 1 月的第三次机构整编，关东解放区的司法机关又调整了各基层法院的行政领导关系，在行政上将各基层法院置于各市县政府（行政委员会）的直接领导之下，使各基层法院成为各市县政府的组成部分，从而使各市县级政府的组织架构与关东公署的设置保持一致。

但包括检察机关在内的各级法院又与组成各级政府的其他行政部门有所不同，具有较强的独立性，依法独立行使检察权和审判权。对此，前文已有详论，不再赘述。

3. 与审判机关的关系

关东解放区的检察机关与审判机关共同设置在法院之内，实行审检合署办公。法院的司法人员由法官和检察官两大群体组成，设有院长和首席检察官。前者领导审判工作，后者领导检察工作。根据《关东高等法院各部门（庭、处、室）工作条例》的规定，关东高等法院院长"对外代表本院，对内领导并综理全院行政事宜"，首席检察官"对外代表本院之检察机关，对内领导并综理本院之检察事宜"。

但首先，首席检察官的身份是关东高等法院的首长，与院长共同领导全院及全区的司法工作。院长和首席检察官除了分工不同外，地位是平等的，皆为法院的首长。"高等法院首席检察官秉承人民之意旨，与法院院长共同领导全关东地区之司法工作，任免司法人员"，[①]"由院长检察官总揽全局，完成任务"。[②] 而且，如果某一事项是全院性事项或涉及全区、全局性事务，则由院长和首席检察官共同负责解决。关东高等法院下发的《关于领导关系、分工负责和会议制度的决定》明确规定："凡属于组织人员制度及有关于全院性质者，须经院长检察官审核批准"；"凡民刑两庭诉讼案件，由民刑庭长秉承院长检察官意旨处理之……凡属案件之判决、人犯之拘押释放、财产之查封没收等，因有关于政策须经院长检察官审核批准"；"凡公文收发及对外交涉诸事宜，及不属于各庭、处之对内事项，由秘书秉承院长检察官之意旨处理……凡特殊重大事件不属于本院日常工作者，须经院长检察官审核批准"；"凡属关东地区内及本院之各种司法规章、条例、教材草拟编订，在院长检察官意图下由编研室主任负责。"

关东高等法院院长和首席检察官领导全区和全院事务的主要组织形式是院务会议和院务联席（扩大）会议。"院务会议每半月一次，由院长检察官、各庭处长参加。""院务联席（扩大）会议每月

①《关东各级司法机关暂行组织条例草案》第31条。
②《关于领导关系、分工负责及会议制度的决定》，关东高等法院通知秘字第一号。

一次，由院长、检察官、各庭处长、编研室主任、秘书、各科长、推事参加。"因此，关东解放区各级法院的组织系统也可以理解为检察组织系统，反之亦然。

关东解放区各基层检察机关和审判机关的法律地位也与高等法院基本一致。1946年1月30日，于会川被选为大连地方法院院长兼首席检察官。于会川逝世后，继任院长曾化东和继任首席检察官赵东斌的法律地位是平等的。1947年10月18日，关东高等法院任命边征民为金县地方法院检察官，同时代理金县地方法院院长。① 可见，在关东解放区两级法院中，审判机关和检察机关均具有相同的法律地位。②

三、检察官职责权限及工作程序

关于关东解放区检察机关（主要以检察官为主）职责权限的规定，分散在《关东各级司法机关暂行组织条例草案》、关东高等法院《关于领导关系、分工负责和会议制度的决定》、《关东高等法院各部门（庭、处、室）工作条例》、《旅大检察工作条例（草案）》等法

---

① 大连市中级人民法院编：《院史资料通讯》1984年第2期，第7页。
② 甚至在某种程度特别是在党内的地位上，首席检察官还要高于法院院长。除了兼任的以外，其他如赵东斌任大连地方法院首席检察官时是大连市公安总局局长、中共大连市委委员，而曾化东仅为大连地方法院院长。关东高等法院第一任首席检察官乔理清是1937年就加入中国共产党的老党员，长期担任党的锄奸保卫部门负责人，任关东高等法院首席检察官时还兼任中共旅大地委社会部副部长。关东高等法院第二任首席检察官裴华夏是1925年就参加革命的老党员，曾先后担任上海党中央交通局主任、中共皖西北特委宣传部长、上海互济总会书记、济南市委书记、开封市委书记等要职。而同期任关东高等法院院长的周旭东曾经在日伪时期当过敌伪警务科长，为日寇效力；虽于1946年加入中国共产党，但却是以民主人士被选为法院院长的；1954年12月因叛变投敌、贪赃枉法、包庇反革命分子罪被最高人民法院东北分院判处死刑立即执行。

律文件中。根据这些法律文件，关东解放区高等法院首席检察官和其他检察官的职责权限如下：

1. 领导全区司法工作。关东高等法院首席检察官秉承人民之意旨，与法院院长共同领导全关东地区之司法工作，任免司法人员。

2. 侦查检举逮捕权。实施侦查检举逮捕犯人，侦查各级法院司法人员渎职行为。检察官在进行侦查逮捕时有权指挥司法警察。① 检察机关在行使侦查检举权时，须与该管区公安机关配合进行，并且应首先通过该管区公安机关负责人，指挥派出所协助进行。

3. 提起公诉，实行上诉，协助自诉，宣告不起诉处分，及其他法令所定职务之执行。公安机关首长为移送法院

▲ 关于领导关系、分工负责和会议制度的决定（部分）

案件当然的检察官，并协助法院检察官执行职务。对于已设检察官的法院，公安机关移送案件时必须经检察官交付审判。对于检察机关侦查的高等法院司法人员渎职案件，由高等法院首席检察官代表人民提起公诉；对于检察机关侦查的各地方法院司法人员渎职案件，由检察官代表人民提起公诉。

下列案件，除检察机关直接侦查逮捕的以外，应由公安机关的司法部门负责人以检察官身份出庭提起公诉：反革命犯、汉奸犯、公共危险犯、私运军火犯、杀人犯、强盗抢劫犯。

_____

①这里的司法警察主要是指法院系统内的司法警察。

4. 指挥刑事裁判之执行。

5. 一般监督权。《关东各级司法机关暂行组织条例草案》第 27 条规定："关东所有各机关各社团，无论公务人员或一般公民，对于法律是否遵守之最高检察权，均由检察官实行之。"其中，检举一般公民之违法行为，除紧急情况外，有关重大案件须秉承首席检察官指示施行；检举一般公务人员之违法失职行为，须经首席检察官核准并应通知该机关首长。关于一般监督权，《关东各级司法机关暂行组织条例草案》是单列一条专门规定的，显示了该条在《草案》中的重要地位，以及立法者对该条内容的重视程度。这是在人民检察制度史上，首次以法律文本形式规定"最高检察权"。"最高检察权"的称谓也是来自于苏联检察制度。1936 年的《苏联宪法》第 113 条规定："苏联总检察长对于所有的部和这些部所属的机关、公职人员和苏联公民是否严格遵守法律，行使最高检察权。""最高检察权"正是苏联检察制度中最具特色的一般监督权的体现。"这一条首次在人民检察制度史上规定了检察机关的一般监督权"，"这一立法上的创新（或者说借鉴），大大丰富了人民检察制度的内容，表明检察机关的法律监督性质向前迈出了重要的一步，是新中国把检察机关的性质定位于法律监督机关的前奏，是对人民检察制度的新发展。"①

四、监所检察制度

（一）关东解放区监管场所概况

关东解放区的监管场所主要分为监狱和看押所（有的称拘留

---

① 孙谦主编：《人民检察制度的历史变迁》，中国检察出版社 2009 年版，第 118 页。

所）。监狱主要有旅顺监狱和大连岭前监狱，均为日伪时期所遗留，主要羁押已决犯人。看押所主要有大连地方法院看押所以及设在公安总局和各公安分局的看押所，主要作羁押未决犯人的临时场所，类似于现在的看守所。这里主要介绍一下旅顺监狱、大连岭前监狱和大连地方法院看押所。

1. 旅顺监狱

1945 年 8 月 24 日，苏军接管旅顺监狱。当时旅顺监狱关押各类政治犯 2000 人左右，其中中国籍约有 1000 人、日本籍 700 余人、朝鲜籍 300 多人，苏军接管

▲ 旅顺监狱鸟瞰图

后先后释放 1300 多人。旅顺市政府和公安局成立后，经与苏军协商，旅顺监狱被旅顺市公安局接管，旅顺市政府在旅顺监狱设立司法科（后改为司法处）。1947 年 4 月关东高等法院成立后，旅顺监狱狱政管理划归关东高等法院，安全保卫工作归旅顺市公安局负责。1949年 1 月，关东高等法院增设劳动改造处。3 月，旅顺监狱改称旅顺劳动改造所，又称第一劳动改造所，主要羁押特刑犯及较长刑期的普通刑事犯。旅顺监狱总占地面积 22.6 万平方米，围墙内占地面积 2.6万平方米，有牢房 253 间，另有暗牢 4 间，病牢 18 间，可同时关押2000 余人，在日伪时期是东亚地区最大的一座法西斯监狱。①

2. 大连岭前监狱

1945 年 8 月 22 日，苏军进驻旅大后即接管了日伪大连岭前监

---

① 郭富纯主编：《旅顺日俄监督实录》，吉林人民出版社 2003 年版，第 1~3 页。

狱。大连市公安总局成立后，经与苏军协商，由大连市公安总局接管。1945 年 11 月下旬，公安总局第一警察大队第二中队进驻岭前监狱。1947 年 4 月关东高等法院成立后，大连岭前监狱狱政管理划归关东高等法院负责，安全保卫工作归公安总局负责。1949 年 3 月，关东高等法院将大连岭前监狱改称大连劳动改造所，又称第二劳动改造所，主要羁押普通刑事犯和少数特刑犯。大连岭前监狱总建筑面积 4088.79 平方米，有大小监室 88 间，实用面积 762.52 平方米，另有伙房、澡堂、厕所等。公安总局进驻时，监狱内已空无一人，只存有一些手铐、脚镣和门钥匙，但监狱大墙完好无损，墙上布有电网。

3. 大连地方法院看押所

大连地方法院看押所设在大连地方法院大楼地下室，日伪时期是日本关东地方法院看押所。总局成立后进行了接管，以此为基础建立了看押所，用来关押犯人和审讯工作。1946 年 1 月大连地方法院成立后，看押所划归法院领导。看押所面积 116.8 平方米，有大小监室 16 间，并设有办公室和警戒人员休息室。

（二）管理制度

为了使看押工作有章可循，公安总局先后制定了《看押工作条例》、《看守警服务规则（草案）》、《犯人在狱中应遵守之纪律》等规定。《看押工作条例》规定：看守人员应随时进行检查。在监室内，不能存有可为犯人越狱、冲监、逃跑、自杀的器具；监室要设立犯人床铺，属于同案犯应分别看押，以免串供；进狱前要进行周密的检查，防止携带自杀、谋乱及通讯等工具；对犯人的证件、财物等应详细清点，并开具收据；犯人入狱后应以编号代替原来姓名，并向其宣布应遵守的监规。除此，还对犯人生病治疗、押解转送、女犯管理、紧急情况的处置以及看押人员纪律等作了明确规定。

1947年9月，关东高等法院制定出台了《暂行羁押规则》，在公安总局《看押工作条例》的基础上又对监管场所的管理制度作了进一步明确。《规则》明确规定：男女犯人、死刑犯及少年犯与其他犯人，以及案件关联者或同案犯，均应分别羁押；犯人新入狱时必须进行照相、洗浴和体检，发现有重大疾病如传染病，必须隔离拘押，对其入监日期及所带财物必须详加清点登记；此外还详细规定了在押犯人所享有的权利，如申诉权、休息权、会见权、通信权等，对犯人教育改造方面的措施，以及在押女犯可携带3岁以下子女，体现了对人性的关怀，等等。其中很多管理规定和理念与今天相比，已无多少差异。

1948年，各监狱在总结先前经验的基础上又采取如下做法：收押犯人时，首先个别羁押，待弄清犯人的出身、成分、职业、技术、文化程度及亲朋关系后，再确定监室；在假释和释放犯人时，为防止其为狱中犯人传递信件，对释放日期绝对保密；深入了解释放犯人情况，填好表格，整理材料，及时向接收机关介绍，以备一旦犯人脱逃时，能根据其家庭住址、社会关系等情况迅速查找；犯人因病死亡时，须经医生检查登记后呈报上级，并深埋7尺，3年内不得移葬等。

（三）监所检察制度

关东解放区的监所检察制度主要集中体现在关东高等法院制定的《暂行羁押规则》、《监外执行条例》、《劳动改造所暂行管理规则》和《犯人劳动改造委员会组织条例》等文件中。关东解放区监所检察制度的主要内容如下：

1. 监督犯人收监。没有检察官签署的文件不得收监，有重大传染性疾病者得申请检察官拒绝其入监。《暂行羁押规则》（以下简称《规则》）第6条规定："监狱接收新入监者时，如审查无法院院长或检察官签署之文件或其他机构之委托书，得拒绝其入监。"第11条规定："新入监者于检查身体后，并应使监狱医生诊查其健康情形如遇有传染性之疾病时，应予以隔离拘押，情节重大时，得申请法院院长或者首席检察官拒绝其入监。"

▲ 暂行羁押规则（部分）

2. 监督监管活动是否合法。检察官有权受理刑事被告对于看守所之处遇有不当之申诉或其他申请，并报告首席检察官。《规则》第5条规定："刑事被告对于看守所之处遇有不当者，得申诉于推事、检察官或视察员，推事、检察官、视察员接受前项申诉，应即报告法院院长或首席检察官。"第18条规定："在监人犯对于法院或检察官或其他官署有所陈请时，应速为转达。"

3. 监督犯人保外就医和监外执行。首席检察官有权审批人犯保外就医和监外执行事宜。《规则》第43条规定："在监人犯有患重大疾病并为监狱医生所不能治疗时，得由监狱转请院长或检察官核定或经犯人之请求，令其觅具妥实铺保移送其他医院治疗之。前项规定对于在监女犯之为妊妇或产妇时，准用之。"《监外执行条例》第2条规定："宣告或执行徒刑之犯人，认为以在监外执行对其改造收效更大者，得经法院院长及首席检察官之核准，改为监外执行。"

4. 监督犯人释放。未经检察官批准，不得令在押人犯出监或将其释放。《规则》第 19 条规定："非有法院或检察官之通告书，不得令在监人犯出监或将其释放。"

5. 监督犯人日常考核。此项监督主要体现在关东高等法院制定的《犯人劳动改造委员会组织条例》中。为了加强对监狱的领导与管理，通过有计划的政治文化教育，大量发展犯人习艺生产，使犯人在生产劳动中得到改造，关东高等法院于 1949 年 1 月专门成立了犯人劳动改造委员会，制定了《犯人劳动改造委员会组织条例》（以下简称《条例》）。《条例》第 3 条规定，犯人劳动改造委员会"属高院首席检察官直接领导"。根据《条例》第 2 条的规定，凡"使用犯人劳动力的一切生产建设事业，概由本会（指犯人劳动改造委员会）统一管理与领导，并尽量设法求得扩大与发展"。具体来说，犯人劳动改造委员会的职责主要包括：监狱行政管理、在监犯人的考核审查改造教育、犯人的习艺生产、各生产部门外兼职职员的供给等（《条例》第 8 条）。

通过上述介绍，可以看出：关东检察机关的监所检察制度与我们今天的监所检察制度有很大不同。现在的监所检察重在刑罚执行和监管活动的法律监督，是从法律监督机关的属性出发的。关东解放区的检察机关直接参与刑罚措施的具体执行和对监管场所的日常管理，首席检察官与法院院长一样，拥有很大的实体处分权，包括犯人的入监批准权、保外就医批准权、监外执行批准权等，这又体现了民国时期检察制度的特点。应该说，这主要得益于首席检察官与法院院长一样，都是高等法院事实上的院领导，得益于关东解放区的法院实行的是审判、检察、司法行政合署办公的司法体制。当然，关东检察机关在监所检察方面享有的如此权力，也不全因为首席检察官在高等法院的领导地位。根据《关东各级司法机关暂行组织条例草案》的规定，关东检察机关有指挥裁判执行权。也就是说，关东检察机关在刑罚执行和监所管理方面所具有的许多实体处分权，在当时是有法律依据的。

这里专门介绍一下犯人劳动改造委员会，因为这是一个由关东高等法院首席检察官直接领导的组织。1949 年 1 月，"为加强对监狱（不久改称劳动改造所）的领导和民主管理，有计划地进行犯人的政治文化教育，大量发展犯人习艺生产，使犯人在生产劳动中得到改造"，关东高等法院决定设立犯人劳动改造委员会，由首席检察官直接领导，并制定了《犯人劳动改造委员组织条例》。

委员会由周旭东（高等法院院长）、裴华夏（高等法院首席检察官）、曾化东（大连地方法院院长）、方泽（高等法院司法行政处处长）、曲初（高等法院总务科科长）、朱永康（高等法院总务科副科长）、宋厚亭（大连监狱长）、孙宜之（旅顺监狱长）、唐永祥（高等法院下属合作社经理）组成，周旭东、曾化东、方泽、朱永康为委员会委员，裴华夏、曲初、宋厚亭、孙宜之、唐永祥为常务委员，管理委员会日常事务。裴华夏任委员会主任委员，曲初任副主任委员。委员会下设统调 1 人、教育 1 人、总会计 1 人、出纳 1 人、文书 1 人、事务若干人。

根据《条例》的规定，"各单位除职员法警以自己劳动力为主的农业生产，而其目的仅在改善本单位伙食者外，其他所有使用犯人劳动力的一切生产建设事业，概由本会统一管理与领导，并尽量设法求得扩大与发展"。委员会可根据犯人的劳动生产情况，酌量给予劳动报酬，或在伙食上予以酌量改善；对于表现突出的，适情况可分别给予口头表扬、奖金、奖品、短期休假，特别优异的，经自报公议后可向院方请求缩短其刑期；对于刑期已满且愿在服刑单位继续工作的犯人，可即给其职员或工人待遇。

▲ 首席检察官裴华夏领导高等法院劳改工厂生产的新中国第一辆拖拉机

委员会每月召开常委会一次，必要时由主任委员召开临时会议；每三月举行常会一次，由主任召集，如经常务委员三人以上提议，应召开临时会议。

犯人劳动改造委员会与各监狱及同时成立的司法行政处的关系：犯人劳动改造委员会是高等法院的一个院级领导机构，负责犯人教育劳动改造工作的政策制定、组织协调、减刑假释报请和经费审批等；劳动改造处既是高等法院的一个具体职能部门，又是犯人劳动改造委员会领导下的实际执行部门，负责协助委员会开展对犯人的劳动教育改造工作；各监狱负责犯人教育劳动改造的具体管理工作，其组织仍按原有编制，各监狱职员兼任各生产部门职员，各生产部门设厂长或经理，并下设教员、会计、生产管理等若干人，其会计对委员会总会计负责，各监狱和犯人及各生产部门的供给与经费，按公署规定由高等法院总务科负责，超出部分需经委员会主任委员批准后向总会计支取。

五、其他主要工作制度

（一）审讯制度

关东解放区的审讯工作是伴随着国民党海军陆战队一案的侦破而开始的。初期，由于干部数量较少，业务能力较低，审讯中违反政策的情况时有发生，多次出现捕人不慎、刑讯逼供、案件久拖不决等问题，给工作带来一定困难。为使审讯工作有章可循，纠正和避免错误，关东公安总局于 1947 年 10 月制定了《审讯工作条例》，对审讯工作进行了规范。由于当时的公安机关首长大都是当然的检察官，公安机关与司法机关的关系也是检察机关与审判机关的关系，承担了大量检察机关的工作。因此，《审讯工作条例》所规定的审讯制度其

▲ 关东解放区司法机关用过的戒具

实也是当时检察机关的审讯制度。《审讯工作条例》的主要内容如下：

甲、审讯工作严格禁止的事项：

1. 凡未有确实证据，证明为反革命之人犯，审讯人员不得凭主观臆断为反革命分子。

2. 严格禁止肉刑及变相施行肉刑。

3. 严格禁止采用"车轮战"的方式进行审讯。

4. 严格禁止采用假枪毙、假刑讯等方式威胁犯人进行逼供。

5. 严格禁止指名问供的审讯行为，不得以设想推论来问罪。

6. 严格禁止污辱打骂犯人之行为。

7. 不得利用犯人生理上的变化（如女犯在月经期）与身体上的弱点（如犯人生病或残疾），当作审讯的有利条件。

8. 不得轻信口供，应注意辨别口供的真实性与可靠程度。

9. 对犯人的供词，不得渗透审讯人员的主观成分，以保持供词的原来面目。

10. 在审讯过程中，如犯人有施行暴力或呼喊反革命口号等行为时，审讯人员有权当场设法制止，但不得伤害其生命。

乙、审讯工作必须执行的事项：

1. 必须注重调查研究，注意掌握证据，以实事求是的态度，进行审讯工作。

2. 审讯人员在整个审讯过程中，必须亲自耐心地查阅有关犯人的各种材料及其他一切证据，从中研究其全部历史与各方面的联系，做好案情分析。

3. 要实行监狱侦查工作，可派干部或利用犯人进行侦查，搜集犯人在狱中的日常表现、心理变化、各种活动及企图动向等，及时汇报。所派狱侦人员必须具备政治上可靠、智力能胜过对方的条件，并要经过组织许可才能进行。

4. 实行侦查审讯制度。在正式审讯之前，要先进行侦查审讯（即初审），注意从犯人口供中调查其历史，了解其个性、心理、平时表现及专长和弱点等，弄清对法庭审讯有何企图，去其假象，掌握本质。

5. 审讯人员要细心研究各方面转来的材料，注意发现矛盾，剔出重点，认真记写审讯笔录。

6. 实行陪审制度。在正式审讯时，一般要实行一人主审，两人陪审的三人会审制度。

7. 实行审讯会议制度。凡参加某案审讯的人员，必须在每次审讯前召开会议，共同研究材料，分析案情，定出审讯计划，明确此次审讯的目的、策略和方法。在审讯后要共同研究口供，辨别真假，并写出审讯人对犯人口供的判断及下次审讯的方针。

8. 实行劝导与严肃审讯的方法。即用宽大政策与诚恳的态度感化犯人，以打消其狡辩或抵赖之心理。在审讯中不准有违禁行为。但是，凡证据确实，而不供认者，不能随意认为是无罪分子。

9. 审讯人员要注意发现反证材料，允许犯人反证，也允许陪审人在审讯会议上为犯人辩护（不是在法庭上），以便从正反两方面辩明案情是非曲直。

10. 实行三审制度。凡重要案件，必须实行侦查审讯、正式审讯和重要审讯的三审制度。在正式审讯以后，再由该犯之主管机关与保卫机关之负责人，共同复审一次。

11. 每一审讯笔录，必须令被审犯人亲阅并签名，并允许其修正不同意之处；在案件审讯终结时，主审与陪审人员应根据犯罪事实，提出意见书，并签名盖章，呈交上级审阅。

丙、审讯工作必须遵守的事项：

1. 凡参加审讯的人员，必须奉公守法，自觉地遵守审讯工作的一切条例与纪律。

2. 凡违反甲项严禁事项者，按其轻重给予处罚。

3. 建立检查与总结制度。在一定时间内应召集会议，检查总结一个时期或某个案件的审讯工作，以便从实际工作中，教育审讯干部，提高其工作水平。

4. 审讯人员应绝对遵守工作秘密，凡不能使犯人得知的材料，审讯时不得暴露，对其他无关人员，也不得泄露。

5. 陪审人员必须在主审人问话完毕后，方能发问。记录员不得在审讯时插话，不准任意增减供词。

6. 整理口供送交上级时，必须将犯人的履历、逮捕根据、审讯方法、犯人的变化过程以及主审人对供词的判断等记录在卷。①

（二）会议制度

关东解放区检察机关明确提出以民主集中制作为其组织原则，在领导方式和工作方式上注重集体讨论，采纳群众意见，集思广益，并建立了比较完善的会议制度。首席检察官及各部门通过这些会议，实现对全院事务和本部门事务的管理。

根据关东高等法院《关于领导关系、分工负责及会议制度的决定》规定，关东高等法院从院级到部门建立了一系列会议制度。

1. 院级会议

（1）院务会议。每半月一次，参加人员为院长、首席检察官、司法行政处处长、各庭长。主要是研究组织人事制度、全院性审判工作和检察工作计划，听取全院性审判业务和检察业务工作汇报，研究重大疑难案件处理及法律政

▲ 关东高等法院成立初期的会议室

---

① 大连市公安局编：《大连公安历史长编》，1987 年内部出版，第 156 ~ 158 页。

策制定等事项，是关东高等法院级别最高的决策会议。

（2）院务联席（扩大）会议。每月一次，参加人员为院长、首席检察官、司法行政处处长、各庭长、编研室主任、秘书、各科长、推事。主要是研究落实公署有关规定、决议，制定全区性及本院内各种规章、条例、工作计划、教材草拟编订，以及对外交涉重大事件处理、各处（庭、室）之间工作协调和不属各处（庭、室）负责事项等具有全院性质之事务。

2. 处级工作会议

（1）司法行政处处务会议。每半月一次，参加人员为司法行政处正副处长及各正副科长。主要秉承院长意旨研究执行本院日常性行政工作，并研究协调行政处所属各科之工作关系及工作开展等。

（2）各庭工作检讨会。每半月一次，参加人员为庭长、推事、书记官等，必要时得请院长、首席检察官及有关部门负责人参加。主要秉承院长和首席检察官的意旨研究制订各庭工作计划和具体部署，以及具体案件的处理意见等。

需要注意的是，《关于领导关系、分工负责及会议制度的决定》没有专门规定检察工作检讨会。根据关东高等法院所确定的民主集中制原则，检察官室作为关东高等法院的一个具体司法实务部门，在实际工作开展中，也应有一个类似于各庭检讨会的工作会议。根据《关东高等法院各部门（庭、处、室）工作条例》第 16 条的规定，检察官室的检察官和书记在首席检察官领导和监督下处理有关检察事务。因此，这个工作会议应该是在首席检察官的领导下开展工作的。为什么没有专门制定呢？我们查到了 1948 年 12 月 5 日关东公署发布的《关于执行新的等级与薪资标准的指示》，从中也许可以发现一些端倪。

根据《关于执行新的等级与薪资标准的指示》，关东高等法院院长和首席检察官为一等一级，月薪 18000 元（关东币，下同）；副院长和庭、处长为一等二、三级，月薪为 17000 元或 16000 元；科长、推事、检察官为二等一、二、三、四级，月薪分别为 15000 元、14000 元、13000 元、12000 元；副科长、书记为二等三、四级，三等一、二级，月薪分别是 13000 元、12000 元、11000 元、10000 元。从中可以看出，检察官室检察官的级别要低于各庭、处长，其地位与推事相当，甚至可能还要低于推事。可见，他并不是检察官室的负责人，检察官室真正的负责人是首席检察官。这可能是为什么《关于领导关系、分工负责及会议制度的决定》在院务会议和院务联席（扩大）会议的参加人员中没有规定检察官室的检察官的缘故了，同时也可能是为什么没有像各庭工作检讨会那样单独规定检察官室工作检讨会的原因所在。但正如上文所说，实际工作中应该还是存在一个在首席检察官领导下的类似于各庭工作检讨会的检察官室工作检讨会，作为首席检察官领导检察官室检察官和书记开展检察工作的组织形式。

1949 年关东解放区的薪资标准及关东高等法院司法人员薪资对照表①

单位：关东币

薪资等级		职务		月薪
一等	一级	院长、首席检察官		18000 元
	二级	副院长		17000 元
	三级	庭长、处长		16000 元
二等	一级	科长		15000 元
	二级	推事		14000 元
	三级	检察官	副科长	13000 元
	四级			12000 元
三等	一级	书　记		11000 元
	二级			10000 元

3. 科级工作会议

科级工作会议主要是指司法行政处所属各科及法警队的工作会议。

（1）各科科务会议。每周一次，必要时得请处长及有关负责人

---

① 1948 年 1 月 5 日，关东公署颁布《关于实行统一薪资制度与标准的布告》，决定在全区废除以粮食为标准的薪俸办法，实行统一的货币（元）薪资制度（农村地区另有规定）。当时的薪资货币是苏联红军司令部发行的"红军票"。1948 年 11 月 15 日，关东解放区实行第二次币制改革，收回在本地区贴帖流通的苏联"红军票"，发行地方币"关东币"，兑换比值：在规定限额内按 1∶1 兑换，超出限额的按 10∶1 兑换，历时 5 天兑换完毕。12 月 5 日，关东公署发布《关于执行新的等级与薪资标准的指示》。据了解，当时关东解放区公职人员平均工资约 12000 元关东币左右。关东解放区当时由于受国民党军事封锁，在日常用品特别是粮食供应方面实行低价配给制。建国后，旅大地区进行币值改革，1 元关东币兑换 270 元东北银行流通券。在第一次人民币币值改革中，9.5 元东北流通券兑换 1 元人民币。第二次人民币币值改革中，10000 元第一套人民币兑换 1 元第二套人民币。（参见大连市史志办公室编：《大连市志·金融志》，大连海事大学出版社 2004 年版，第 12～13 页。）据此，首席检察官当时的月薪相当于新中国成立后第二套人民币的 51 元多。而当时的月平均工资相当于建国后第二套人民币的 34 元多。

参加。主要是研究各科室工作范围内的工作事务。

（2）法警队工作会议。包括法警队队务会议、法警队队务扩大会议和法警所属班务会议三种。法警队队务扩大会议每半月一次，参加人员为法警队全体人员；法警队务会议每周一次，参加人员为法警队正副队长以及所属各班正副班长；班务会议每周一次，为各班全体人员。以上会议，必要时得请处长及有关负责人参加之。

根据《关于领导关系、分工负责及会议制度的决定》的规定，关东高等法院所有会议，由各单位负责人制订计划，适当规定开会日时，以免相互冲突，便于进行。会议时须有记录，会后两日内须按级汇报上级首长或呈阅会议记录。

（三）学习制度

包括检察机关在内的关东解放区司法机关非常重视加强干警的政治理论和业务学习。1946 年年初，大连地方法院成立后不久，就与公安总局共同配合，先后进行了 5 期整训。1947 年关东高等法院成立后，除开展执法良心大检查活动和举办 3 期司法训练班外，还建立了专门的学习制度。学习制度的主要内容：一是坚持学习与工作思想相结合；二是各部门要定期制订学习计划；三是每天专门学习时间为 2 小时；四是学习方法除文本学习外，还举行检讨、批评与测验等。1949 年 6 月后，高等法院又每天延长 1 小时学习时间，具体学习时间为上午七点半至九点半，晚上八点至九点。各地方法院也都仿照高等法院建立了相应的学习制度。

▲ 第一期关东司法训练班招生简章

（四）工作纪律

1946年1月，大连市公安总局发布了《纪律暂行规定》，提出了"八大规则"和"十项要求"。因工作内容和工作人员上的紧密联系，工作中，关东高等法院及各地方法院基本上也是参照公安总局的"八大规则"和"十项要求"来要求全体司法工作人员的。

"八大规则"是：（1）携枪逃跑及偷卖枪支军火者，经本局查出处死刑；（2）泄露秘密及进行破坏活动者，经本局查出处死刑；（3）敲诈民财500元以上者，以纪律处分，800元以上者开除军籍，1500元以上者，经本局查出处死刑；（4）有意识地破坏中苏友好同盟条约，挑拨公安局与苏联红军及民众的关系者，经本局查出处死刑；（5）制造谣言破坏警民团结者，经本局查出处死刑；（6）强奸或拐骗民女者，经本局查出处死刑；（7）贪图财利与贼犯有联系，并蒙蔽上级者，经本局查出处死刑；（8）贪污受贿、违犯法令，对走私行商纵容放任者，经本局查出处死刑。

"十项要求"是：（1）遵守政府法令、严守本局纪律；（2）保护群众利益，不拿群众一点东西；（3）借群众物具，用过急速归还，如有损坏按价赔偿；（4）对待群众，态度和气，不准打骂或威胁，并遵守群众的风俗习惯；（5）勤劳职守，忠于人民工作，若遇有破坏政府法令，扰乱社会秩序行为者，即应逮捕惩办；（6）全局人员，一体团结，互相进步，不准包庇，或小团体活动；（7）爱护武器公物，发扬自我负责的精神；（8）废除打骂、肉刑、举枪、罚跪等军阀行为；（9）服从命令，听从指挥，若故意违犯命令者，应受严惩；（10）努力学习，提高水平，真正成为一个能胜任为民众工作的好警察。①

（五）奖惩制度

为增进司法工作效率，提高司法行政纪律，培养清廉刻苦、实事求是、为人民利益积极奋斗的司法工作作风，旅大高等法院于1949年8月专门起草制定了《关东地区司法工作人员奖惩条例》（以下简称《奖惩条例》）。《奖惩条例》共5章16条，从奖惩标准、奖惩办法、奖惩权限、惩戒期限与撤销、申诉程序等方面作了比较完善具体的规定。

1. 奖惩标准。奖励标准共7项，具体是：（1）能正确掌握政策，坚决执行法令，并遵守纪律，足资模楷者；（2）工作积极，廉洁奉公，持久不懈者；（3）不仅廉洁自守，见他人有违犯纪律之行为（贪污受贿舞弊等）能积极劝阻并向主管人员或上级机关秘密报告者；（4）服从领导，执法不阿者；（5）对上下级均能有良好关系，为群众所爱戴者；（6）对业务深入研究，学习努力，而有重大之创造或贡献者；（7）尊重人民民主权利，办理案件迅速确实，卓著成绩者。

惩戒情形共7项。《奖惩条例》第6条规定："凡违犯下列情节之一者得执行惩戒：一、贪污、舞弊、受贿者。二、违法失职者。

①大连市公安局编：《大连公安历史长编》，1987年内部出版，第289～290页。

三、不执行上级决定，对工作敷衍者。四、生活腐化，行为不检者。五、滥用职权，加害于人，或徇私舞弊者。六、见他人有违犯纪律行为（贪污受贿等）不劝导不报告者。七、犯其他较重之过失者。"

2. 奖惩办法。奖励办法有 5 种，具体是：（1）口头奖励；（2）开会当众表扬；（3）给予奖章、奖状，并将其成绩登报表扬或给予物质奖励；（4）传令嘉奖——将其成绩通告各级法院；（5）提升工作职位。

▲ 关东地区司法工作人员奖惩条例（部分）

惩戒办法有 7 种，具体是：口头劝戒或批评、警告、严重警告并开会宣布、记过、减俸降级、撤职、撤职查办。

3. 奖惩权限。地方法院对其所属工作人员可执行前三项奖励，即口头奖励，开会当众表扬，给予奖章、奖状，并将其成绩登报表扬或给予物质奖励。地方法院在对其所属工作人员进行第 4 项、第 5 项两项奖励，即传令嘉奖——将其成绩通告各级法院，以及提升工作职位时，必须提请高等法院批准执行。

在惩戒时，高等法院及各地方法院科长、处长、庭长对其所属工作人员，可执行前四项规定，即可进行口头劝戒或批评、警告、严重警告并开会宣布和记过，但在记过时应报直属上级首长批准。关东高等法院和各地方法院首长（包括院长和首席检察官）可对所属工作人员进行减俸减级、撤职、撤职查办，但地方法院在执行这三项权力时应呈报高等法院核准备案。可见，不管是对属员的奖励方面，还是惩戒方面，关东解放区的司法机关首长都有很大的权力，特别是在惩戒方面。

4. 惩戒期限与撤销。《奖惩条例》明确规定了惩戒期限和撤销程序：撤职与撤职查办无期限之规定，记过之期限为半年，减俸降级之期限为 1 年，警告之期限为 3 个月，各项惩戒期限自受惩戒宣告之日起算。

在惩戒结果的处理上，《奖惩条例》规定，"惩戒人员，经考查受惩戒期间能改正其错误者，届期撤销其惩戒"，"惩戒期间不能改正其错误者，得延长其惩戒期限，延期届满仍不改过者，得酌情从重；其在惩戒期间不改前非而又连犯严重错误者，得加重其惩戒"，"在受惩戒期间不得升用"。《奖惩条例》第 10 条还特别强调，在具体执行惩戒时要坚持实事求是、区别对待原则，根据不同情形作出不同处理。规定："一、对于犯错误人员应分别轻重，不得一律看待，对于初犯轻微过失者尤应耐心说服使其悔改。二、执行惩戒前应详细考察事实，或根据证据慎重办理，俾使被惩戒者与群众心服。三、其考查欠详致处罚失当者，于真相查明后，应改变或撤销其惩戒。四、凡犯错误之人员能自动坦白者，得酌予减轻其惩戒。"

5. 申诉程序。《奖惩条例》规定，受处罚者，对所受之惩戒处分认为不适时，得向主管机关或上级机关申诉。主管机关接到受惩戒人员之申诉书后，应即详加审查予以答复或转呈上级处理。上级机关接到受惩戒人之申诉书后，应即详加调查处理之。主管机关或上级机关对于被处罚人之惩戒如于调查后认为处分失当时，应即变更或撤销其惩戒。被处罚人员于提出申诉书后应静候处理，在未得到答复前仍需服从原处分。

除了《奖惩条例》，关东高等法院还通过发布通令、训令等形式，加强对司法人员的严格管理。1948 年 4 月 21 日，关东高等法院首席检察官乔理清、院长周旭东为推动思想作风大检查活动开展，联合签发了"不许与商人经营商业"训令。内中规定："查我司法工作人员，有私人与一般商人经营商业者，此种行为，既妨害政府威信，又失坠公务员应有之纯洁品质，自应一律禁止。兹限于本月底前，凡私人与一般商人经营商业者，须一

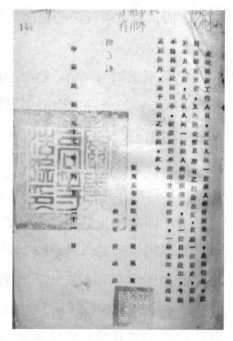

▲ 禁止司法人员经商训令

律自动撤出。今后不得再有此种情事。俾逾期仍不撤出甘犯纪律者，一经查出，除没收其股款外，并予适当之惩罚。"1948 年 8 月 18 日，关东高等法院发出《关于严禁打骂人犯及侮辱犯人人格问题的通令》，要求所有工作人员不得打骂人犯及侮辱犯人人格。

关东高等法院制定的这些奖惩和纪律规定并不仅仅体现在纸面上，而且得到了很好的贯彻执行。在奖励方面，在 1949 年 3 月进行的薪级调整中，高等法院根据服务年限和工作成绩，对 17 人进行了加薪，对 31 人进行了职级提升（书记升任推事，工人升任职员）。在同年 4 月召开的旅大地区第一届司法会议上，表扬了 31 名工作表现突出的模范工作者，并颁发奖状。在惩戒方面，1948 年 8 月 18 日，关东高等法院在《关于严禁打骂人犯及侮辱犯人人格问题的通令》中强调严禁打骂人犯、侮辱犯人人格的同时，通报了张晨声、姜旭

光、滕家仁、高正权四名工作人员殴打人犯、侮辱犯人人格的事实，并分别给予行政记小过和警告处分。① 1949年4月，关东高等法院发现高等法院推事王益尘、金县地方法院审判庭庭长王英武、大连地方法院推事程绍武有贪污渎职行为，遂责成高等法院检察官室检察官史永和与高等法院推事高正权、大连地方法院推事张晨声等组成办案组进行侦查。经查属实并呈报关东公署后，根据不同情况分别给予如下处分：高等法院推事王益尘撤职羁押查办，金县地方法院审判庭庭长王英武撤职察看，大连地方法院推事程绍武降级留用反省。

▲ 关东解放区检察官获得的奖状

通过《奖惩条例》和其他相关制度，以及实践中的严格执行，包括检察机关在内的关东解放区司法机关建立了比较完备的纪律管理制度，有力地推动了关东解放区司法队伍的建设和发展。曾任大连地方法院院长的曾化东在回忆起这段历史时对当时的办案质量给予了很高的评价："建国前大连地区几年间的上万件案件，经过我的回忆，真正出差错的还不多，也可以说一个没有冤枉的，只能说在判刑

---

① 高正权当时是大连地方法院推事，他在办理大连地方法院书记员宿久仁贪污一案时，因宿久仁始终不供，遂打其两个耳光。因此，被高等法院通报并警告处分。

中偏轻偏重这个环节，那就不好说了，当时有当时的政策。"① 应该说，如此高的办案质量，除了其他因素外，与当时严格的要求和管理是分不开的。

（六）请示、报告和巡视检查制度

为加强和推进工作，保证工作计划的执行，关东高等法院于1949年年中陆续制定了请示报告制度和巡视检查制度。

1. 请示制度

刑事案件判处徒刑10年以上者，由高等法院呈请行政公署主席批准；死刑由行政公署主席呈请东北人民政府批准；各市县法院判处徒刑5年以上者须呈请高等法院批准；上诉审判徒刑2年以上者由高等法院院长、检察官批准，2年以下者由高等法院庭长批准；一审1年以上者由市县法院院长、检察官批准，1年以下至教育释放者由庭长批准。宣示监外执行或缓刑、撤销监外执行或缓刑，均须请示各该法院院长、检察官批准。对于没收财物及罚款在1000万元（关东币，下同）以上者须请示行政公署主席批准，在100万元以上者须请示高等法院院长、检察官批准；在一、二审中100万元以下至10万元者须请示各该法院院长、检察官批准，在10万元以下者须请示庭长批准。对于查封（扣押）当事人财产须请示各该法院院长批准，各市县法院对于情节重大之查封须事先请示高等法院院长、检察官批准，必要时转请行政公署主席批准。

民事案件标的额在2000万元以上者判决时须请示高等法院院长、检察官批准，一、二审中2000万元以下至100万元者由该法院院长

---

① 《走访曾化东同志录音整理》，载《旅大市人民检察院解放战争时期旅大地区检察制度史资料（四）走访材料》，第12~13页。

批准，100万元以下至10万元者由各该法院院长批准。民事案件管收须请示各该院长批准。

在上述规定之外，凡有关政策、关系复杂、影响重大的民刑案件均须酌量情形按级请示。

2. 报告制度

（1）书面报告

各市县法院每月有统计报告、综合报告、专题报告等。

（2）口头汇报

高等法院审判庭于每周星期六举行汇报，报告审判庭处理案件情况并提出问题或建议。

各市县法院亦每周定期举行汇报会。

高等法院院长、检察官根据汇报情况转向行政公署主席汇报。

3. 巡视检查制度

（1）高等法院为密切与各市县法院的联系，彻底了解其审判工作情况，在每季总结工作后作定期的巡视检查，除此以外在认为必要时作临时的巡视检查。

（2）高等法院对于个别工作有时指派庭长、审判员到各市县法院作短期的具体帮助指导，如高等法院曾派员帮助大连市法院指导新干部（司法训练班毕业学员），协助金县、旅顺法院清理积案等。①

---

①参见《旅大行政公署人民法院审判工作总结》，载旅大行政公署人民法院编：《司法资料（二）》，1950年内部出版，第9部分第9页。

第四章

关东解放区检察工作的开展

关东解放区检察机关在中共旅大党组织的领导下，与审判机关、公安机关密切联系，互相配合，坚决镇压了反革命分子和日伪残余势力的破坏活动，依法严惩了各种刑事犯罪分子和公务人员贪污、渎职等损害革命利益的犯罪行为。同时，注意加强司法队伍建设，积极参与关东解放区的社会改革运动，为巩固人民政权、维护社会秩序、保障人民合法利益、支援解放战争作出了积极的贡献。

第一节

关东解放区检察工作开展概况

关东解放区的检察工作是伴随着关东解放区的政权建设特别是检察机关的建立与完善，围绕着解放区的政治经济形势发展特别是中共旅大党组织的中心工作来展开的，有着比较明显的阶段性特征。关东解放区检察工作的开展大体经历了以下三个历史发展阶段：①

一、人民检察工作开辟阶段

这一阶段大体从 1945 年 8 月旅大解放开始，到 1947 年 4 月关东高等法院成立时止，主要是建立民主政权、确立革命秩序的时期。

1945 年 10 月前后，旅大各市县相继成立了民主政府。最初，检察机关、审判机关是以公安机关或政府的司法科（处）的形式存在的，并在各地方党组织的领导下，紧密配合，与公开的和隐蔽的敌人作斗争。这一时期检察机关参与破获的比较著名的案件就是中

---

① 关东解放区检察工作开展的三个历史阶段的划分是根据旅大行政公署人民法院于 1950 年 4 月 8 日起草的《旅大行政公署人民法院司法工作概况》而来的。该划分与本书第三章关东解放区检察机关的建立和发展的阶段划分略有不同。特此说明。

共大连市委社会部（对外称大连市公安总局司法科）部长于会川指挥侦破的国民党大连市党部及其地下武装——东北行营辽宁先遣军第四独立团（当时对外统称"暴力团"）案。通过斗争，彻底捣毁了国民党在大连的地下武装组织，并防止了敌人对接收工厂、企业的破坏活动。到 1945 年年底，旅大地区的革命秩序基本确立起来了。

1946 年，因客观形势和工作上的需要，旅大地区各市县的司法机关相继成立或得到加强。同年 1 月，大连地方法院成立，内设检察庭，院长兼任首席检察官；设于旅顺市政府内的司法科改为司法处。2 月，大连县司法科成立。9 月，金县地方法院成立。同年秋，旅大金行政联合办事处成立的同时，成立了司法工作委员会，虽然该组织实际上未能统一全区的司法工作，却是关东解放区在统一全区司法工作方面的首次尝试。这一时期，旅大各市县的检察机关与审判机关、公安机关和其他政府部门密切配合，公开审判处决了民愤极大的汉奸、恶棍温衡守（温痞子），"暴力团"副团长、大汉奸隋云對，曾窃居警察局长职务的汉奸潘澄宇等一批汉奸反革命案件，打击了反动势力的嚣张气焰，伸张了社会正义，清理了革命队伍。这方面尤以大连市的工作最为典型和突出。通过打击镇压，旅大地区公开层面的反革命活动基本敛迹，但地下隐蔽层面的反革命活动依然不断，一些人对国民党接收大连还存有幻想，再加之由于国民党海上封锁而导致的粮食困难，社会秩序时有波动。对此，检察机关的工作继续以查处镇压反革命活动为重点，配合发动群众反奸清算和减租减息斗争，一批汉奸如大连的张本政、邵尚俭，金县的阎传绂、韩云阶、扈元善等被公开检举审判并没收其财产，对隐蔽的敌特实行了有步骤的纠举和镇压，同时对窃盗、强盗及其他侵害个人法益的违法人员进行了检举制裁，并对一些重大案件派员以公诉人身份出庭公诉，如大连地方法院公开审理的大汉奸张本政附敌祸国案，就是由当时的公安总局政治部主任宋光担任代理检察官出庭指控了张本政八大罪状。这一时期，检察机关还与审判机关共同配合，在狱政方面进行了积极探索，接收并整备了大连监狱和旅顺监狱，开始组织开展犯人的劳动教育改造工作。通过上述工作，全区的革命法治秩序初步建立，民主政府在人民群众中的地位和威信逐渐增强。

这一时期，由于我们还没有也不可能有自己的一套完整的法律，加上我们党没有公开，苏联政府同国民政府尚有外交关系，旅大处在苏军军管的特定历史时期。所以，包括大连地方法院在内的司法机关在组织机构和干部职务上，都沿用了国民政府的称呼。如文牍股叫书记官室，文牍股长叫书记官长，记录员叫书记官，审判员叫承审员、推事，检察机关首长叫首席检察官等。司法机关在司法实践中除了依据自行制定的一些零散的规定，如《大连市惩治贪污条例》等外，大多依据当时国民政府制定的《六法全书》。在对一些案件的判决中，尽管没有明确引用，但事实上还是参照了国民党的《六法全书》有关条文规定办案，特别是对政治案件的审判，很少用"国民党"、"三青团"、"反革命分子"等名词，多是用"暴力团"等名词。如隋云對一案就未用"国民党"、"反革命"等字眼，而是使用的"暴力团"一词；张本政附敌祸国一案也是依据当时国民政府制定的《刑法》作出的判决。时任大连市委书记韩光称这一做法为"以毒攻毒"。他解释说：大连是一个特殊地区，是根据苏联政府同国民党政府签订的条约由苏军实行军事管制，大连的政权表面上是无党无派的，我党是在秘密状态下开展工作，因此，法院办案不能公开用解放区的政策，要用国民党的"六法"办案，用合法的形式打击反动势力，保卫人民利益，这就叫作"以毒攻毒"。进而明确指出："我们要在大连站住脚，必须把住公安（军队）、司法、财政这几关。"①

从 1946 年下半年，这一情况开始有所转变。关东解放区的司法机关开始学习运用"马锡五"的审判方式，试行"陪审员"制度，但还仅限于民事案件，特别是婚姻案件。后来逐渐地对一般刑事案件，尤其是对社会有教育意义的案件，也实行了"陪审员"制度。据当时的老同志回忆：每次开庭审判时参加人数，少则几十人，多则上千人。这时的审判也多是在法院楼内的法庭进行。②

1946 年关东解放区司法机关办案统计表③

案别	案名	案数	案名	案数
刑事案件 1075 件，占 69.2%	反革命案	42 件	公共危险案	67 件
	汉奸案	67 件	伤害案	20 件
	杀人案	60 件	妨害公务案	44 件
	强盗案	195 件	妨害秩序案	28 件
	窃盗案	210 件	破坏经营案	10 件
	侵占案	106 件	毒品案	36 件
	诈欺案	113 件	脱逃案	9 件
	妨害家庭案	40 件	渎职案	28 件

① 曾化东：《回忆我在大连地方法院的工作》，载大连市中级人民法院史志办公室编：《大连法院史资料选编（1946 – 1986）》，1986 年内部出版，第 14 页。
② 周美鑫：《回忆大连地方法院成立初期情况》，载大连市中级人民法院史志办公室编：《大连法院史资料选编（1946 – 1986）》，1986 年内部出版，第 28 页。
③ 包括大连地方法院、金县地方法院、旅顺司法处。

案别	案名	案数	案名	案数
民事案件478件，占30.8%	土地案	26件	婚姻案	102件
	房产案	30件	债务案	301件
	亲属财产案	19件		

二、阵容整备统一领导阶段

这一阶段大体从1947年4月关东高等法院成立开始，到1949年年初关东解放区司法机关开展第三次整编时止。

由于国民党的严厉封锁，进入1947年后，关东解放区的粮食问题更加严重。民主政府一方面在苏军的协助下加紧从外地购入粮食，一方面号召全区人民开展生产自救。到1947年秋，粮食问题才稍见缓和。与此同时，随着国民党加紧进攻辽南并叫嚣接收旅大，旅大地区的反革命势力又开始抬头，进行造谣破坏。在这种情况下，关东高等法院于1947年4月在旅顺成立。关东高等法院的成立加强了对全区检察工作和审判工作的统一领导，迅速改变了以往各市县司法机关分散独立、各自为战的局面。

一是进一步调整和整合了全区的司法资源。1948年年初，高等法院与大连地方法院合署办公后，对全地区司法机关进行了整编。通过整编，明确了高等法院与各地方法院的审级关系和管辖范围，将民事庭与刑事庭合并为审判庭，将节省下来的人员充实到金县、旅顺等地方法院，加强了基层检察机关和审判机关的人员配备，节省了人力，提高了效率，工作效能显著增强。而首席检察官与院长作为高等法院的共同首长，在法院内部实现了审检配合，对全区司法工作通过采取民主集中制、会议领导与集体领导相结合的方法，"总揽全局，完成任务"。

二是加强了司法制度建设。高等法院成立后，设置了编研室，加强了对法律政策的研究工作。先后组织起草了《关东各级司法机关暂行组织条例草案》和各种工作条例与制度，以及实体法的规定。通过这些规定，一方面从制度层面明确了关东解放区检察机关和审判机关的组织体系、产生方式、工作关系、管辖范围、职责权限、奖惩制度、办案规则与程序等；另一方面从实体法的层面为各级审判机关和检察机关执法办案提供了依据，逐渐改变了以往主要依据国民政府制定的《六法全书》进行执法的局面。特别是在制度上明确提出了坚持民主集中制原则和保护人民革命利益与人民大众的合法权益的方针，工作上根据政策为主坚持群众路线，在对人民有利的条件下批判地使用《六法全书》，从而使各级检察机关和审判机关完全以新的人民检察机关和人民司法机关的组织形式出现。1948 年 12 月，关东解放区召开全区审判工作扩大会议，深入讨论了新民主主义的各项政策，以此作为办理案件的主要根据，并正式宣布废止《六法全书》的使用。

三是紧密配合政府中心工作履行职权。成立后的关东高等法院领导全区司法机关，紧密围绕中共旅大地委和关东公署的工作部署，一方面针对当时的社会动态，加大了对造谣破坏和侵吞公共财产的反革命分子的检举制裁力度，稳定了人心，保护了公共财产和企业财产不受损失；另一方面根据关东公署在 1948 年年初提出的"发展生产，安定民生"的经济建设计划，于 2 月 1 日下发了《关于司法工作配合大生产运动的指示》，明确要求"司法工作在巩固民主秩序，保障人民合法权益的原则下，必须全面地注意既不妨碍生产而有利于生产的发展，对大生产运动起配合推动作用"，"保证公署一九四八年经济建设计划的顺利完成"。为配合当时正在开展的大生产运动，高等法院还制订了《四八年职员法警及监狱犯人的生产计划》，提出了办案要充分照顾生产的具体原则和方针，如多采用就地巡回或陪审方式、注意工人农民忙闲、除罪大恶极者外多采取监外执行等。在具体的司法政策执行方面，全区司法机关坚持公私兼顾、劳资两利的原则，民事案件基本做到了以调解为主、判决为辅，刑事案件做到了镇压与宽大相结合、惩罚与教育相结合；在审判和工作开展方面坚持走民主和群众路线，广泛地采取就地审判、巡回审判、合议审判、公开审判、人民陪审等形式，充分照顾到了农民和工人的生产季节和忙闲时间。工作中还注意对人民进行法治思想教育，在配合当时政府的中心任务和各有关部门的联系方面均有所加强。与此同时，检察机关和审判机关自身也开展了生产运动，并扩大组织在押犯人开展生产。

四是加强了司法队伍建设。明确提出了政治与业务相结合的学习制度。针对部分干部中存在的官僚主义、自由主义作风，以及个别干部迷恋《六法全书》与雇佣观点等不正确思想，高等法院于1948年春天在全区司法系统自上而下开展了思想作风大检查活动，检查方式以批评与自我批评为主。通过检查，广大司法人员对马列主义和毛泽东思想的国家观和法律观有了初步理解，统一了思想，转变了作风，促进了工作。这次检查还明确提出了学习苏联司法的号召。为了培养人民司法干部，关东高等法院于1948年9月开办了第一期司法训练班，培养了一批用新民主主义思想武装起来的具有一定法律素养的新型司法人员。第一期训练班共招收学员72名，毕业后，大部分被分配到关东解放区各级司法机关和各基层政权组织，还有一些随军南下，支援全国解放战争。

五是加强了狱政管理工作。制定了《暂行羁押规则》和《监外执行条例》，进一步规范了犯人的收监、关押、出监、释放、监外执行等工作程序以及监狱的日常管理工作。在首席检察官的直接领导下，关东解放区的狱政工作确立了教育与劳动改造犯人的基本方向，狱政管理工作逐渐由单纯的行政管理向结合犯人的自治管理、由单纯的农业生产向注重提高犯人技能的习艺和工业化的生产发展。

　　六是在工作开展上增强了计划性。进入 1948 年，关东公署开始制订并出台了全区性的经济建设计划，关东解放区司法工作的计划性和正规化建设随之也提上日程，开始制作年度、季度、月别的重点工作计划。正如关东高等法院在《关东地区司法工作的回顾》中所言："为了适应新形势和高等法院与大连地院的合署，司法工作的正规化与计划化，就成为四八年年首之急务。"① 为此，高等法院相继制订了全院第一季度工作计划、第二季度工作计划和下半年工作计划。在工作开展上，高等法院不仅有计划，还有总结，专门起草了半年和全年工作总结报告。从此，工作有计划、有总结便成了关东解放区司法工作的一种惯例。此外，高等法院调整和加强了各种工作制度和学习制度，制订了办案规则和各部门办事细则，建立了会议制度，草拟了《关东地区司法工作人员奖惩条例》等多项规范性文件，使司法工作进一步走向规范。

　　这一时期，检察机关或单独，或与公安机关配合，侦破了一批反革命案件和公职人员贪渎案件，其中比较著名的有高等法院首席检察官乔理清指挥侦破的国民党旅顺市党部案。通过对该案件的侦破，彻

---

① 《关东地区司法工作的回顾》，大连市档案馆 2－1－129－6 号档案。

底摧毁了国民党在旅顺市的地下武装组织。这一时期，检察人员或者公安人员以公诉人身份出庭指控犯罪已逐渐成为惯例。在法院公开审理的案件中，公诉人出庭支持公诉的案件主要集中在汉奸案、反革命案、渎职案，以及一些影响较大的杀人案等。至于检察官参与侦办和出庭公诉的具体案件数量或比例，现有史料没有确切记载。但大连地方法院于 1949 年起草的《大连地方法院一九四九年（一至九月）工作总结》中有这样一段话："特刑案件是法院审判工作最重要的任务之一，但是在法院整个工作来说，它占用的时间又较少，因为这些案件多系由公安局侦查结束后转来的，法院只进行复审和判决，但其中有个别的翻供或谈出新的线索时，由法院再行侦查，但为数不多，亦不甚困难。一般刑事案件就不同，除各机关团体和公安局转来的外，大都由法院进行侦查检举，特别是贪污渎职和破坏经建、侵占官产、毒品等案件，最关重要和棘手。"[1]所谓"大都由法院进行侦查检举"即是由法院的检察官来侦查检举。由于一般刑事案件在法院所受刑事案件中以及大连地方法院办案数在全关东解放区司法机关中均占有相当大的比例，可以推断出：当时检察官参与侦查检举的案件应该占有比较大的比例，这还不包括公安人员以检察官身份出庭支持公诉的情况。在大连市人民检察院现存的档案资料中，就有多份关东高等法院首席检察官乔理清和其他检察官出庭支持公诉的起诉书。

---

① 《大连地方法院一九四九年（一至九月）工作总结》，载旅大行政公署人民法院编：《司法资料（二）》，1950 年内部出版，第 9 部分第 65 页。

案别	案名	案数	升降	案名	案数	升降
刑事案件 1862 件，占 83.1%	反革命案	152 件	升 262%	公共危险案	33 件	降 50.7%
	汉奸案	45 件	降 32.8%	伤害案	30 件	升 50%
	杀人案	81 件	升 35%	妨害公务案	42 件	降 4.5%
	强盗案	275 件	升 41%	妨害秩序案	25 件	降 10.7%
	窃盗案	733 件	升 249%	破坏经营案	54 件	升 440%
	侵占案	86 件	降 18.9%	毒品案	122 件	升 239%
	诈欺案	86 件	降 23.9%	脱逃案	4 件	降 55.6%
	妨害家庭案	47 件	升 17.5%	渎职案	47 件	升 67.9%
民事案件 378 件，占 16.9%	土地案	67 件	升 158%	婚姻案	123 件	升 20.6%
	房产案	20 件	降 33.3%	债务案	301 件	降 52.5%
	亲属财产案	19 件	升 31.6%			

①包括关东高等法院、大连地方法院、金县地方法院、旅顺地方庭。

第四章 关东解放区检察工作的开展

1948 年关东解放区司法机关办案统计表①

案别	案名	案数	升降	案名	案数	升降
刑事案件 1939 件，占 66.7%	反革命案	151 件	降 0.7%	公共危险案	28 件	降 15.2%
	汉奸案	39 件	降 13.3%	伤害案	66 件	升 120%
	杀人案	85 件	升 4.7%	妨害公务案	86 件	升 105%
	强盗案	148 件	降 46.2%	妨害秩序案	71 件	升 184%
	窃盗案	590 件	降 19.5%	破坏经营案	37 件	降 31.5%
	侵占案	70 件	降 18.6%	毒品案	175 件	升 43.4%
	诈欺案	132 件	升 53.5%	脱逃案	19 件	升 375%
	妨害家庭案	141 件	升 253%	渎职案	101 件	升 115%
民事案件 970 件，占 33.3%	土地案	55 件	降 17.9%	婚姻案	292 件	升 137%
	房产案	35 件	升 75%	债务案	527 件	升 75.1%
	亲属财产案	60 件	升 216%			

从以上数字可以看出，民事案件以债务和婚姻为最多。刑事案件中，窃盗和强盗案件下降较大，这主要是由于随着 1948 年关东解放区部分工厂恢复生产，失业问题逐渐解决所致，但依然居首位，而贩卖及吸食毒品、诈欺、贪污、侵占公有财产案件不断发生，反革命和汉奸案件依然占有相当数量。

三、计划性与正规化发展阶段

进入 1949 年，解放战争取得了全国范围内的伟大胜利，鼓舞了旅大地区广大人民必须提高工作，赶上形势。随着关东公署新的一年

---

①包括关东高等法院、大连地方法院、金县地方法院、旅顺地方法院。

经济建设计划的出台，关东高等法院在工作的计划性和正规化方面更有显著加强，特别是在1949年年初制定出台了《关东地区司法工作两年计划》。

根据《关东地区司法工作两年计划》，1949—1950年关东解放区的审判机关和检察机关的主要任务是："适应国内外民主斗争形势的发展及关东地区的生产建设……保证民主政府政策法令的贯彻执行，维护人民大众的合法利益，制裁违法犯纪分子，巩固民主秩序，普及人民法治思想教育，培养干部，健全司法机构，正确处理民间纠纷，以期人人劳动生产，奉公守法安居乐业，实现繁荣的新关东。"具体就检察工作来讲，"（1）健全检察机构并充实检察人员。（2）健全检察制度，刑事案除自诉者外须经由检察官侦查起诉移送法院审判。（3）有计划、有重点地及时检举违法分子，保证民主社会秩序之安宁。（4）制订检察规程"。此外，《关东地区司法工作两年计划》还对1949—1950年的审判工作、司法行政工作、编研工作和司法经费预算等都作出了明确的安排，并要求全区各级司法机关及高等法院各部门要"根据本计划的精神，更具体、更周密地作成每月、每季、半年或一年的工作计划，来保证本计划的完成"。随后，各地方法院根据高等法院的要求，结合各自工作实际，围绕当地工作中心，均制定出了具体的年度、季度、月别工作计划。

为了保证工作计划的贯彻执行，关东高等法院还制定了司法工作请示报告制度及巡视检查制度，并于1949

▲ 关东地区第一届司法工作会议

年 4 月 16—18 日，召开了关东解放区第一届司法工作会议，对关东解放区司法机关成立三年以来的工作进行了全面总结，表彰了先进，并讨论了新形势下的民刑政策，通过了司法业务上的一些具体办法。又按计划分别于 1949 年 6 月 1 日和 1949 年 12 月 1 日开办了第二期和第三期司法训练班。《关东地区司法工作两年计划》和有关制度的制定出台，以及有关工作按计划有序展开，标志着关东解放区的司法工作已经进入了计划性和正规化发展的新阶段。

▲ 旅大行政公署人民法院编印的《司法资料》

这一时期，除了加强工作的计划性和正规化建设外，关东高等法院还进一步整编了全区司法机关的组织机构，将旅顺地方庭改为旅顺地方法院，将原属高等法院司法行政处的监狱科升格为劳动改造处，监狱改称劳动改造所。加强了审判工作和劳动改造工作，在审判工作中，广泛推行了人民陪审制，初步开展了法官分区负责制；在劳动改造工作中，通过组织犯人劳动改造，生产出了新中国第一台拖拉机。加强了队伍建设，组织干部学习了党的人民司法政策和苏联司法政策，学习了毛泽东同志的《论人民民主专政》和人民政协的文献，使广大干部对人民司法机关在人民民主专政中的作用有了进一步体会，对敌对阶级与人民内部的政策有了更高认识。先后编印了司法业务学习资料近 20 期,介绍苏联的司法体制和我中央人民政府及全国其他地区的司法政策和工作做法。这些都为迎接新中国的到来做好了思想上和组织上的准备工作。此外,关东司法机关还利用有限资源和力量,积极支援全国解放战争,为新中国的解放作出了一定贡献。

1949 年关东解放区司法机关办案统计表①

案别	案名	案数	案名	案数
刑事案件 1029 件,占 66.7%	反革命案	69 件	公共危险案	30 件
	汉奸案	4 件	伤害案	21 件
	杀人案	68 件	妨害公务案	49 件
	窃盗案	104 件	妨害秩序案	71 件
	侵占案	22 件	破坏经济建设案	169 件
	诈欺案	82 件	毒品案	38 件
	妨害家庭案	127 件	渎职案	97 件
	强奸案	37 件	其他案件	41 件
民事案件 965 件,占 33.3%	土地案	20 件	婚姻案	325 件
	房产案	14 件	债务案	587 件
	亲属财产案	19 件		

从中可以看出,1949 年的刑事案件数较 1948 年有较大幅度下降,这主要是由于 1949 年统计口径与以往不同所致。根据旅大人民法院所作的《一九四九年司法工作总结报告》卷首语所言,"这一总结,因根据旅大行政公署指示,提前作成。在统计方面是以本年九月

---

①本表 1946—1948 年部分引自《旅大概述》第 333 页,1949 年部分根据旅大人民法院《一九四九年司法工作总结报告》和大连市中级人民法院所编《院史资料通讯》第 15 期(1984 年 9 月 14 日)制成。

末的材料为基础，但有一部分是十月末的材料"。① 但就算如此，1949 年的案件数也较前些年有大幅度下降，特别是强盗、窃盗和反革命案下降幅度最为明显，而破坏经建、偷漏税款、贪污渎职、诈欺等相应有所增加，"这说明着旅大地区社会情况的变化和社会的复杂性，一方面因发展生产，改善了民生，过去不务正业的强窃盗，几乎绝迹了。另一方面因旧社会遗毒使投机取巧的商人偷税漏税，极少数的流氓分子，诈欺骗财，以及思想作风不纯的个别公务人员贪污渎职，就作祟滋长"。② 这是旅大人民法院在《一九四九年司法工作总结报告》中对此的分析。除其分析的以外，应该说主要还有以下原因：一是经过前几年的打击，社会治安秩序已大有改善；二是通过与全区人民荣辱与共，共同战胜困难，再加之各级党员干部的先锋模范作用，中共旅大党组织在人民中的威信已越来越高，社会治安面貌因而随之大为改观；三是随着东北全境的解放，相当一部分反动势力相继逃离旅大，反革命破坏活动随之大幅度收敛；四是由于关东解放区司法机关加大了基层调解力度，很多刑事案件在进入诉讼程序之前，就被消化在基层和萌芽状态。

---

①旅大人民法院：《一九四九年司法工作总结报告》，大连市档案馆 2 - 1 - 260 - 32 - 1 号档案。

②旅大人民法院：《一九四九年司法工作总结报告》，大连市档案馆 2 - 1 - 260 - 32 - 1 号档案。

1946 年至 1949 年关东解放区司法机关刑事案件受理统计表①

年别	院别	汉奸	杀人	强盗	窃盗	妨害公务	妨害秩序	妨害家庭	公共危险	伤害	脱逃	破坏经营	侵占	诈欺	毒品	反革命	渎职	合计	百分比
一九四六年	旅顺	8	4	1	44	10	4	11		7		1	13	13	6		4	126	12%
	大连	58	53	175	165	34	22	25	67	10	9	9	89	100	30	39	22	907	84%
	金县	1	3	19	1		2	4		3			4			3	2	42	4%
	计	67	60	195	210	44	28	40	67	20	9	10	106	113	36	42	28	1075	18%
一九四七年	高院	5	1			5										149	2	162	8.7%
	旅顺	4	12	37	348	7	1	2	2	6		3	3	10	10		8	453	24.3%
	大连	34	50	161	291	29	13	30	29	14	4	51	67	57	100	3	27	960	51.6%
	金县	2	18	77	94	1	11	15	2	10			16	19	12		10	287	13.4%
	计	45	81	275	733	42	25	47	33	30	4	54	86	86	122	152	47	1862	32%

①(1) 表中本年度合计之比是当年受案件数与四年受案总件数之比。(2) 1949 年部分所据材料多处有误，如《一九四九年车司法工作总结报告》中记载，当年高院受案 75 件，统计却是 74 件；受破坏经建案 161 件，统计却是 169 件，应是未计旅顺院的 8 件。大连市中级人民法院编《院史资料通讯》第 15 期记载 1949 年全区受案 999 件，据史料称，高院受 52 件反革命案为一审，其他均为上诉审。该数应是未合上诉审的 22 件和旅顺院的 8 件。根据 1950 年 4 月起草《旅大行政公署人民法院司法工作概况》，关东解放区司法机关自成立以来至 1949 年底，共受理一审刑案 6094 人，二审刑案 405 人，共计 6499 人。此处车单位为人。(3) 1949 年部分案件没有分区统计，故"总计"中分区案别部分有的未作调整。(4) 1949 年统计项目没有脱逃案和强盗案，表中脱逃案 41 件实为"其他案件"数，该数据引自上述《院史资料通讯》。

续表

年别	院别	汉奸	杀人	强盗	窃盗	妨害公务	妨害秩序	妨害家庭	公共危险	伤害	脱逃	破坏经营	侵占	诈欺	毒品	反革命	渎职	合计	百分比
一九四八年	高院	7	8			2		4	1				7	1	2	94		127	6.6%
	旅顺	6	9	4	64	11	8	11	3	3	2		1	8	2	6	8	146	7.5%
	大连	20	55	114	422	66	22	98	20	20	15	37	55	94	155	47	69	1309	67.5%
	金县	6	12	30	104	7	41	28	4	43	2		7	29	16	4	24	357	18.4%
	计	39	85	148	590	86	71	141	28	66	19	37	70	132	175	151	101	1939	33%
一九四九年	高院	4	4					3		3			1	4	2	52	1	74	7.2%
	旅顺		9		8							(8)		11			7	96	10.1%
	大连	37	29		70	49	71	124	30	18	41	142	21	49	36	17	60	561	54.5%
	金县		26		26							19		18			29	290	28.2%
	计	41	68		104	49	71	127	30	21	41	169	22	82	38	69	97	1021	17%
总计	高院	16	14			7	7	7	1	3			8	5	12	295	3	363	6%
	旅顺	18	34	42	464	28	13	24	5	16	2	4	17	42	18	6	27	829	14%
	大连	112	187	450	948	129	57	152	116	44	28	239	211	300	285	89	178	3737	63%
	金县	9	59	126	225	8	54	47	6	56	2	19	27	66	28	7	65	976	17%
	合计	192	294	618	1637	221	195	355	158	137	73	262	270	413	371	414	273	5905	100%

第二节

关东解放区检察机关开展的主要工作

首先需要指出的是，由于关东解放区的检察机关先后与公安机关、审判机关合署办公，许多工作都是在与公安机关、审判机关的配合、协作中进行的，有的甚至是在公安机关或审判机关的整体部署下进行的。

一、锄奸反特，保卫新生民主政权

作为关东解放区民主政权的重要组成部分，关东解放区检察机关的主要任务之一就是通过履行侦查职能，锄奸反特，捍卫新生的民主政权。他们在中共旅大党组织的统一领导下，与公安、法院等机关共同配合，同妄图颠覆新生民主政权的日伪残余势力、国民党反动势力、特务汉奸、封建恶霸，以及其他反革命分子展开了坚决斗争。自1946年至1949年，共联合办理各种民事案件2958件，刑事案件6499人。① 其中比较著名的有大连地方法院首席检察官于会川指挥侦

---

① 案件数据参见旅大行政公署人民法院1950年4月8日起草的《旅大行政公署人民法院司法工作概况》，载《旅大市人民检察院解放战争时期旅大地区检察制度史资料（一）综合材料》，第36页。

破的国民党大连市党部及其"暴力团"案、关东高等法院首席检察官乔理清指挥侦破的国民党旅顺市党部案等。

（一）侦破国民党大连市党部及其"暴力团"案①

1. 国民党从公开挂牌到转入地下

1945 年 9 月，国民党东北党务专员罗大愚先后分两批从长春派人到大连，准备组建国民党大连市党部。第一批于 9 月上旬，由国民党长春第十八区党部书记汪渔洋带领来大连，经罗委任组成了以汪渔洋为书记长的国民党大连市党部。第二批于 9 月 16 日，由国民党长春市党部第三组织科派刘世德、汪逢玺等来大连，分别任国民党大连市党部社会科科长和宣传科科长。

国民党大连市党部的初期活动主要是"登记吸收党员、张贴标语、搜集情报等"。他们借助国民政府与苏联政府签订的《中苏友好同盟条约》，向进驻大连的苏军当局登记并要求公开活动，后经苏军大连警备司令高兹洛夫中将同意，于 10 月 1 日公开成立，并挂出中国国民党大连市党部的招牌，取得了合法地位。因从事反苏反共宣传，10 月 5 日，国民党大连市党部被苏军取缔，汪渔洋等也被苏军拘押，后于 12 月 25 日被遣送回长春。国民党大连市党部被取缔后，刘世德、汪逢玺等国民党大连市党部的一些骨干分子迅速躲避起来。10 月下旬，刘、汪等潜回长春。罗大愚要求他们"必须继续从事地下工作"，并对国民党大连市党部的人员和机构进行了调整。从此，国民党大连市党部转入地下活动。

---

① "侦破国民党大连市党部及'暴力团'案"有关史料，参见大连市公安局编：《大连公安历史长编》，1987 年内部出版，第 46～65 页；大连市公安局编：《大连公安史选编》（第一辑），1985 年内部出版，第 185～216 页。

12 月 20 日，汪逢玺返回大连，着手组建国民党大连地下武装组织，为国民党接收大连作准备，同时组织暗杀队，图谋暗杀苏军将领和中共高级干部。1946 年 1 月 10 日，汪逢玺上报"建军成功，请求给他委任"。罗大愚遂发给汪逢玺委任状，上书："军事委员会委员长东北行营辽宁先遣军总司令部委任令，忠字第□号，兹委任汪逢玺为本军第四独立团团长，此令，总司令罗大愚。"

汪逢玺等接受委任后，便以国民党市党部骨干力量为基础，大肆笼络利诱敌伪残余和社会渣滓，在不足 20 天的时间里，纠合成立了国民党东北行营辽宁先遣军第四独立团，团长汪逢玺，副团长隋云斟，政治部主任兼情报处长刘世德，参谋长谷世卿，秘书处长李大壮，副官处长朱淮春，军需处长任恒达，军医处长郑吉成，第一营营长赵守明，第二营营长桑长清，第三营营长高百川、副营长陶德山，运输队长盖忠英、副队长王忠治，第一特务连长关安福，第二特务连长王国屏。对外号称共有"800 人左右，都有枪支，都是治安队员。在大广场公安局有 500 人，水上公安局有 300 多人"。隋云斟原为日本关东州厅高等巡查捕，先后残杀爱国志士 40 余人，是旅大地区有名的大汉奸特务，日本投降后即投靠国民党，以敌伪残余为主要对象，发展反动武装人员 90 余人。从独立团的人员构成可充分看出其蒋伪合流、反共反人民的反动本质。

1946 年 1 月 14 日，刘世德就任国民党大连市党部代理书记长。在任职会上，他要求"地下军潜伏活动待机与杜聿明里应外合消灭公安局，推翻政府"，"打入在市府、职工总会、各公安局里的人，尽量发展人员，看管或拿出重要文件，调查胶东来的共产党的活动"，"在条件成熟时，配合武装夺取广播电台"，"物色原来《泰东日报》的编辑人员，筹备创办《国民日报》（作为党部机关报）"，

"重新布置秘密电台","设置机动办公处","决定任恒达家的小白楼（富久町 141 番地，今大连市泰安街 31 号，已拆）为国民党和地下军接头的地方"。一场阴谋推翻新生民主政府、妄图夺取旅大的武装暴动正在紧锣密鼓地酝酿和准备着。

2. 发现敌情，跟踪追击

1946 年 1 月 25 日（农历腊月二十三）下午，大连市公安总局岭前区分局接到报案，称有两人正在居民家中实施抢劫。岭前区分局接到报案后，立即派人赶到现场，将参与抢劫的谢立业逮捕归案，另一人逃跑。公安人员从谢的身上搜出一支手枪和一张委任状，上写："军事委员会委员长东北行营辽宁先遣军第四独立团司令部，委任王国屏为本团第二特务连连长。"据谢立业供述，逃跑之人正是王国屏。王国屏原为市公安总局第一警察大队二中队（驻大连岭前区）书记（即文书），因破坏群众纪律于 1945 年 12 月 26 日被开除。此次他是受命"到岭前作瓦解警察之活动"，在途中实施抢劫时被发现。

岭前区公安分局立即向总局副局长、市委社会部部长于会川汇报。此时，于会川正在负责组建大连地方法院。他接到报告后，明确指示："这可能是一个重大案子的一个重要线索，侦察部门应密切注视，岭前分局要加强审讯工作，进一步地了解他们瓦解警察的对象，物色能取得王国屏信任的人。对谢立业予以假释，派人与谢同到王国屏家，以给其送还其委任状的名义，趁机取得其信任，打入其内部。如达不到以上目的，即逮捕王国屏与谢立业，速审速决。"随后，发现谢立业向审讯人员、预审股副股长傅学坤进行策反。于会川当即决定"按照既定方针，放虎归山，以此取得敌人信任，顺线而入，开展侦查"。

正当办案人员遵照指示要释放谢立业时，谢又向傅学坤提出：

"你不能光放了我，还得给我弄几支枪和几百发子弹。这不但是你的贡献，使长官相信你，而且你的安全和做官也就更有保证了。"针对这一情况，于会川经再三斟酌后指出：根据旅大地区斗争形势，还是给他武器。其好处是有利于加速侦查，及早了解敌人内幕，及时破案，达到一网打尽的目的。若是束缚手脚，使线头中断，放纵了敌人，反而对斗争不利，遂决定"给他！但一定取得敌人信任，钻到敌人内部去。可是枪支只能给一支，最好有些坏了的；子弹可缓给，即使给尽可能也要给些'臭火'。要力争减少危害，避免损失"。

鉴于王国屏与谢立业策反的对象都是傅学坤，并且傅与王在警察大队二中队时，曾是上下级关系，彼此早已互相认识，于会川决定派傅学坤打入敌人内部，深入巢穴。1月26日晨，被假释出狱的谢立业，领着傅学坤在浴池找到王国屏，王将傅领到家里，傅当面将委任状和手枪交给了王。王在感谢之余，对傅说："你可别干了，中央军快来了，你过来至少给你个营长干干。"王看到傅欣然同意，便告其下午三时给他介绍一个"在司令部里负责"的人。据此，于会川指示："这是打入内部的大好时机，一定要设法见到敌人首脑，搞准敌人机关地址，要借机取得敌人的信任。"与此同时，布置了外线，寸步不离，严密监护。

当日下午3时，王领着傅去富久町141番地一幢小白楼，传信人传达后回来说："今天领导开会不能见，待以后再见。"傅得知这一情况，托辞去买烟，趁机打电话向于会川做了报告。于会川即刻召集有关人员进行研究，认为小白楼正是敌人的指挥机关，头目都在那儿开会，说明恶首集中，这是千载难逢的好时机，决定即刻把王国屏、谢立业逮捕起来，封锁小白楼，逮捕其头目，一网打尽，不漏一人。

3. 制伏敌人，安定民心

破案！一声令下，社会部侦察科和岭前分局司法股有关人员紧急集合，首先逮捕了王国屏、谢立业等人，之后迅速包围了小白楼。当侦察人员冲入敌人老巢，突然出现在敌人面前时，"暴力团"的首领们"如梦初醒，面面相觑，目瞪口呆，不知所措"。国民党大连市党部代理书记长、第四独立团政治部主任刘世德，团长汪逢玺，参谋长谷世卿束手就擒。同时被捕的还有国民党大连市党部组织科助理于永瀛和第四独立团军需官任殿镇。

接着，开始了紧张的审讯工作。狡猾的敌人故作镇静，一字不吐，妄图过关。曾任伪满新京地方法院检察官的刘世德谎称商人，与审讯人员大谈市场行情和生意经；曾任伪满四平省公署农林股长的汪逢玺则一言不发；伪军少校谷世卿百般抵赖；其他案犯也是一一拒供。到凌晨一点多，案情仍然毫无进展。于会川认为："这种情况若持续到天亮之后，仍然不能获得决定性成果，这一仗不但打不胜，而且将会惊动敌人，使大批敌人漏网，更无法扩大战果。"他分析："这是带有遭遇战性质的破案，由于我们对案情不熟悉，审讯打不中要害。敌人欺负我们未占有材料，我们就要搞到材料。小白楼既是敌人的指挥机关，又在开会，一定会有敌人的文件材料或其他证据，只是由于我们不了解敌情，搜查不严格，因而人证、物证一无所获。"因此，他果断决定："立即派人回去再次搜查，获取罪证，务求彻底。乃至掘地三尺，不达目的，决不罢休。"

当夜，侦察科长孙旭照（大连地方法院成立后任检察庭检察官）带领20多名干部再奔"小白楼"，进行彻底搜查。果然不出所料，侦察人员先是搜出一支驳壳枪，接着又搜出一捆反动传单。最后在一个多年失修、停用的便池底下的空洞里，搜出了大量枪支弹药以及各种文件和名册，包括：短枪 8 支，子弹 200 发，全市组织名册 2 册，10 个区党部名册 1 册，第四独立团一、二营及特务二连的名单各 1 份，零散未编制人员名单 1 份，苏联工厂调查材料 1 份，反苏提纲 2 份，宣传科、社会科工作计划草案以及旅大金复员设计委员会组织规程各 1 份。另外，还有电报密码 2 本、通讯呼号 1 本、各种印章 13 枚、委任令状 14 件，以及伪第四独立团 1 月份账目清单 1 本。这些罪证揭开了敌人极为重要的秘密，尤其重要的是，还及时地缴获了国民党大连市党部 1946 年 1 月 24 日已经拟好准备向辽宁省党部报告的大连市国民党党员及"蒙难同志"的名册 1 份。此时已是凌晨三点多钟，如果晚一步，将失去破获全案的时机。

根据缴获的敌人名册显示，国民党大连市地下市党部在大连已建立 12 个区党部及一批区分部、小组，计有地下国民党党员 860 多人，其中区分部执委以上的骨干分子 165 人，地下武装 800 人左右，排以上骨干分子六七十人。"从中看出他们的触角，已伸入到我市各个部门和角落。为了实现其翻底策略，有的钻进了政权机关，以至公安机关内部，窃据要职，掌握武装。"据统计，已有 175 人混入我民主政权内部，其中市政府 47 人、总工会 11 人、新生报社 5 人、邮电局 3 人、广播局 12 人、中苏友好协会 2 人、总商会 1 人、电业局 3 人、大华贸易公司 1 人、公安和司法机关 90 人。第一营营长赵守明、第二营营长桑长清、第三营营长高百川和副营长陶德山分别窃据了水上公安分局警卫排长、第二中队副队长、大广场公安分局交通股长、分所长职务。这说明暴力团已在暗中掌握了相当数量的武装，并决定一旦时机成熟，即行夺取人民政权。他们不仅秘密控制武装，而且已对苏军以及民主政府的负责人进行暗杀活动。据案犯供称，"汪逢玺有暗杀团，专门进行暗杀活动，在常盘桥（今青泥洼桥）杀死苏军士兵就是汪逢玺暗杀团干的"，并随时准备暗杀陈云涛、赵东斌等中共领导。当时他们开会正在研究策划除夕之夜进行全市大暴动。

鉴于敌情严重，情况紧急，1月27日拂晓前，于会川向中共大连市委书记韩光、市公安总局局长赵东斌作了汇报，决定立即进行全市大搜捕。但由于当时正处于全国政治协商会议协商停战协定之际，再加上市内粮荒、煤荒、水荒，市民心绪波动。为防止国民党利用一些人的正统观念，煽动、欺骗群众和青年学生，没有依从苏军当局提出的"露头就捉"的主张，而是根据"党的打击首恶、争取胁从、分化瓦解的政策，本着对敌人的武装组织严于党团组织、对已混入内部严于外部的原则，逮捕的范围只限于：（1）区分部书记以上；（2）地下武装中排长以上；（3）混入内部的；（4）敌伪残余分子又加入国民党的"。同时决定"无论轻重案犯要处理时或对外发表文告等，一概经过市委社会部批准"。

1月27日上午，大连市公安总局、大连市委社会部召开县、区分局长紧急会议，在于会川作出搜捕动员部署后，开始了全市性的大破案、大搜捕行动。2月1日（农历腊月除夕）又进行了一次集中搜捕，先后共逮捕200余名案犯，其中社会部逮捕111名，计伪第四独立团16名（内含兼有国民党市党部职务的5名）、国民党市党部骨干分子100名（内含兼第四独立团职务的5名），由县、区公安分局搜捕100余名。大汉奸、伪第四独立团副团长隋云對就是在这次行动中，于深夜12时左右，正当其家人向其拜年时被抓获的。

由于集中搜捕，人数众多，在社会上引起了很大震动。为防止不明真相的群众，特别是知识青年恐慌不安，并照顾到苏联与国民政府的外交关系以及国共两党在旅大的斗争不宜公开的特殊情况，市委决

定"要搞好群众宣传和动员工作,使其大力配合这场政治斗争",
"把破获国民党大连市党部及其地下武装组织,公开报道为一起重大
的暴力团案件"。为了教育安定群众,1946年2月1日,已经当选大
连地方法院院长兼首席检察官的于会川在大连《人民呼声》报,以
大连市公安总局副局长的名义,发表了《关于破获反苏要案的谈
话》:

我连市民主政府成立以来,本局依本施政纲要,竭力整顿社会治
安。数月来,赖我60万市民积极协助,市面至今已入正轨。但在此
期间,仍有少数不法之徒暗中活动,扰乱治安,图谋不轨,本局除暴
安良,责无旁贷。迭经侦查之后,于上月26日下午7时,在西岗子
富久町141番地小白楼上破获一军事阴谋匪帮巢穴。当场将主犯逮
捕,并缴获枪支弹药及大批证件,从材料及口供中证明:

(一)该匪帮枪杀苏联军官,劫掠其武器,违犯我既定国策,诬
蔑友邦苏联,破坏中苏友好协定,挑拨国际纠纷。

(二)暗中招收散兵游勇,纠合地痞流氓,散发军事委任,阴谋
举行暴动,颠覆民主政府,破坏警察行政,暗杀行政长官,陷我连市
于混乱状态。

(三)网罗日寇法西斯残余分子,利诱在职日籍技术人员,迫令
其消极怠工,企图置我60万市民生活于困境。

(四)欺骗纯洁青年,加入该匪帮组织,陷我连市无辜青年不得
安心学业。凡此种种,充分暴露其反人民反和平的残暴匪帮面目。本
局受人民委托,对治安有责,在市民协助下,卒将其巢穴破获。除少
数潜逃外,主犯大部皆已就捕归案,并均已直认不讳。

至于本案胁从分子,其中绝大多数为纯洁青年,由于无知受人利
用,本局决遵施政纲要之规定,持宽大方针,只要其能悔过自新,定

当予以宽大，不咎既往。其已误入歧途之分子，当善体本局宽大为怀之意旨，猛速省悟，均勿一误再误，自陷罪恶泥沼之中。

此案破获后，社会秩序当更加安定，深望一般市民，均勿惊扰，请安居乐业，欢庆解放后之首次旧岁。

这一谈话揭露了敌人的罪行，阐明了共产党的政策，起到了安定民心、争取失足者的作用。对搜捕的案犯，按照党的政策，遵循镇压与宽大相结合的方针，以罪恶轻重、坦白态度好坏，区别作了处理。在社会部捕办的 111 人中，除

▲ 1946 年 1 月《新生时报》关于"暴力团"案的报道

1 人病死外，判处死刑者 4 人，主要系暴力团中的首恶分子，图谋暴动并有历史罪行抗拒坦白者，如高百川、桑长清、陶德山、隋云對；判处有期徒刑者 24 人，这部分案犯罪恶较重，坦白态度不好，原是日伪汉奸，又参加反动组织，是危害社会的危险分子；教育释放者 82 人，这部分人多数是青年知识分子，受过日本奴化教育，又受国民党正统观念宣传的影响，盲目参加反动组织，经过教育，思想转变较快，坦白态度较好，分两批予以释放，并于释放前具写《悔过书》、照相、立《誓言》，再取坊长以上之连环保，以收教育之效。1946 年 5 月，大连市召开了全市检举控诉反动派大会，失足青年纷纷在会上揭发"暴力团"以威胁、利诱、欺骗、逼婚等手段拉拢青年的罪行，并感谢民主政府实行宽大政策。这次大会，使群众认清了

国民党反动派与民主政府之间的本质区别，部分思想动摇的青年，逐步安定下来，社会秩序日趋稳定，经过教育释放之人员也有了明显的进步。

1946 年 9 月 17 日，为进一步"扩大政治影响，接受民意"，大连地方法院在大连市政府礼堂组织人民法庭，公审汉奸特务隋云对。开庭时，千余群众挤满大礼堂，许多被残害的群众手持剪子、刀子、锥子，准备向隋讨还血债。当隋犯被"押至法庭时，群众情绪极度高涨，高呼打倒汉奸反动派隋云对，向隋云对讨还丈夫、儿子等口号"，强烈要求政府立即处死隋云对。公审大会之后，隋云对在群众愤怒的口号声中被押赴刑场执行枪决。

歼灭国民党大连市党部及其第四独立团，是刚刚建立起来的包括检察机关在内的民主政权破获的一起重大的阴谋暴乱案件，它对于巩固大连新建立的人民民主政权，打击国民党的嚣张气焰，具有重大意义。该案的成功破获，对大连市的人民群众是一次生动的教育，特别是一些怀有正统观念的青年知识分子，开始明了国民党反动派的本质，逐渐认识并拥护新生的人民民主政权。破获该案，彻底捣毁了国民党反动派在大连市的组织系统和地下武装力量，使国民党在大连苦心经营的巨大赌注彻底输光。据时任大连公安总局局长兼大连地方法院第二任首席检察官赵东斌介绍："1946 年 1 月，我们抄了国民党大连市党部，对敌人震动很大。当时国民党的国民参政会秘书长邵力子给周恩来副主席一封电报，原文是：获悉大连警察总局长赵东斌，抄了我党的市党部，捉了党部书记，请贵党查予释放。"1948 年年底，东北公安部副部长陈龙在评价这次破案时指出："1946 年 1 月份，大连破获的国民党大连市党部案件，给予国民党以沉重打击，干得好，做得对。"苏联驻大连警备司令官高兹洛夫中将，曾特地为此事到市委和公安总局表示祝贺，对韩光说："案件破获得很好，我要报告莫斯科，发给你勋章。"①

时人在总结这次平息暴乱案件的基本经验时认为主要有以下两条：第一，在同刑事犯罪斗争中，发现和打击隐蔽的犯罪分子。破获暴力团即国民党大连市党部第四独立团，是在查破刑事案件中，发现线索，由此及彼，由表及里，顺藤摸瓜，跟踪追击，将计就计，顺线打入内部，查明敌情，及时破获。由此，在侦查刑事案件时，要注意从各方面发现敌情线索。在办案中不可简单地就事论事，应当透过表面现象，善于抓住事物的本质，不失时机地发现与打击敌人。第二，重证据，重调查研究，严禁逼供信，以事实证据制服敌人。这是党在对敌斗争中一贯坚持的正确方针。没有证据或证据不足，对案犯则无法定案；刑讯逼供，则不仅影响准确定案，而且还会造成冤假错案，伤害好人，漏掉敌人，诋毁党的政策，破坏党和群众的关系。因此，在办案中必须千方百计地取得证据，以此制伏敌人。只有如此，才能稳、准、狠地打击敌人，保护人民。在破获"暴力团"案件时，起初由于行动急促，经验不足，在思想上、组织上和工作上缺乏周密细致的准备，尽管对敌人巢穴进行了搜查，但是却没有查到罪证。在审讯时，首犯拒不认罪，从犯则不知其内幕，因而使审讯工作陷入僵局。经领导研究认为，既是敌人首脑机关，其首领又在此集会，不可能没有重要罪证，因此重新彻底搜查。经过连夜搜查，果然搜出大量罪证，迫使敌人低头认罪，并揭发了他人的罪行，扩大了战果，弄清了敌情。

①大连市公安局编：《大连公安历史长编》，1987年内部出版，第59页。

（二）摧毁国民党旅顺市党部案①

1. 首次打击，敌人潜移

1945 年 9 月 28 日，国民党旅顺区党部成立，下设总务、组织、宣传、调查 4 个科，下辖 7 个区分部和"妇女运动促进会"、"绿松社"等外围组织。到 11 月，已发展党员 1003 名。到 12 月 1 日，其暗杀组织"绿松社"已有短枪 5 支，准备密谋杀害旅顺市市长和公安局局长等领导干部。12 月 20 日晚，"绿松社"偷袭了旅顺市公安局侦察队，打伤副局长李茂德。

1946 年 1 月 5 日，国民党旅顺区党部改组为旅顺市党部，傅致中任书记长，刘铭志等人任执委。下设总务、组织、训练、宣传、情报 5 个科，辖 5 个区党部、17 个区分部。大肆发展秘密武装组织，为国民党接收旅大储备力量。

1946 年 1 月 25 日（农历腊月二十三），国民党旅顺铁山区分部党员唐国起借祭灶贴对联之机，张贴反动标语，被旅顺市公安局铁山区分所发现并逮捕。根据唐的供述，旅顺市公安局于 2 月初逮捕了国民党旅顺市党部执委郭弘历及下属 20 余人，缴获了一批文件和印制的反动标语。国民党旅顺市党部的外围组织就此解体。

国民党旅顺市党部被打击后，刘铭志等残余分子逃至沈阳，于 1946 年 3 月成立了国民党旅顺市流亡党部，先后派出 7 个潜伏小组潜入旅顺，与潜伏人员合谋，搜集情报，进行反动宣传和破坏活动。

2. 深追细查，发现敌情

1947 年 10 月，刚刚成立后的关东高等法院的检察机关和关东公

---

① "摧毁国民党旅顺市党部案"的有关史料，参见大连市公安局编：《大连公安史选编》（第三辑），大连出版社 1990 年版，第 81～97 页。

安总局经过侦查发现，潜伏在旅顺市政府联华公司的谭忠魁是国民党旅顺市党部的第二号头目，初连舜、戚书麟、李永太等均是国民党旅顺市党部的骨干分子，且该市市党部负责人与中统特务联系密切，并曾在旅顺羊头洼渔港卸过两箱枪支。种种迹象表明，国民党旅顺市党部并没有解体，而且活动日趋频繁。

中共旅大地委经研究，决定由总局局长周光和关东高等法院首席检察官乔理清统一指挥，集中人力，开展侦查。公安机关与检察机关经研究认为，必须深入敌人内部，才能将敌骨干分子一网打尽。据此，1947 年 11 月，公安总局将侦察员孔昭芳调到旅顺联华公司当会计，对谭忠魁进行监视。后又为了进一步发现敌情线索，又将谭忠魁调到大连关东贸易公司工作，并安排侦察员王华贵，以该公司会计科副科长的身份，继续对其进行监控。

1947 年 12 月 31 日，侦察员郑子修与郑金令在大连捕获了国民党旅顺市党部的交通员初连舜。初连舜到案后供认：他是旅顺市党部书记长刘铭志从沈阳派来的交通员，另一个交通员叫魏翠珊，国民党旅顺市党部在旅大的主要负责人是执委李永太与谭忠魁。

3. 首席检察官亲自坐镇，指挥侦破

鉴于国民党旅顺市党部和谭忠魁、李永太等人的活动情况已经查清，公安机关和检察机关认为破案时机已经成熟，决定立即破案，并本着"首恶者必办，协从者不问"的方针，制订了详细的搜捕计划，确定只逮捕执委李永太和谭忠魁等 28 名骨干分子，对其他一般成员暂不逮捕。在破案动员大会上，首席检察官乔理清强调："此次破案不仅仅是为了打掉已暴露出来的敌人，还要注意掌握其全部组织情况，寻找其他敌特组织线索，力求彻底摧毁旅顺市党部。"

1948 年 2 月 21 日晚，谭忠魁首先被秘密逮捕，随即连夜搜捕其他案犯。4个小组分头行动，一夜之间就将预捕的其他案犯全部捕获。2月26日，金县石河驿苏军岗卡哨兵又将另一名交通员魏翠珊捕获归案，并在其身上搜出旅顺市党部各区党部书记长和执委名单。至此，28名骨干分子除两名因混入民主政府内部、欲擒故纵暂不逮捕外，其他26名全部逮捕归案。

从破案伊始，办案人员就注意在审讯、搜查中寻找旅顺市党部的组织、人员名册，但一直未查获。据谭忠魁供称，"花名册"在戚书麟家中，但经过搜查，始终未见"花名册"的踪影。为了进一步观察戚的动向，查明"花名册"的下落，办案人员暂将戚书麟假释回家。同时，对旅顺市党部的发起人之一的李永太继续加强审讯。但李永太始终顽固不化，连审3天，只字不露。

就在审讯处于僵持不下之时，首席检察官乔理清信步走进审讯室，与李永太攀谈起来。经过交谈，乔理清发现李永太满脑子"四书五经"，怀有强烈且盲目的"正统观念"，对国民党反动统治的本质根本不了解。乔理清凭借着渊博的学识和多年与敌周旋的经验，从武王伐纣，陈胜、吴广起义一直讲到抗战胜利。一字一句，语重心长，紧扣李永太的心弦。语音未落，李永太便泪水横流，边哭边说："……在戚书麟手里，不但有'花名册'，还有其他证件。"根据李永太的供述，办案人员迅速赶到戚书麟在大连的家中。

面对办案人员的到来，戚书麟似若无事，谦恭让座。办案人员义正辞严，顺手拿出《六法全书》，手指"隐瞒罪证判处5年以上有期徒刑"的法律条文。刹时间，戚书麟欲言又止，其妻在一旁愤言道："你不该对民主政府隐瞒犯罪事实，要老老实实交待，争取从宽处理。"震慑之下，戚书麟自知匿藏"花名册"的罪证已经暴露，只好跟着办案人员返回旅顺，在其原住址厢房屋内，找出两本"花名册"

和几份委任状。两本"花名册"中，一本是国民党旅顺市党部下属各个区分部的骨干和党员名单共 1017 人，另一本是青、少年团的团员名单共 3000 余人，大都是在校的中小学生。

4. 善始善终，胜利结案

1948 年 3 月 17 日，中共旅顺市委根据中共旅大地委社会部、关东高等法院和关东公安总局的部署，召开各区委书记及公安分所长以上领导干部会议。市委书记刘清宇要求：全党动员，警、政、民密切配合，全力以赴调查国民党旅顺市党部"花名册"上记载的人员，打击首恶，争取教育协从犯，彻底摧毁国民党旅顺市党部。

为了稳定国民党旅顺市党部及其外围组织的下属人员，公安机关和检察机关首先拟订了工作计划，明确政策，提出要求。然后由旅顺市委领导带领区委、区公安分所及民联会的干部深入农村，反复宣传政策，动员有问题的人向政府坦白交待。同时，帮助一部分人解决生活中的困难，从而使一些怀有盲目正统观念的人逐步觉醒，不但自己主动坦白加入国民党后的主要活动，还动员其他人坦白交待问题。

这项工作到 4 月底结束，先后共登记国民党党员 1221 人，其中被揭发出来的有 662 人。同时，还发现了军统大连临时防护团大队长宋长增及其组织，并缴获短枪 4 支；查清了国民党旅顺市党部的外围组织"绿松社"、"妇女运动促进会"和国民党大连市党部所属两个区党部的有关人员，以及水师营"欢迎国军小组"、国民政府国防部二厅"9796 部队"、会道门等反动组织，并缴获各种证件若干；逮捕了国民党旅顺市党部第九区党部执委林钧达和国民党旅顺市党部调查科助理、"绿松社"副社长、"9796 部队"游击队队长李新盛（又名李峰）。

至此，国民党旅顺市党部潜伏在旅大的反动组织被彻底破获，流亡在沈阳的国民党旅顺市党部也被迫解体。全案共逮捕国民党旅顺市党部执委以下骨干成员 114 人，其中市党部执委 1 人、"绿松社"副社长 1 人、"妇女运动促进会"主任 1 人、区党部执委 6 人、区党部书记 5 人、区党部科长 16 人、区党部股长 21 人、潜伏工作员 24 人、党员 39 人。在潜入政府、公安机关及企事业单位的 238 人中，逮捕 27 人。首要分子李永太、谭忠魁、初连舜、魏翠珊交由苏军当局判刑劳改。李新盛被判处死刑（未执行，1950 年改判有期徒刑 15 年）。

此次破案，缴获的罪证见下表：

项目	数量	项目	数量
潜伏证	14 件	炸药	0.5 桶
委任状	26 件	雷管	87 个
各种证明	13 件	导火线	343 尺
臂章	2 枚	刺刀	3 把
情报	76 份	书刊	129 本
窃取的文件	19 份	传单小报	221 张
党员名单	7 份	反动文件	5 份
党员履历表	1 份	信件	24 封
手枪	16 支	地图	5 份
子弹	117 发	照相机	3 架
手榴弹	4 枚	望远镜	2 架
枪药	65 块	油印机	1 部
土地台账	3 册		

二、运用法律武器打击犯罪，保护人民

关东解放区的检察机关的一项重要职能就是出庭公诉，指控犯罪。据统计，从 1946 年至 1949 年，关东解放区两级法院共受理各类刑事犯罪案件 6499 人。根据前文所述，在这些刑事案件中检察官出庭支持公诉的不在少数，其中以在室内法庭审判的刑事案件稍多些。① 在检察官出庭公诉的案件中，或是由设在法院的检察官直接出庭公诉，或是由移送案件的公安机关负责人或办案人以代理检察官的身份出庭公诉。在留存下来的档案中，我们有幸发现了关东高等法院乔理清出庭公诉的情形。下面我们选取三个案例，介绍一下关东解放区的检察机关在这方面的工作开展情况。

（一）张本政附敌祸国案

张本政（1865—1951），旅顺人。甲午战争时即投靠日本特务高桥腾兵卫，随后伙同日本特务经营海运贸易等，仗势压榨百姓，掠夺民财，积极资助日本侵华。日俄战争期间，其轮船为日本运输军需物资。抗战期间，向日本"捐款"74 万日元、"捐献"飞机 40 架，获得日本"一等有功之褒状"等表奖，数次受到日本天皇的接见。太平洋战争期间，其所有轮船连同船员都用于运送日本军火物资，其中 14 艘被盟军炸沉。对拒绝随船出发的船员，张本政便以反满抗日罪名交日伪警察署，被酷刑致死多人。日本投降后，又充当"大连维持会"头目，网罗敌伪残余势力继续欺压百姓，并勾结国民党地下武装阴谋暴力颠覆民主政府。

---

① 根据时任关东高等法院推事高正权的回忆。

1947 年 1 月 15 日，大连地方法院院长曾化东在《人民呼声》报向全市人民发出通告："兹定于本月在大连市政府礼堂开庭审判大汉奸张本政附敌祸国一案。"开庭审判时，前来旁听的大连市各界代表有七八百人，苏军也派代表参加了旁听。大连地方法院院长曾化东担任审判官，大连市市长迟子祥、大连市公安总局局长边慎斋（又名边章五，赵东斌调离大连后，他继任公安总局局长）、大连市政府秘书长任仲夷、大连县县长王西萍担任陪审官，大连地方法院刑事庭庭长周美鑫、民事庭庭长王益尘、书记官长王英武担任书记官，时任大连市公安总局政治部主任宋光以代理检察官的身份出庭支持公诉。

审判汉奸张本政是为呼应当时正在全国范围内开展的审判日本战争罪犯和汉奸特务的大背景下进行的。代理检察官宋光在长达 5000 余字的公诉状（相当于现在的公诉词）中开宗明义，"人民法庭、参加公审的各界同胞、各位先生：我代表中国人民，尤其是旅大地区的人民，向人民法庭公诉人民公敌、战争罪犯、大汉奸张本政。我现在向人民法庭开始公诉。"随后，宋光痛陈了张本政充当汉奸、

▲ 大连地方法院在《人民呼声》报刊登审判张本政案通告。

附敌祸国的罪恶历史，指出"从上述历史来看，张本政自 1894 年（光绪二十年甲午战争）至 1945 年（八一五事变），共给日寇效劳 51 年，前后任要职 49 种。正因为他奉敌有功，故其事敌职务是逐渐增高，由商业上升到经济、政治上。日寇侵华越疯狂时，他做的事就越

重要。从张本政的历史上看，他是一个从头到尾、从里到外的老汉奸，是中国人民尤其是旅大人民的公敌"。

宋光在公诉状中共列举了张本政八大罪状，分别是："充当日寇侵华的先锋"、"奴化旅大人民的思想"、"倡导十足的汉奸理论"、"积极地支援日寇的侵华战争"、"剥削同胞献媚敌人"、

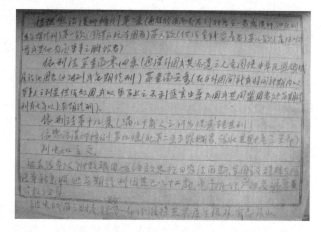

▲ 代理检察官宋光公诉张本政公诉词（部分）

"为效忠日寇残害同胞"、"甘愿认贼作父，罪大恶极"、"在日寇投降后死灰复燃。"宋光最后指控道："据被告的自白及悔过书，上述检察官公诉，被告都供认不讳。根据以上事实及证据，被告自始至终效忠于日本法西斯，积极帮助敌人，破坏我中华民族解放事业，'八一五'后仍图死灰复燃，其死心塌地，甘愿认贼作父，罪大恶极为人民公敌，特依《惩治汉奸条例》第 2 条第 1 款、第 6 款、第 8 款，《刑法》① 第 104 条、第 106 条，处死刑或无期徒刑，褫夺公权终身，并将全部财产没收。"

法庭对检察官在公诉状中指控的罪状一一进行了讯问。张本政除对为日寇侵华提供运输工具一节进行辩解外，对其他罪行供认不讳。庭审进行了 6 个多小时，秩序井然肃静。这次庭审效果非常好，得到了参加旁听的苏军代表的肯定，称庭审法官和检察官"挺有气魄"。法庭休庭之后进行了合议。开庭前，驻大连苏军当局对张本政一案的

①指国民政府制定的《刑法》。

处理曾有倾向性意见，建议判处有期徒刑 8 年。为了照顾苏军对外关系和分化瓦解敌伪残余人员，大连地方法院经研究，在请示上级批准后，于 1947 年 3 月 20 日公开宣判："张本政附敌祸国始终效忠于日本军国主义，积极支援侵华战争，减处有期徒刑 12 年，褫夺公权终身。因念其年老多病，所科徒刑暂缓执行。被告所有之财产，余酌留一部分维持其家属生活外，全部没收。"后来，张本政继续从事反革命活动，1951 年 6 月 10 日，被旅大市人民法院以反革命罪判处死刑，执行枪决。

值得注意的是，在张本政一案的公诉状中，代理检察官宋光就案件的最终处理向法庭提出了明确的量刑建议。这说明，当时的检察机关已经具有对法庭的量刑建议权，并有了具体的实践。量刑建议对审判机关的审判活动具有明显的监督制约作用，是检察机关履行法律监督的重要手段和表现。但是，除张本政一案外，综观已发现的关东解放区检察机关制作的起诉书，包括下文提到的两起案件，均未再发现有关量刑建议的情形。笔者分析，量刑建议在当时应该尚未完全普及，只是在一些像张本政这样有影响的重大案件中才偶有提出。

（二）李巨川隐匿侵占官产案

为了保证革命力量的生存和发展，抗日战争和解放战争时期，从延安到各解放区都采取各种措施大搞"党产"。所谓"党产"就是由各级党委直接领导和管理的产业、财产。在我们党还未解放大中城市之前，"党产"主要都是经营农业、手工业以及与之相应的运输业，规模也较小。大连市就不同了，经过日本殖民者半个多世纪的经营，已经发展成为一个非常成熟的现代化城市。这里有一大批大规模的现代化工业、现代化商业、对外贸易以及与之相适应的现代化交通运输业。当时，东北、华北、华东各解放区后勤部门，几乎都派人来大连抓物资、办企业，以私人面目开办工厂或贸易公司。因此，中共大连市委从一开始工作，就采取了大搞"党产"的方针，将没收敌伪财产充实"党产"作为经济方面一项重要工作来抓。当时的一些大公司如建新公司、同利公司等都是"党产"。公安总局总务处接管和经管的产业，实际上也是"党产"。①

正是由于较好地抓了"党产"这项工作，中共大连市党组织得以有能力发展革命力量，解决百姓困难。从 1946 年 7 月至 1947 年 5 月，中共大连市委、中共旅大地委先后开展住宅调整运动 3 次，将没收、接管来的房屋分给无房和居住条件差的产业工人、城市贫民、中小学教员等，旅大地区共有 1.59 万户长期居住在贫民窟里的穷苦人住上了"洋房"。广大群众为表达自己的感激之情，自动组织起来，敲锣打鼓向党和人民政府献匾献旗。这就是大连历史上有名的"搬家运动"。这些措施和活动，使中国共产党很快在旅大地区站稳了脚跟。

为了加强和规范对没收、接管敌产工作的管理，1945 年 10 月末，中共大连市委在筹建大连市政府、大连市警察总局的同时，成立了大连市没收敌伪财产委员会，后因苏军当局不同意，改称物资管理处，归属成立后的警察总局，由胡俊（毛远耀，毛泽东侄子）直接领导。10 月 31 日，大连市政府公布的"施政纲要"第 4 条明确规定："凡敌军及伪满军之武器、弹药、装备、器材及军产官产一律没收，任何人不准破坏和隐匿。如有破坏或隐匿者，人民均有检举之

---

① 参见韩光：《关于大连解放初期公安工作的一些情况》，载大连市公安局编：《大连公安史选编》（第三辑），大连出版社 1990 年版，第 115～117 页；同时参照了时任公安总局总务处副处长赵子光的回忆。

权，经查实后，决予严惩。"1946年年初，大连市政府制定并公布了《大连市敌产处理暂行条例》，作为处理破坏或隐匿敌产行为的执法依据。根据中共大连市委和大连市政府的工作部署，新成立的检察机关与公安机关密切配合，加强了对侵吞、隐匿敌产行为的打击力度，侦查、公诉了一批破坏或隐匿敌产行为的犯罪案件。李巨川隐匿侵占官产案就是其中之一。

被告李巨川，男，53岁（审判时），原系大连义昌机器染厂厂主。该厂成立于1934年，1941年经改组，加入日伪关东机器染业组合，专为日本殖民当局的织维组合染布。大连解放后，日伪织维组合在该厂存有大批物资，其中各种布17962匹，各种颜料7876斤，各种染用药品35652斤。当得知大连市政府公布了《大连市敌产处理暂行条例》后，李巨川佯装忠实，向政府交出布匹24匹，同时，秘密将其余物资分散藏匿，并暗中与曾担任日伪刑事的陈化南勾结，私自卖给陈化南布匹12869匹，获利关东币30万元。并采取威逼、恐吓、利诱、禁止工人参加工会等方式，防止工人泄密。1948年年初，李巨川经群众举报，其隐匿、侵吞敌产的行为遂被发现。

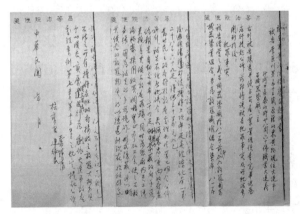

▲ 首席检察官乔理清指控李巨川案起诉书

检察机关对此案非常重视，认为这是一次向那些抱有侥幸心理侵吞、隐匿敌产的不法分子进行警示，向人民群众进行普法教育的好机会。原来该案决定由检察官边征民出庭公诉。最后经研究，首席检察官乔理清决定亲自出庭，指控李的犯罪行为。关东高等法院院长周旭东亲自担任审判长，审理该案。经过审理，关东高等法院于 1948 年 10 月 1 日作出判决，判李巨川侵占官产，处有期徒刑 5 年并科罚金关东币 7000 万元；被告李巨川处所余敌产全部没收；对其擅自变卖的 17397 匹布，按时值追缴，就被告现有财产执行。该案宣判后，在社会上引起很大震动，不少不法分子被群众举报揭发或主动到公安、法院投案自首。

这里对关东解放区司法机关所作的起诉书和判决书的行文结构略作介绍。起诉书的结构与我们今天的起诉书结构基本相同。关东解放区检察机关所作的起诉书的行文结构依次是：被告（当时称被告，这一点与我们今天不同）的自然情况、案件的诉讼过程、犯罪事实、起诉理由及所犯法条，最后是出庭公诉的检察官名讳及年月日。判决书的行文结构则与我们今天使用的略有不同，当时的判决书行文结构先是被告（当时称被告）的籍贯、现住址与羁押情况，以及案件的来源和案由，如果有检察官出庭公诉，则书明"××一案经检察官提起公诉"的字样；接着是判决书的"主文"部分，即判决书所科刑罚，这一点与我们今天的判决书将所科刑罚放在最后的行文方式有很大不同；之后依次是案件事实、判决理由部分；最后是审判庭组成人员和年月日，如果有检察官出庭公诉，则在判决理由后书明"本案经检察官×××莅庭执行检察官之职务"，像李巨川隐匿、侵吞敌产一案的判决书，就明确书明"本案经检察官乔理清莅庭执行检察官之职务"。

（三）钟桂琴、金鑫、宋宝林、苏和敬杀人案

被告金鑫，男，21 岁。被告钟桂琴，女，31 岁。被告宋宝林，男，47 岁。被告苏和敬，男，43 岁。

1935 年 8 月间，家住旅顺城子坦的被告钟桂琴（案发时 31 岁）由其父作主，许配给大她 18 岁的当地地主邵本泉作继室。结婚后，

钟家发现邵妻尚在，已知上当，但因邵当时与日寇勾结甚密，且任日寇沈阳旅馆经理（后又在城子坦为日寇开配给店），慑于邵的威势，钟家遂未计较。

　　1945 年 8 月大连解放后，邵本泉因畏惧清算，由原籍城子坦逃到大连。之后，被告钟桂琴与子女相继来到大连。1948 年年末，邵派钟桂琴与邻居之子金鑫同去三十堡讨债。因天晚不及返连，二人同宿一旅店。当夜，金鑫向钟挑逗，欲行不轨，被钟拒绝。之后，钟与金二次一同前往讨债时，在金鑫一再要求下，二人勾搭成奸。

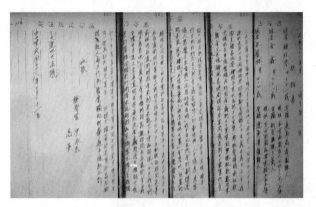

▲ 金鑫等杀人案起诉书

　　回到大连后，二人仍不时幽会。为图长久相聚之计，二人决意陷害邵本泉。先是向公安机关写告密信，称"邵是国民党通信员，于正月十五日拟大肆活动，请求逮捕"。二人见公安机关经调查不实而未予逮捕后，又改用投毒方法，先后两次从大连市义和药店苏和敬处购得信石、巴豆等若干，掺入粥内。仍未果。二人遂决意雇凶杀人，以 7 万关东币买通与邵本泉相识的屠夫宋宝林，并预先踩好地点，约好时间。1949 年 2 月 29 日凌晨 6 点左右，宋宝林将邵本泉骗至大连市内的石道街附近，宋和金分别手持事先准备好的镐头和尖刀，将邵本泉杀死。

　　案发后，案件很快被当地公安机关侦破，并将三名被告捕获移送大连地方法院。该案经大连地方法院作进一步侦查后，于 1949 年 3 月 31 日由史永和高英作为检察官，出庭支持公诉。检察官在起诉书中先是介绍了四名被告的自然情况和案件事实经过，接着阐明起诉的理由和依据，称"被告等谋死邵本泉的犯罪事实，除有钟桂琴、金鑫所写之密告信三封及义和药房苏和敬关于卖给金鑫信石、巴豆等毒药之陈述，及被告等所用之凶器木棒一根、牛刀一把为证外，被告等亦一一供认不讳。查被告等因毒因财谋杀人命之行为，实属触犯刑章，应予提起公诉"。

法庭采纳了检察机关的起诉意见，判："金鑫主谋杀人处有期徒刑 20 年，褫夺公权 20 年。钟桂琴同谋杀人处有期徒刑 20 年，褫夺公权 20 年。宋宝林共同杀人处有期徒刑 15 年，褫夺公权 15 年。苏和敬违法售卖毒药处有期徒刑 3 个月并科罚金 5 万元（关东币），褫夺公权 1 年。"有意思的是判决书的说理部分，其中体现的司法理念或许对我们今天的司法有些许启发和借鉴，特摘录如下：

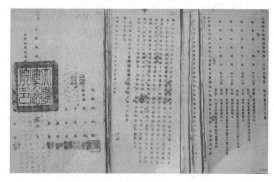

▲ 金鑫等杀人案判决书

"上述事实，被告金鑫、钟桂琴、宋宝林三人均已坦白不讳，并有被告苏和敬关于售卖信石、巴豆等毒药之陈述及金鑫所送密告信三封，与扣押在案之血衣、尖刀、镐等物为证，足资认定。被告金鑫诱奸有夫之妇，钟桂琴并与之合谋用诬陷、下毒种种办法陷害其夫，目的未遂后，更以七万元之报酬买动宋宝林将被害人邵本泉诱至石道街一同实施杀害。是被告金鑫在本案实处主动地位，应负主谋杀人责任；被告钟桂琴与人通奸，由于恋奸情热与人合谋杀害本夫，虽起初不是处在积极主动地位，最后亦未亲自到场动手，但事前既参与共谋，杀害时又不违背其本意，自应负同谋杀人之责；被告宋宝林为贪图七万元之报酬，竟甘心受人收买，执行杀人计划，应负共同杀人责任；被告苏和敬故意违反政府医药管理规则及同业公约，任意售卖毒药，不向其索取保证，破坏政府法令亦应负刑事责任。综合上列各被告的行为，无论其出于任何不同的动机，但就其犯罪结果及其影响而言，均属严重地破坏了民主秩序及有害于社会风化，自应从重惩处。惟我民主政府向主宽大，罪除对于罪大恶极的个别份子施以必要的极刑镇压外，对于本案犯人，仍以科处长期徒刑，改造教育为适当。本案被告金鑫、钟桂琴、宋宝林、苏和敬等之行为，金鑫终系一血气未定青年，只顾迷恋情热动意杀人，罔计事后利害；钟桂琴之犯罪则与旧社会的不合理婚姻制度不无关联，既至铸成大错，又追悔莫及，此于被告等陈述以及犯罪后之表示可以概见；被告宋宝林谓自己犯罪'是因为生活贫困，受人哄诱，一时糊涂'，虽然不能成为辩护理由，不过在本案尚非处于主动地位，应与金鑫有所区别；至被告苏和敬之不照规定手续售卖毒药，于法固属不合，但实际上系惑于金鑫谎言，并不知其用以杀人。因此特分别处被告等以应得之刑，以期改造。"

当然，关东解放区审判机关和检察机关在办理刑事案件过程中，并不是一味地注重严厉打击的。据关东高等法院在总结 1946 年至 1948 年三年来的司法工作时所言，"（三年来）人民法院处理案件的政策和原则，是依据本区的政策法令，并配合经济建设及其他各项民主施政方针，参照各解放区的法令和批判过去的旧六法中的某些可取部分，以及人民中的善良风俗习惯，各有关机关团体与人民大众的公正意见，照顾到当事人双方正当利益，做到民事以和解为主，判决为辅"，"刑事案件则是以教育、争取、改造为主，制裁为辅"。这从对上述金鑫等杀人案等的办理便可略窥一二，与我们今天正在贯彻的宽严相济刑事政策、刑事和解政策和所秉持的改造犯罪、预防犯罪的刑事司法理念真是有异曲同工之妙。据统计，1946年至1948年，关东解放区司法机关共受理刑事案件4876人，审结4643人，在审结的4643人中，经教育释放1487人，占审结总数的32%；缓刑395人，占8.7%；不起诉和宣告无罪195人，占3.4%；罚金、拘役206人，占4.4%；判处徒刑2172人，占46.8%。在1948年羁押的740人中，徒刑在3年以下者509人，占68.8%；4年至8年者181人，占23.4%；10年至15年者38人，占5.2%；无期徒刑者12人，占1.6%。[①] 1949年1月至9月（部分数字统计到10月末），高等法院共受理刑事案件75件（实为74件），经审理，教育释放和监外执行等16件，判处徒刑43件。市县级法院共受理刑事案件947件，办结868件，未结79件。在办结的868件案件中，教育释放、监外执行等283件，转出50件，判处徒刑440件，拘役、没收、罚金46件。[②]

不管是1946年至1948年的统计数字，还是1949年1月至9月的统计数字，我们都可以看出关东解放区刑事案件处结方式的如下特点：一是刑罚普遍轻刑化。在近4年中，全区共仅判处死刑48人，且多集中在1946年和1948年革命秩序初建时期，1949年更是未判处1件死刑案件。1946年至1948年判处徒刑的仅占46.8%，超过一半

[①] 旅大概述编辑委员会印行：《旅大概述》，1949年版（内部参考），第335页。

[②] 旅大人民法院：《一九四九年司法工作总结报告》，大连市档案馆2-1-260-32号档案。本处数字可能有误，据《报告》所述，当年处结868件，但其所列举的三项之和却为819件，相差49件。

的犯人被判处非监禁刑或免予刑事处罚，即使判处徒刑的也多在 3 年以下。1949 年被判处非监禁刑的也将近一半（48%）。二是刑罚形式多种多样。除了转出的方式之外，刑罚的形式达 11 种之多，而且还出现了刑事和解和教育释放等措施，真正体现了关东解放区司法机关所秉持的"教育、争取、改造为主，制裁为辅"的刑事司法原则，体现了以人为本的司法理念。

关东解放区 1946—1948 年刑事案件处结方式统计表①

单位：人

百分比	合计	渎职	反革命罪犯	毒品犯	诈欺	侵占	破坏经营	脱逃	伤害	公共危险	妨害家庭	妨害秩序	妨害公务	窃盗	强盗	杀人	汉奸	案由数目＼方式
1%	48		2						1		1				8	33	3	死刑
0.2%	10								1							8	1	无期徒刑
46.6%	2162	84	214	114	131	12	27	6	21	10	69	23	31	902	404	79	35	徒刑
1.6%	76	2	1	5	10							2	2	5	34	15		拘役
2.8%	130			43	5	16	1			1	1		18	30	10	2	3	罚金
3.1%	136	11	6	15	9	9			8	2	18	4	1	33	11	5	4	监外执行
5.6%	259	24		39	22	20	2	1	4	6	34	2	18	31	49	4	3	缓刑
0.7%	32				4			2	1	1		1	2		11	3		宣告无罪
2.7%	127		4	10	14	19			9	4	1	6	37	3	7	8		不起诉处分
1.5%	74				15	19			23		10		1	3		3		和解

①旅大概述编辑委员会印行：《旅大概述》，1949 年版（内部参考），第 344 页。

第四章　关东解放区检察工作的开展

百分比	合计	渎职	反革命罪犯	毒品犯	诈欺	侵占	破坏经营	脱逃	伤害	公共危险	妨害家庭	妨害秩序	妨害公务	窃盗	强盗	杀人	汉奸	案由数目 / 方式
32%	1487	33	52	96	100	154	67	20	40	97	75	56	65	399	125	37	71	教育释放
2.2%	102	5	8		7	7	1	3	6	4	4	2	2	40	2	5	9	转出
	4643	161	285	322	316	259	98	32	113	125	223	111	155	1491	619	195	138	合计

关东解放区 1948 年末在押案犯徒刑统计表①

单位：人

百分比	合计	渎职	反革命罪犯	毒品犯	诈欺	侵占	破坏经营	脱逃	伤害	公共危险	妨害家庭	妨害秩序	妨害公务	窃盗	强盗	杀人	汉奸	案由数目 / 方式
9.9%	73	4	1	18	12			1	1	3	1	11	5	15		1		一年以下
18.5%	137	9	7	20	16				1	1	1	13	11	50	7		1	一年以上
18.9%	140	12	10	8	13		1		3		2	10	3	47	20	7	4	二年以上
21.5%	159	10	32	8	6	2	1		2		6	4		38	41	6	3	三年以上
4%	30	1	4		2				1			2		4	15		1	四年以上
14.2%	105	6	42	1		1	1	1	3		1	2		7	24	9	7	五年以上
1.4%	10		3										1	5			1	六年以上
3.2%	24	1	6		2						2	1		6	3	2		七年以上
1.6%	12	1	2				1						1	4	2		1	八年以上
3.8%	28	1	12						1	1	1			2	6	4		十年以上
1.4%	10		2					1						1	5		1	十五年以上
1.6%	12		1											2	8		1	无期徒刑

①旅大概述编辑委员会印行：《旅大概述》，1949 年版（内部参考），第 343 页。

关东解放区的人民检察制度

人民检察

百分比	合计	渎职	反革命罪犯	毒品犯	诈欺	侵占	破坏经营	脱逃	伤害	公共危险	妨害家庭	妨害秩序	妨害公务	窃盗	强盗	杀人	汉奸	案由数目 / 方式
	740	45	122	55	51	3	3	8	10	5	43	31	2	162	127	47	26	合计
		6.1%	16.5%	7.4%	6.9%	0.4%	0.4%	1%	1.3%	0.7%	6%	4%	0.3%	22%	17%	6%	4%	百分比

三、加强在押犯人教育改造，积极探索监所检察工作

关东解放区的在押犯人管理和教育改造工作是伴随着全国革命形势的发展，与旅大地区的政治形势及司法工作的开展而不断推进的。自 1946 年至 1949 年，四年中关东解放区司法机关结合地区实际，在加强对在押犯人管理的同时，创造性地开展了在押犯人教育改造和监所检察工作，成绩斐然，受到了党和国家领导人的肯定。

（一）加强对教育改造工作的组织领导

早在 1946 年年初，大连地方法院即确定了劳动改造工作的管理方针。对敌对阶级重要特刑犯，除长期在监内羁押不准参加一般劳动，以及平时加强对其监管外，注意加强对其思想改造教育；而对人民内部普通刑事犯，则以改造教育为主，采取教育改造与奖惩相结合、生活与习艺生产相结合的管理方式，并施行一定程度民主化的管理方式，初步实现了在一定监管下的犯人自治管理。[①]

1948 年年初，关东高等法院通过机构整编，将各监管场所统一

[①] 参见《旅大行政公署人民法院劳动改造工作总结》，载旅大行政公署人民法院编：《司法资料（二）》，1950 年内部出版，第 9 部分第 29 页。

归高等法院司法行政处领导和管理，同时提高了各监狱长的地位，并在各监狱配置了教员和检查员，对犯人有计划地开展政治文化教育，通过加强对犯人的习艺生产，使犯人在劳动中得到改造。①之后又于1949年年初通过第三次机构整编，进一步统一了监狱的组织和领导，将原属司法行政处下的监狱科升格为劳动改造处，专门负责全区的劳动改造工作，直接领导旅顺监狱和大连监狱；将

▲ 关东高等法院监狱科

所辖的两处监狱改称劳动改造所，进一步突出了监狱的劳动改造功能。同时，成立了由首席检察官直接领导的犯人劳动改造委员会，统一领导和协调对犯人的教育劳动改造工作。此外，为加强劳动改造工作，高等法院还专门制定了《劳动改造所暂行管理规则》②和《犯人劳动改造委员会组织条例》，进一步使劳动改造工作规范化和制度化。

1949年1月，关东高等法院制定下发了《关东地区司法工作两年计划》，内中就1949年和1950年的劳动改造工作提出了明确要求："加强监狱管理领导，大量发展犯人的习艺生产，并有计划地进行政治教育，开展犯人'立功赎罪'运动，以立功作为减刑之标准。使犯人在劳动中得到改造，为达此目的，就要开辟或扩充工农业及副业

---

①《关东地区司法工作的回顾》，大连市档案馆2－1－129－6号档案。
②经多方查找，该文件始终没有找到。根据史料记载，其内容与《犯人劳动改造委员会组织条例》多有相同之处。

生产。"① 并将此作为犯人教育改造工作的总方针。②

关东高等法院的犯人劳动改造工作，特别是在 1949 年高等法院犯人劳动改造委员会成立后的犯人劳动改造工作，主要是在首席检察官的领导下进行的。根据关东高等法院制定的《犯人劳动改造委员会组织条例》的规定，委员会由首席检察官直接领导，负责下列事项：监狱行政管理；在监犯人的考核审查改造教育；犯人的习艺生产；犯人生产经费的支付及预决算的审核；各生产部门外兼职职员的供给等。根据该《条例》的规定，委员会可以根据犯人的劳动表现酌量给予劳动报酬；对于表现突出的，可以分别给予口头表扬、奖金、奖品、短期休假，甚至向院方请求缩短其刑期。可以说，委员会的职责涵盖了犯人劳动改造工作的方方面面。从制度的规定以及日后高等法院劳改工厂在首席检察官领导下生产出新中国第一台拖拉机的史实来看，关东解放区的犯人劳动改造工作主要是在首席检察官的领导下进行的。

（二）加强对犯人的教育改造

1946 年春天，大连地方法院便确立了劳动改造的监管方针，开始逐步有意识地将在押犯人导向生产。高等法院和大连地方法院合署办公后，这项工作更是逐渐走向规范化和制度化，并在所辖各监狱全面推开。

根据在押犯人不同的犯罪性质与文化程度，关东高等法院对于犯

---

①参见旅大高等法院：《关东地区司法工作两年计划》，大连市档案馆 2 - 1 - 129 - 4 号档案。

②旅大高等法院：《一九四九年上半年司法工作总结报告》，大连市档案馆 2 - 1 - 260 - 31 号档案。

人的教育改造工作采取了不同的方法，确定了不同的教育材料和组织。

首先他们根据犯人的犯罪性质、文化高低或所从事生产性质的不同，将犯人划分为不同的班和组，然后根据不同的班组开展有针对性的教育。针对特刑犯文化程度较高、出身多为"上层"分子，而普通犯文化程度较低、出身多为贫苦工农的特点，对于那些反革命情绪较浓、盲目正统观念较深、对美蒋反动派心存幻想的特刑犯，主要进行政治时事教育，揭露美蒋反动派的反人民本质和罪行，宣传中共的革命纲领和苏联的社会主义国家性质及外交政策；对于那些文化程度较低特别是文盲的犯人，则主要以识字教育为主；而对于特刑犯中个别顽固不化的反动分子，采取以单室羁押的方式，进行个别教育不予编组。各班组的班组长开始时由领导指定，经过一定时间后，逐渐改由犯人采用民主方式进行选举后，由领导批准。

在教育的具体方式方法上，主要采取"自学与辅导"相结合的方针。教育方法主要有：（1）由法院负责同志定期上大课作专题报告，启发犯人的学习精神，揭穿其旧思想根源，提高其政治认识。（2）讨论会。通过民主的讨论分析、研究，互教互学，交流经验。（3）小先生制。各班推选犯人当小先生进行学习。（4）壁报。鼓励犯人写稿交流学习心得。（5）个别教育。针对个别顽固化分子以及犯人不同的思想状况进行分别教育。（6）定期测验。每月举行一次月考，推动学习。（7）文娱活动。举行文娱活动，如排演戏剧、开展球类比赛、组织棋赛等。实际工作中，这些方法都是区别情况综合运用的。对于那些特刑犯首先指定文件令其阅读，写笔记，提问题，之后举行小组讨论，如有分歧意见则举行大组讨论，如分歧意见不能解决则采取上课方式，由教员作综合讲解；对于那些普通刑犯则采取先上课后讨论，有疑问再作解答；对于个别思想上有顾虑的犯人除一般上课讨论外，则采用个别教育的方式。此外，还开展示范教育，如在犯人释放时开宣誓大会，教育和督促其他犯人认真接受教育改造，以期提前释放。1948年年底，大连监狱对接收的一部分窃盗和毒品未决犯，在经过一段时间改造后，令其坦白反省，由犯人共同来"评罪"和"评刑期"，以达到对犯人的教育目的。不管采取何种教育方式，监管机构都采取了联系犯人本身过去所受痛苦，如"抓劳工"、"劳动俸仕"，或曾被日寇毒打，以及汉奸、地主、资本家的各种剥削压迫来教育他们，使他们了解中国共产党的宽大政策及对他们的关怀爱护。①

教育内容主要包括政治思想教育、生产技术教育与消减文盲识字教育。根据班组不同，内容和比例有所区别，其目的就是"针对他们的反动思想及旧社会传染严重的剥削阶级意识，通过生产加强劳动，以教育结合劳动达到彻底的改造"。② 当然，为了将犯人尽快改造成新民主主义新人，政治教育是普遍进行的，"对一切犯人都实行政治教育，使他们了解国内外政治形势，增强对苏认识，拥护中国共产党的政策和中国人民革命等问题"，"当然，在进行政治教育时是按犯人的文化程度，分别对象，由浅入深，由近及远，注意教育的效果。"③政治教育主要是政策教育，材料主要有"将革命进行到底、毛

---

① 关东高等法院：《三年来司法工作概况》，载旅大概述编辑委员会印行：《旅大概述》，1949年版（内部参考），第339页。参见《旅大市人民检察院解放战争时期旅大地区检察制度史资料（一）综合材料》，第12页。
② 《旅大行政公署人民法院劳动改造工作总结》，载旅大行政公署人民法院编：《司法资料（二）》，1950年内部出版，第9部分第30页。
③ 旅大人民法院：《一九四九年司法工作总结报告》，大连市档案馆2-1-260-32号档案。

主席对时局声明、论人民民主专政、政协决议三大文件，世界和平运动、什么是阶级、什么是帝国主义、什么是资本主义等材料"，"文化较低的及少数文盲则学习工人政治识字课本等"。①

所有的"政治及文化教育是在有计划地进行着，由教育员指导启发，由犯人的学习组掌握进度，运用小先生制互教互学、会上讨论、挑战竞赛、测验、表扬、批评及首长上大课等方式方法"。② 1949年年初，关东高等法院针对犯人中文盲比例比较高的情况（约占60%强③），提出两年内消灭犯人文盲现象，要求每个文盲犯人都要制定识字计划。④ 据统计，1949年，共有400余名犯人参加识字学习，平均每人识字500多，有的半年就识字800多。通过文化学习，在押犯人基本都能自己看报写信。为了配合对犯人的政治文化教育，关东高等法院还配备了各种学习资料。据资料显示，仅在1948年，关东高等法院就为旅顺、大连两所监狱的在押犯人购置图书资料100余种。⑤ 政治教育促进了犯人在政治上的不断进步。根据1948年关东高等法院组织的时事政治测验，在押犯人平均每人都在70分以上。一些犯人反映说："到这里好像进了学校一样。"更有不少犯人自觉

---

① 《旅大行政公署人民法院劳动改造工作总结》，载旅大行政公署人民法院编：《司法资料（二）》，1950年内部出版，第9部分第30页。

② 旅大人民法院：《一九四九年司法工作总结报告》，大连市档案馆2－1－260－32号档案。

③ 关东高等法院：《三年来司法工作概况》，载旅大概述编辑委员会印行：《旅大概述》，1949年版（内部参考），第337页；参见《旅大市人民检察院解放战争时期旅大地区检察制度史资料（一）综合材料》，第10页。

④ 旅大高等法院：《一九四九年上半年司法工作总结报告》，大连市档案馆2－1－260－31号档案。

⑤ 旅大高等法院：《一九四九年上半年司法工作总结报告》，大连市档案馆2－1－260－31号档案。

坦白自己的罪行和错误认识，或检举揭发他人违法犯罪行为。①

关东高等法院在加强犯人政治文化教育的同时，非常重视劳动对犯人的改造作用，"尤以说明劳动创造世界的真理，来消灭他们的剥削意识与寄生观点，使他们重视劳动，并在今后的生活中能够依靠自己的劳动，养成他们的劳动观点"。② 为此，高等法院先后建立了各种习艺场所。早在 1948 年，就在旅顺监狱设有制网、打铁、果园、菜园等，在大连岭前监狱设有印刷厂、被服厂、织绳厂、菜园等，③两个监狱共有菜园、果园、粮地 208 亩。④ 到 1949 年年底，两处劳动改造所已建有制砖瓦、制绳、印刷、被服、机械等五个工厂。犯人参加劳动的比例，1948 年为 50%，到 1949 年，更是达到了 95% 以上，并且是参加监外劳动。据当时资料显示："工厂收容约五百人，农业副业约百余人，义务劳动约三百人，义务劳动的总工数为二万七千余个。"⑤ 犯人的劳动方式分为所内劳动（卫生炊事及习艺场所等经常性工作）、所外劳动（修筑道路、水沟、广场、公园等突发性或市政性工作）和技术劳动（司机、修理电话、电灯等）三种，生产种类主要有农业、副业（养猪、羊、牛及拾海菜等）、轻工业（印刷厂、被服厂等）及手工业（做鞋、制网等）等。

---

① 关东高等法院：《三年来司法工作概况》，载旅大概述编辑委员会印行：《旅大概述》，1949 年版（内部参考），第 338 页；参见《旅大市人民检察院解放战争时期旅大地区检察制度史资料（一）综合材料》，第 11 页。

② 旅大人民法院：《一九四九年司法工作总结报告》，大连市档案馆 2-1-260-32 号档案。

③《关东地区司法工作的回顾》，大连市档案馆 2-1-129-6 号档案。

④ 关东高等法院：《三年来司法工作概况》，载旅大概述编辑委员会印行：《旅大概述》，1949 年版（内部参考），第 339 页；参见《旅大市人民检察院解放战争时期旅大地区检察制度史资料（一）综合材料》，第 12 页。

⑤ 旅大人民法院：《一九四九年司法工作总结报告》，大连市档案馆 2-1-260-32 号档案；《旅大行政公署人民法院劳动改造工作总结》，载旅大行政公署人民法院编：《司法资料（二）》，1950 年内部出版，第 9 部分第 32 页。

还在劳动中建立了会议制度、奖励分红制度等。通过劳动，犯人们不仅得到了改造，支援了关东解放区的大生产运动，而且其所产产品大量被运往前线，支援了全国的解放战争，为新中国的解放作出了贡献，特别是他们在首席检察官裴华夏的领导

▲ 1950 年 5 月，司法部长史良视察大连监狱习艺机械工厂。

下，生产出了新中国第一辆拖拉机，经苏联和我国专家鉴定，"质量与效能很好"。① 1950 年 5 月和 11 月，时任国家司法部长史良、副主席宋庆龄与政务院秘书长林伯渠，曾先后来连，对此进行视察。

（三）加强对犯人的日常监管

在日常监管方面，两处劳动改造所均非常注意加强日常例行检查，包括对犯人出入所的身体及所携物品的检查登记、犯人在押期间的通信检查、每月两次的家属会见检查等，并采取定期和不定期方式对所内开展检查。定期对监室进行防疫消毒，定期对犯人进行防疫注射和身体检查。在犯人的生活管理上，建立了犯人自治制度，实行犯人自我民主管理，以此提高犯人的组织性、纪律性和集体荣誉感。

在对犯人的日常监管方面，高等法院的检察官担负着重要职责。

---

①《旅大行政公署人民法院劳动改造工作总结》，载旅大行政公署人民法院编：《司法资料（二）》，第 9 部分第 32 页。

根据关东高等法院制定的《暂行羁押规则》规定，没有首席检察官签署的文件不得收监，有重大传染性疾病者得申请检察官拒绝其入监；检察官有权受理刑事被告对于看守所之处遇有不当之申诉或其他申请，并报告首席检察官；首席检察官有权审批犯人保外就医和监外执行事宜；不经首席检察官批准，不得令在押犯人出监或将其释放。在此仅对犯人刑满释放和假释以及检察官在其中所起作用作一介绍。

关东高等法院对犯人的刑满释放与假释是根据犯人犯罪的性质、刑期的长短，经过一段时间考验（满期犯人，若思想无转变者，亦有个别经过批准延长刑期）后作出的。经教育改

▲ 1950 年 11 月，国家副主席宋庆龄、政务院秘书长林伯渠来大连视察。

造后在思想上确有进步者，首先由所内检查员提出名单，交犯人所在的学习与工作组，通过评思想、评生产、评学习、评品行、评改造程度等方式，经全组讨论通过后，将意见送交所方，所方负责人（所长、检查员、教员、生活管理员、看押人员等）再搜集资料，共同研究，取得一致意见后，送交首席检察官批准。释放时，以召开宣誓大会的形式进行再教育。①

关东解放区的犯人劳动改造工作是卓有成效的。从 1946 年至

---

① 关东高等法院：《三年来司法工作概况》，载旅大概述编辑委员会印行：《旅大概述》，1949 年版（内部参考），第 339 页；参见《旅大市人民检察院解放战争时期旅大地区检察制度史资料（一）综合材料》，第 12 页。

1948 年，关东高等法院两处劳动改造所共收押犯人 2248 人，出所（含假释、期满释放、脱逃、死亡等）1508 人，其中经教育改造后释放 1420 人（其中假释 807 人，期满释放 613 人），占出所总人数的 94.2%。根据起草于 1950 年 4 月的《旅大行政公署人民法院劳动改造工作总结》记载，"三年当中经教育改造释放者达 1704 人，在释放出所后再犯者就极少"。根据文件的起草时间，这三年应该包括 1949 年。不管依据哪一数字，都足以说明，关东解放区的犯人劳动改造工作取得了卓有成效的成绩。

关东解放区司法机关监押案犯处理情况统计表①

百分比	合计	渎职	反革命罪犯	毒品犯	诈欺	侵占	破坏经营	脱逃	伤害	公共危险	妨害家庭	妨害秩序	妨害公务	窃盗	强盗	杀人	汉奸	罪名数目 / 项别年别	
10.8%	243	5	3	10	25	6			1	5	1		2	67	99	10	9	收押人数	一九四六
53.9%	131	4		8	19	6							1		34	50	5	4	假释	

---

① 关于本表的几点说明：（1）本表引自《旅大概述》第 334 页，原表个别数字有误，已作调整。（2）表中收押人数百分比为当年收押数与三年收押总数之比，当年"计"数为当年假释、期满释放、死亡、逃脱等，"计"的百分比为当年"计"数与当年收押人数之比，"合计"中的"收押人数"等于"计"＋"现有人数"。（3）本表未收 1949 年数据，因 1949 年现有材料中统计数字有冲突：一是根据旅大高等法院《一九四九年上半年司法工作总结报告》（大连市档案馆 2－1－260－31 号档案）和旅大人民法院《一九四九年司法工作总结报告》（大连市档案馆 2－1－260－32 号档案）记载，1948 年旅顺监狱和大连监狱转到 1949 年的监押人数为 793 人，而根据该表却为 740 人；二是根据《一九四九年司法工作总结报告》的记载，1949 年 1—9 月，两所监狱共新收犯人 986 人，上年积存 793 人，出所（含假释、期满释放、转出等）806 人，在押 959 人，本应当"新收＋积存＝出所＋在押"，但现在后者较前者少 14 人，这 14 人是脱逃还是死亡不清楚。故本表未收 1949 年数据，此处有待进一步考证。

百分比	合计	渎职	反革命罪犯	毒品犯	诈欺	侵占	破坏经营	脱逃	伤害	公共危险	妨害家庭	妨害秩序	妨害公务	窃盗	强盗	杀人	汉奸	罪名数目／项别	年别
43.5%	981	16	127	21	27	3	1		2		10	3	31	509	186	34	11	收押人数	一九四七
93.2%	398	5	28	8	20	2			1	5	4	3	32	143	121	20	6	假释	
1.4%	6								1				1	3	1			期满释放	
5.4%	23		2											21				死亡	
43.4%	427	5	30	8	20	2			2	5	4	3	33	167	122	20	6	计	
45.6%	1024	63	82	88	82	3	43	7	14	4	59	22	2	358	134	43	20	收押人数	一九四八
29.3%	278	17	15	12	29	2	11		3	4	13	6	1	98	52	11	4	假释	
63.9%	607	7	31	25	18		10	1			10	6		444	53		2	期满释放	
1.5%	15	2		1										6	6			逃脱	
5.3%	50	3	8	10										21	6	1	1	死亡	
92.8%	950	29	54	48	47	2	21	1	3	4	23	12	1	569	117	12	7	计	
	2248	84	212	119	134	12	44	7	17	9	70	25	35	934	419	87	40	收押人数	合计
53.5%	807	26	43	28	68	10	11		4	9	18	9	33	275	223	36	14	假释	
40.7%	613	7	31	25	18		10	1	1		10	6	1	447	54		2	期满释放	
1.0%	15	2		1										6	6			逃脱	
4.8%	73	3	10	10										42	6	1	1	死亡	
67%	1508	38	84	64	86	10	21	1	5	9	28	15	34	770	289	37	17	计	
33%	740	46	128	55	48	2	23	6	12		42	10	1	164	130	50	23	现有人数	

四、建设一支人民的司法队伍

关东解放区的司法机关自成立之日起，即把建设一支人民的司法队伍作为首要任务，为新生的民主政权和其他解放区培养了一批急需的司法人才。需要说明的是，由于关东解放区的检察机关与审判机关始终是合署办公的，在旅大解放初期，公、检、法三机关也有一段合署办公时期，特别是在实际工作中，关东解放区的公安机关担负了不少检察职责。因此，我们在介绍关东解放区的检察队伍建设时，是以司法队伍建设来称谓的，而在介绍旅大解放初期的队伍建设时，基本上是从公安机关队伍建设的角度来展开的。

根据时期不同，我们分三个阶段来介绍关东解放区的司法队伍建设情况：

（一）公安总局和社会部时期

这一时期大体从 1945 年 11 月大连市警察总局成立起到 1946 年 7、8 月份止。这一时期，虽然大连地方法院于 1946 年 1 月 30 日成立，但由于院长兼首席检察官于会川同时兼任社会部部长的特殊身份，以及法院检察庭和刑事庭的许多人员多来自公安机关的情况，这一时期，法院和公安机关的人员基本上是一体管理的，比如，大连地方法院的党支部就设在公安总局党总支之下，隶属公安总局党总支领导。①

解放初期的旅大公安、司法队伍基本上由三部分人员组成：

一是我党从各解放区派来的革命干部以及当地地下党员和东北抗联小组成员。据史料显示，在旅大解放初期，中共中央东北局、辽东军区以及延安、晋察冀、山东等解放区先后向旅大地区派来一大批革命干部。这些人员多被分配到公安、司法机关中，担任领导职务或充实到要害岗位工作，而且绝大多数保持和发扬了人民军队艰苦奋斗的优良传统，能够以身作则，密切联系群众，为建设一支新型的人民警察队伍和司法队伍起到了良好作用。但人数偏少，远远不能满足工作需要。特别是这部分人员多为外地人员，部队出身，人生地不熟，

① 赵东斌：《我所知道的大连地方法院》，载大连市中级人民法院史志办公室编：《大连法院史资料选编（1946－1986）》，1986 年内部出版，第 12 页。

对城市管理以及警察、司法业务比较陌生，不利于迅速开展工作。

二是在当地招收的工人或社会青年。为了更新与扩大人民的公安、司法队伍，新生的民主政府先后从旅顺、大连、金县各地招收了一批工人和社会青年，充实到革命队伍。例如：1945 年 10 月至 12 月，西岗警察局从当时的大连麻袋厂招收 50 名工人，从大连机械厂工人纠察队中收编约 100 名，从社会青年中招收 50 名，组成三个警察中队；沙河口警察局从社会上招收 150 余名组成两个中队；大广场警察局从大连铁路工厂招收 20 余名产业工人充实到警察中。这些人员成为后来中国共产党领导下的旅大地区人民警察队伍和司法队伍的基本力量。

三是各类留用人员。1945 年 10 月下旬，大连警察总局逐步接管了由日伪残余势力控制的县区警察局，成立了人民公安机关。当时收编留用人员 1500 多人，其中有基本群众，也有日伪残余、国民党员、三青团员及地痞流氓等。12 月 18 日，刚刚成立的大连市政府在内部设立了"大连地方法院接收委员会"，全部以留用人员组成，他们中有的在日寇统治时期当过律师，有的在律师事务所当过代书。这些人员的动机多种多样，"有的就是本地人，为了维持地方治安而自动组织起来的，是受剥削、受压迫的工人，为国家、民族而组织起来的；有的是为维持生活而参加的；有的是为升官发财来参加的；有的是为报仇雪恨来参加的"；① "甚至有不少汉奸、敌伪残余分子混在里面，他们不是维持治安，反而破坏治安"。②

根据当时形成的一份工作报告，这支队伍除了"成分复杂"外，

---

① 《警察工作的报告》，载大连市公安局编：《大连公安史选编》（第一辑），1985 年内部出版，第 65 页。

② 大连市公安局编：《大连公安历史长编》，1987 年内部出版，第 271 页。

还存在"业务还很不熟练，还不能很好地完满地担当起自己的任务"、"管理上、纪律上，督促检查执行还不够严格，甚至还有个别的偷着摸着去嫖窑子，去赌博的"、"领导上还有官僚架子"、"还有少数的贪污现象存在"、"还存在着军阀残余的作风和态度"、"教育工作上，还做得很不够，有些警察不懂为人民服务的道理，容易被旧的腐恶习惯熏染，容易受到反动的汉奸特务、破坏分子的欺骗利诱"等问题。①

对此，1945 年 11 月 30 日，大连市政府发布《第一号布告》，指出"建设公安部队，整顿警察，维持社会秩序，巩固和平"，并提出了"团结大多数，争取教育中间，打击少数坏分子，严惩首恶分子"的工作方针。

首先，清理整顿，纯洁队伍。通过采取不同策略、分而制之的措施，清理了一大批打入或安插在公安、司法队伍中掌握领导权的日伪残余势力和内奸分子，曾经担任甘井子警察署长兼治安大队长骆福海（原系大连福昌华工的伪工头、国民党员）、西岗警察署长苏省三（系"三番子"头子）、旅顺警察局长吴执中（原系伪营口市警察局长）、大广场警察局长潘澄宇（原系伪满恶霸工头）、岭前警察分局督察长牟正之（系三青团大连区队长）、金县公安局长兼保安大队长邓德山（曾任伪军团长）、市公安总局消防局长赵树模（系国民党大连市党部执行委员）等一大批恶霸工头、敌伪爪牙、国民党骨干分子被清理出革命队伍，有的被执行枪决。同时，对那些老弱病残、不适宜从事公安、司法工作的人员发放适当的生活补助，予以辞退；对那些能为人民办事、出身较好、经教育转变者，予以留用。1946 年

① 《警察工作的报告》，载大连市公安局编：《大连公安史选编》（第一辑），1985
年内部出版，第 67~68 页。

春，时任大连市公安总局局长赵东斌在《警察工作的报告》中指出，自总局成立以来，经过多次清理，共清理混入革命队伍的日伪残余、敌特分子以及老弱病残等人员 3000 余人，发放生活补助费苏币 20 多万元。① 通过清理整顿，将公安、司法机关的领导权牢牢掌握在人民的手中。

其次，开展集中整训，提高队伍素质。为了加强公安、司法队伍建设，教育公安、司法人员自觉遵守纪律，树立为人民服务的思想，大连市公安总局自 1946 年 1 月至 8 月，先后集中开展了"五期整训"。第一期整训为纪律大检查。1946 年元旦，公安总局局长赵东斌在《人民呼声》报上发表《新年之期望》献词，重申"我警士官佐，必须认识民主政府之新型警察，乃为保障人民之生命财产及自由的既得权利而设"，并宣布"现为贯彻此种思想于全体警察头脑中，已规定新年元旦起之一周内为纪律检查周，进行效忠人民之宣誓及宣读公约"。② 随后，局长赵东斌与副局长于会川共同发出训令，决定"自民国三十五年（1946 年）一月一日至一月七日止，定为群众纪律检查周"。③ 同时发布了《纪律暂行规则》，对全体干警提出"八大规则"和"十项要求"。④ 并于 1946 年 1 月 12 日上午 10 时，在市政府门前广场举行了为人民服务宣誓典礼，参加宣誓的包括大连市公安总局机关、各分局、各中队、各派出所的工作人员（岗哨及酌留人员办理日常工作除外），大连市各机关团体代表。通过宣誓，全体干警对为人民服务的建警方针加深了认识。之后，又相继开展了

---

① 参见大连市公安局编：《大连公安历史长编》，1987 年内部出版，第 273 页。
② 载《人民呼声》1946 年第 21 期。
③《训令》，载大连市公安局编：《大连公安史选编》（第一辑），1985 年内部出版，第 70 页。
④"八大规则"和"十项要求"的具体内容见第三章"关东解放区检察制度的建立和发展"的"工作纪律"部分。

"良心大检讨"，军事、政治、业务训练，"争创模范活动"和干部思想大检查等四次集中整训。通过"五期整训"，清除了队伍中的旧俗恶习，纯洁了革命队伍，广大干警为人民服务的自觉性有所增强。

最后，加强党的组织建设。1945 年 11 月 7 日，大连市警察总局成立后，就建立了党总支委员会，中共大连市委书记、总局训练处处长韩光兼书记，王华（王文晋）为副书

▲ 1946 年 1 月 12 日，大连市公安司法人员在市政府广场举行为人民服务宣誓典礼。

记，总局总支对内称政治部，对外称训练处，下设组织科、宣传科、保卫科、联络民运科、秘书股、总务股。分别在各分局和地方法院等设立了分总支。据 1946 年 12 月统计，总局总支共有分总支 12 个，支部 88 个，党员 2013 名。①

（二）地方法院时期

这一时期大体上从 1946 年 7、8 月份起至 1947 年 4 月关东高等法院成立止。1946 年 5 月，大连地方法院院长兼首席检察官于会川逝世后，原来刑事庭、检察庭的干部大部分陆续调回公安总局或其他单位。这一时期，大连地方法院除设有首席检察官外，未再设检察机构和其他检察人员，有关检察队伍的建设和检察工作的开展统一由公安总局负责。可以说，这一时期地方法院的司法队伍建设基本上与检察队伍建设无多大关系。之所以在此作为一个阶段来专门介绍，是因

---

① 大连市公安局编：《大连公安历史长编》，1987 年内部出版，第 278 页。

为正是从这一时期开始，包括队伍建设在内的关东解放区的司法工作才逐渐从公安机关独立出来，尝试按照司法工作的特点和规律来进行。这一尝试首先是从审判机关开始的，到 1947 年 4 月关东高等法院成立后，才扩展到了检察机关。

据曾化东回忆，1946 年 8 月他初"到法院的时候，记得只有周美鑫同志担任审判庭庭长，徐华同志担任总务股股长（党内是支部书记），还有其他几个少数从解放区来的同志。此外，就是程绍武、朱纯本、颜世禄等几个旧法人员，他们的职务叫推事"。面对当时干部少、旧法人员和新参加工作的同志比较多，以及形势恶化、人心波动等实际情况，时任地方法院代理院长曾化东经与其他同志研究决定，首先抓学习，抓干部队伍建设，成立了由曾化东和徐华、周美鑫组成的学习委员会（同年 11 月，郑珊调到法院后，又改由曾化东、徐华和郑珊三人组成），作为领导核心领导学习，内容有毛泽东同志的文章和时事政治材料。中共旅大地委对地方法院的队伍建设非常重视，时任地委书记韩光和市委社会部副部长乔理清多次指出，"法院的中心工作和党的中心工作是一致的，就是巩固和加强大连这块宝地，决不能丢掉它。要同国民党进行合法斗争，也要准备作隐蔽斗争，因此必须紧紧抓好人民司法队伍的建设"。[1]

在抓学习政治（即马列主义、毛泽东思想）的基础上，1946 年秋，大连地方法院在全院各庭室先后开展了 5 期整训工作，即民主良心大检查和"三查三整"（查阶级、查成分、查觉悟，整思想、整作风、整纪律）运动。主要内容包括学习、工作、各种工作制度、组织、团结友爱、生活及节约爱护公物等方面。这其中如何对待知识分

---

[1] 曾化东：《回忆我在大连地方法院的工作》，载大连市中级人民法院史志办公室编：《大连法院史资料选编（1946 – 1986）》，1986 年内部出版，第 15 页。

子问题非常重要。当时大连地方法院的干部除少数是从解放区来的以外，多数是从当地吸收进来的小知识分子，还有一部分是留用人员。既要团结他们一道为人民的解放事业而工作，又要针对他们的旧思想、旧作风、旧观点进行批评教育，这是一个很艰巨的任务。例如留用人员王益尘、王英武俩兄弟懂得旧法律，但坚持旧法思想，旧衙门作风严重，瞧不起工农干部。王益尘曾声称："曾化东什么也不懂。给我提鞋也嫌他手臭。"① 虽然是这样，地方法院对他们在生活上还照样给予照顾，在思想上进行帮助教育，注意通过宣传政策、家庭走访、个别交谈、给以鼓励等思想工作，增强他们对共产党的了解，消除其疑虑。这里一个明显的例子就是对留用人员程绍武的处理。程绍武是张宗昌的干儿子，原来住在大连岭前秀月街张宗昌的别墅。别墅被我政府没收后，地方法院不仅对程绍武的住处做了适当安排，而且派车去给他搬家，其一切财物仍归本人所有，他本人仍留在法院工作，任承审员，后又被任为推事（即审判员）。对程绍武的处理，大大增强了这些旧法人员对民主政权的拥护。② 当然，后来王益尘、王英武、程绍武等因为有贪污渎职行为被撤职查办，那是后话，但在当时，经过教育，他们曾积极为人民做了些事情。可以说，通过这一系列的学习、检查、整顿，对澄清地方法院中知识分子的模糊认识，提高其政治觉悟，树立革命人生观和全心全意为人民服务的思想起了很大的作用。同时还清除了一部分不适合司法工作的人员，在组织上进行了一次整编。

在抓思想作风建设的同时，大连地方法院还注意加强工作人员的

① 曾化东：《回忆我在大连地方法院的工作》，载大连市中级人民法院史志办公室编：《大连法院史资料选编（1946－1986）》，1986 年内部出版，第 16 页。
② 周美鑫：《回忆大连地方法院成立初期情况》，载大连市中级人民法院史志办公室编：《大连法院史资料选编（1946－1986）》，1986 年内部出版，第 25 页。

司法业务学习。据时任地方法院审判庭庭长周美鑫回忆："当时在法院的同志都没有学过法律，更没有在法院工作过。除留用的原大连地方法院接收委员会的五个人外，到一九四七年于志刚同志来到法院，这里才有了一个学过法律的同志。至于什么是法律程序，那时我们根本不懂。"[1] 针对这一情况，时任大连市委书记韩光严肃指出："不懂可以学懂，而且还要学习国民党的'六法'"，"要用国民党的'六法'办案，用合法的形式打击反动势力，保卫人民利益，这就叫作以毒攻毒。"[2]

应当说，当时对是否可以学习和引用国民党的《六法全书》，争论是很大的。一种意见是：不能为我所用。因为国民党的《六法全书》是为资产阶级、反动派服务的，是保护资产阶级、地主阶级利益，镇压广大劳动人民的；而我们共产党人，是为无产阶级和广大劳动人民服务，保护无产阶级和劳动人民利益，镇压反动派的。因此，对国民党的《六法全书》所规定的

▲ 司法人员用过的学习资料

法律程序和法律条文，我们一概不能学习和引用。另一种意见是：可以为我所用。理由是，我们用资产阶级的法律来惩治资产阶级、镇压反动派，保护无产阶级和人民群众利益，就同在战场上夺过敌人手中屠杀人民的武器，来打击敌人保卫自己一样。经过争论，再加之有韩光同志"以毒攻毒"的意见，后一种意见逐渐占了上风。

---

①周美鑫：《回忆大连地方法院成立初期情况》，载大连市中级人民法院史志办公室编：《大连法院史资料选编（1946－1986）》，1986年内部出版，第27～28页。
②曾化东：《回忆我在大连地方法院的工作》，载大连市中级人民法院史志办公室编：《大连法院史资料选编（1946－1986）》，1986年内部出版，第14页。

在组织学习国民政府《六法全书》的同时，地方法院还于1946年下半年，组织审判人员开始学习"马锡五"的审判方式，试行"陪审员"制度。起初仅限于民事案件，特别是婚姻案件，之后对一般刑事案件，尤其是对社会有教育意义的案件，也实行了"陪审员"制度。每次开庭审判时参加人数，少则几十人，多则上千人，审判多在地方法院楼内的法庭进行。后来又开始试行了就地审判、巡回审判、公审大会等形式。据时任地方法院审判庭庭长周美鑫回忆："在沙河口区现在的红星电影院就地开庭审判的一次刑事案件，旁听者达上千人。"①

（三）高等法院时期

1947年4月高等法院的成立有力地推动了关东解放区司法工作的开展，体现在司法队伍建设方面，就是关于司法人员的教育培训工作更有计划性、更规范、更有针对性地按照司法工作的规律和特点来进行。特别是1947年年底，高等法院迁至大连、与大连地方法院合署办公之后，这一点体现得更为明显。在1948年元旦全院大会上，关东高等法院明确提出，要把"加强干部的培养训练"作为1948年及此后一段时间的重要任务。② 1949年1月1日关东高等法院颁布的《关东地区司法工作两年计划》中明确规定："加强司法工作人员的政治业务学习，提高工作效率；有计划地训练干部，充实各级司法机关。"应该说，在关东高等法院成立后，关东解放区才有了比较系统的真正按照司法工作特点和规律进行的包括检察队伍建设在内的司

①周美鑫：《回忆大连地方法院成立初期情况》，载大连市中级人民法院史志办公室编：《大连法院史资料选编（1946－1986）》，1986年内部出版，第28～29页。
②《关东地区司法工作的回顾》，大连市档案馆2－1－129－6号档案。

法队伍建设。

1. 开展思想作风大检查活动

1948 年年初，高等法院针对与地方法院合署以及全区司法机关整编过程中反映出的问题，特别是在思想作风方面存在的问题，认为"要把法院的工作作好，真正成为人民的民主的法院，更好地为人民服务，必须统一思想，树立新作风"，实现"由机关的整编发展为思想的整编"。遂决定从 1948 年 3 月上旬至 4 月下旬，在全区司法机关开展为期 50 余天的思想作风大检查活动。3 月 10 日，关东高等法院召开全院大会，院长周旭东和首席检察官乔理清亲自作动员讲话，并成立了评议委员会。

整个活动共分"对领导者检查"、"互相建议"和"自我批评"三个阶段。首先，自 3 月 11 日起，通过学习《领导与检查》、《民主与官僚主义》两个文件，高等法院和大连地方法院全体干警对院领导提出了批评意见。3 月 21 日，高等法院和大连地方法院的五名院领导作了示范性的思想作风检查报告，全体人员感到满意，这对全院干部和工作人员进行自我检查和互相建议起到了推动作用。之后，全体人员在院领导的示范引导下，进行了很好的自我检查和相互建议，并"互相勉励展开不犯错误的竞赛，编成竞赛小组，由评委会督促检查评议改正缺点"。整个活动于 4 月下旬结束。通过大检查活动，广大司法人员对马列主义和毛泽东思想的国家观和法律观有了初步理解，"实现了全院思想统一，纠正了不良作风，树立起新作风，增进了团结，提高了工作效率"。这次检查还明确提出了学习苏联司法的号召。① 与此同时，金县地方法院、旅顺地方庭及各监狱也都遵照高等法院决定开展了大检查活动，收到了很好的效果。

---

① 《关东地区司法工作的回顾》，大连市档案馆 2－1－129－6 号档案。

为配合大检查活动的深入开展，高等法院还制定了学习计划和学习制度，在学习委员会①的领导下，坚持每天两小时的政治学习和业务学习，学习国际形势、时事政治、新旧法律观点、业务工作须知，特别是毛泽东同志当时的一些重要讲话等。为了推动学习，还于1948年2月，即活动开展前夕，出刊了《学习通讯》（活动期间改名为《新潮》，1948年12月又改为《司法通讯》），以批判旧法、宣传新法（以解放区和苏联等社会主义国家的司法制度为主）、交流经验为主要内容。又于1948年7月1日编印了《司法条例辑览》，用以指导司法工作人员的学习和工作。

2. 举办司法训练班，加强新式司法干部培养

为适应革命形势的发展和司法工作的需要，培训适应形势发展的新式的人民的司法干部，关东高等法院自1948年9月至1949年12月，先后举办了3期司法训练班。其间，又于1948年12月10日至14日和1949年4月16日至18日，分别召开了全地区推事、书记、检察与审判扩大会议和关东地区第一届司法会议，通过总结工作，交流经验，提高了司法干部的理论与业务水平。特别是1948年的扩大会议，通过了废除运用国民党《六法全书》的决定，使广大司法人员进一步统一和提升了对新民主主义的政策和法律思想的认识。这里着重介绍关东高等法院创办的三期司法训练班情况。

1948年9月25日，为培养和训练干部，适应形势需要，关东地区第一期司法训练班正式开班，共招收学员72人。之后，高等法院又分别于1949年6月1日和1949年12月1日举办了第二期和

---

① 成立学习委员会是我党的一个传统，比如大连地方法院早在1946年8月左右，就成立了学习委员会。据此推断，高等法院的学习委员会应该在高等法院成立时就已设立。

第三期训练班，其中前两期训练班为面向社会招生，第三期为法院在职人员培训。培训时间为每期 5 个月。三期训练班共招收和培训学员近 200 名，所培训学员毕业后大部分被充实到关东解放区的各级司法机关或基层政权组织，有 8 人被充实到外省市司法机关，9 人随军出关南下，为新生的民主政权和其他解放区培养了一批急需的司法人才。

▲ 关东解放区第一、二期司法训练班全体学员毕业合影

创办司法训练班的目的是选拔优秀青年经过短期培训，培养成胜任司法工作的新民主主义的司法人才，以充实大连地区各级法院及基

层调解组织，推进司法工作。学员来源：一是法院在职人员；二是各市县区政府保送的在职干部；三是职工总会、妇联、青联、农会等群团组织和机关、厂矿的调训人员；四是从社会招考的知识青年。报考学员的条件是具有初中文化程度或有同等学历、年满 18 岁以上 25 岁以下、历史清白、思想纯洁、无不良嗜好的男女青年。录取考试科目主要是政治常识和语文，此外还进行口试和体格检查。学员被录取后，食宿、教材、文具用品由法院供给。训练班均设有班主任，建立有党支部。授课教师大都为法院领导和富有实务经验的审判员、检察官，也有外请的领导干部。在授课时间上，政治学习占 20%，约为 1 个半月到 2 个月，主要学习党史、社会发展史、国内外形势、党中央的有关方针政策、毛泽东思想和司法人员的修养等；业务培训占 80%，约为 3 个月左右，主要学习法学常识、审判工作的方针、政策和程序制度以及书记员工作、调解工作常识、劳改政策等，其中业务学习 2 个月，实习 1 个月，复习考试半个月。

训练班采取教、学、做合一的方法，把学员尽快培养成为具有一定政治觉悟、热爱人民司法工作、掌握一定司法业务知识的司法干部。比如，在政治课程授完后，组织学员写自传，对照检查，开展批评与自我批评和思想交锋，这既是政治学习的总结，也是对每个学员的政审。在业务课程学习结束后则安排有实习时间，其中第一期实习是组织学员到法院参加具体审判案件，第二期实习采用的是模拟方法，即调出已审结案件的案卷，由学员分别互扮审判员、检察官、原告人、被告人和证人，相互演练，熟悉诉讼程序和方法，或组织学员直接到区县政府有关部门，协助调解民事纠纷。训练班的管理是抗大式的。学员每天清早都进行军体训练，每周召开一次生活会，开展批评与自我批评，检查思想、学习和执行纪律的情况。训练班还成立了俱乐部，经常举办各种球类比赛，组织学习时事、出墙报、交流学习体会、看电影、编排话剧，鼓励学员向司法刊物《新潮》投稿等。

三期训练班特别是前两期训练班虽然训练时间不长，但收效很大。许多训练班结业的学员谈起训练班的学习生活，都深有体会地说：训练班是他们踏入革命的启蒙地，使他们懂得了革命道理，树立

▲ 关东解放区第三期司法训练班部分学员合影

了革命人生观，初步学习了法律知识和党的有关方针政策，当上了光荣的人民司法工作者。参加第二期训练班学习的女学员周恩玲是童工出身，原只有小学四年文化，组织保送到训练班学习后，她政治热情高，学习分外努力，尽管担任训练班团支部组织委员和俱乐部文娱委员，仍取得了优异的学习成绩，并与其他三位女学员一起被分配在旅大高等法院工作，成为大连地区自己培养的第一代女法官。其他学员也由于在训练班受到了较为系统的政治教育，掌握了基本的司法业务知识，许多人在新中国成立后成为大连司法系统的领导干部和业务骨干。现将已了解到的前两期司法训练班部分学员名单和有关情况附录如下：①

----

① 表中统计数字来自大连中级人民法院史志办公室编：《大连法院史资料选编（1946－1986）》，第39～44页。

姓名	性别	单位	职务	曾任职
赵学聪	男	中共大连市委纪委	副书记	县委副书记
宋庆发	男	大连市环卫处	离休	党委书记
周振忠	男	大连耐酸泵厂	离休	党委书记
景作芳	男	大连市司法局	副处长	审判员、科长
魏方武	男	大连市司法局	副处长	审判员、区法院院长
邵九起	男	新疆	已故	中级法院院长
杜伯生	男	市金属材料公司	离休	副经理、社长
刘兆春	男	旅顺水产局	局长	审判员、县法院院长
曲传发	男	大连劳改支队	离休	劳改队大队长
张永宝	男	旅顺口区政法委	副书记	审判员、区法院院长
孙继全	男	大连机电安装公司	办公室主任	科长
刘长恩	男	大连市中级法院	离休	审判员、副区长
由振田	男	大连管理干部学院	党委组织部长	中山公安分局副局长
韩建福	男	大连第五建筑公司	科长	书记员
陈毓勤	男	大连第五建筑公司	工程师	书记员
韩树实	男	大连第一建筑公司	科长	党办主任、经理办主任
吴钧	男	大连水产养殖公司法律顾问室	顾问	审判员
郭淑娟	女	大连市中级法院	审判员	会计、总务科副科长
赵德铭	男	大连二轻工艺学校	副校长	
马有喜	男	大连光学仪器厂	工会主席	
赵乾阳	男	大连医疗器械厂	副厂长	
李开义	男	新疆塔城区公安处	科长	
王贵兴	男	大连七十八中学	教员	

姓名	性别	单位	职务	曾任职
徐瑞江	男	大连二轧钢厂	离休	审判员、厂办公室主任兼律师
王国俊	男	大连第二十二中学	教员	
王永珠	男	大连市人民检察院	干部	
孙永喜	男	大连棉麻公司	干部	
林钧举	男	大连刀具厂	离休	区法院院长、厂长
于银复	男	沙区工艺美术社	干部	
杨春家	男	金县法院	离休	审判员
张成仕	男	大连市公安局	科员	
孙世万	男	大连三水泥厂	离休	科员
王文良	男			南下
冯忠起	男	武汉市中级法院		南下
毕举盛	男	大连海运公司	工会干部	科长、基建办主任
任志敏	男			寺沟区政府调解员
鲍温泓	女	抚顺监狱	管教员	
刘丹立	女		家妇	
吴远乐	男	鞍山市总工会	科长	
李日辉	男			书记员、检察员
徐明连	男	旅顺农林局	技师	科员
于钧吉	男	大连重型机器厂	干部	
王天昌	男	大连市税务局	局长	
赵仁征	男		病故	市环卫处干部
于临涛	男	旅大警备区	教员	
王玉富	男		务农	

姓名	性别	单位	职务	曾任职
高永旭	男		务农	
周文远	男			南下
阎家浩	男	大连辉绿岩厂劳动服务公司	党支部书记	书记员、科长
王作滨	男	大连一塑料厂	统计员	
林建国	男		病故	审判员
于培强	男	大连信托公司	科长	管教员、检察院干部
赵信昌	男		务农	
段明顺	男		离休	副区长、省渔指副主任

第二期司法训练班部分学员情况

姓名	性别	单位	职务	曾任职
赵元魁	男	大连市中级法院	副院长	区法院院长、中院庭长
王心诚	男	大连管理干部学院	教育长	审判员、教研室主任
张士春	男	大连市中级法院	办公室主任	审判员、县区法院院长
尹永玉	男	大连市中级法院	离休	区法院院长、中院庭长
朱秉盛	男	大连市中山区法院	已故	审判员、区法院院长
李明良	男	大连市房产局	调研员	审判员、中院副庭长
肖德奎	男	大连市中级法院	正处级督导员	审判员
韩行年	男	哈尔滨道里区武装部	离休	政委
王运吉	男	甘井子区政法委	副书记	审判员、副庭长
杨佳仁	男	大连市人民检察院	副主任	政委
刘兆云	女	大连市司法局	离休	审判员、区法院院长

姓名	性别	单位	职务	曾任职
王秉业	男	旅顺口区法院	院长	审判员、县法院院长
周恩玲	女	丹东市公安局	机关党委副书记	审判员、庭长
董兰英	女	西岗区街道办事处	副主任	审判员、区法院副院长
韩艳	女	大连市公安局	协理员	审判员
王玉轩	女	中山区检察院	检察长	审判员、副区长
刘金花	女	大连市公安局	副科级调研员	助审员
刘茂英	男		病故	劳改队队长
于文政	男	大连法律顾问处	律师	审判员
戚恩泰	男	大连钢厂保卫科	科员	劳改队管教员
于德中	男	甘井子区法律顾问处	副主任	书记员、审判员
卢世贵	男	大连市公安局	预审员	检察员
李光禄	男	甘井子区营城子乡	离休	审判员、司法助理
韩建成	男	大连市中级法院	副处级审判员	审判员、科长
王吉运	男	中山区司法局	副局长	审判员、管教员
刘延岳	男	沙河口区检察院	科长	检察员
张树声	男	大连市公安局	副处级科长	审判员、秘书
王德瑞	男	大连市中级法院	副处级审判员	区法院审判员、庭长
贾德万	男	国家林业部	干部	市法院科员
李春利	男	大连教养院	指导员	审判员
林菊英	女	建设街道办事处	离休	审判员、科长、副主任
秦凤英	女	大连仪表厂	干部	
徐世功	男	大连市公安局	科员	管教员
安丽娜	女	大连师专	科长	审判员
于桂枝	女	大连叉车厂	支部书记	管教员

姓名	性别	单位	职务	曾任职
吕健	女	大连二运公司	干部	管教员
刘桂红	女	哈尔滨道里区法院	庭长	中院审判员
曹桂云	女	市卫生局药检所	离休	支部书记
栾文清	男	大连生产服务联社	科员	审判员、律师
黄克芬	女	大连柴油机厂	管理员	
江风全	男	大连起重机厂	计划员	
李传义	男	大连三十一中学	支部书记	
高恒福	男	大连劳改队	离休	管教员
李香芝	女	大连市政管修处	离休	科长、办公室主任
曲满堂	男	中山区人大	副主任	副区长
李德彦	男	旅馆总店	工会主席	经理
朱桂兰	女	第四建筑公司	离休	政工干部
刘义	男	煤气公司	主任	科长

3. 严明纪律，加强管理

在加强司法工作人员思想作风建设和政治业务素质培训的同时，关东高等法院还注意加强对违法违纪人员的惩处力度。1948 年 4 月 21 日，关东高等法院院长周旭东、首席检察官乔理清联名签发训令，指出："查我司法工作人员，有私人与一般商人经营商业者，此种行为，既妨害政府威信，又失坠公务员应有之纯洁品质，自应一律禁止……倘逾期仍不撤出甘犯纪律者，一经查出，除没收其股款外，并予适当之惩罚。"1948 年 8 月 18 日，高等法院发出《关于严禁打骂人犯及侮辱犯人人格的通令》，对殴打人犯、侮辱犯人的 4 名工作人员予以行政记小过和警告处分。

1949 年 4 月 22 日，关东高等法院向关东公署呈报了《个别贪污渎职情形并请求处分由》，建议对王益尘等 3 名贪污渎职的工作人员分别予以撤职羁押查办、撤职查看、降级留用反省处分，并明令要求所有工作人员不得打骂及侮辱犯人人格。

1949 年 8 月，为增进司法工作效率，提高司法行政纪律，培养清廉刻苦、实事求是、为人民利益积极奋斗的司法工作作风，旅大高等法院（1949 年 4 月 27 日，关东高等法院改称旅大高等法院）又专门起草制定了《关东地区司法工作人员奖惩条例》（有关内容见本书第三章），从奖惩标准、奖惩办法、奖惩权限、惩戒撤销、申诉程序等方面作了进一步明确规定。

五、支援全国解放战争

解放战争期间，旅大成为隐蔽的大后方，为前线输送了大量的人、财、物，不少政法干部随军南下，为新中国的成立作出了贡献。关东检察机关和审判机关作为旅大民主政权的重要组成部分，也积极响应中共旅大党组织的号召，在保卫人民政权、维护社会稳定的同时，从人、财、物等方面，"积极地尽一切可能支援前线，支援人民解放战争"。[①]

包括检察机关在内的关东司法机关在经济上是"尽力支援前线"的。据曾任大连地方法院审判庭长的周美鑫回忆："当时在经济上主要是没收敌伪财产（金、银、财物等），如大连头号大汉奸张本政，汉奸、国民党国大代表邵慎亭（又名邵尚俭），日本关东州宪兵队长徐文林等，都是百万富翁。对那些在日寇统治时代，担任过一定敌伪

---

① 周美鑫：《回忆大连地方法院成立初期的情况》，载大连市中级人民法院史志办公室编：《大连法院史资料选编（1946－1986）》，1986 年内部出版，第 29 页。

职务或干过坏事，如太平洋战争爆发后，捐款资助日本帝国主义侵略战争，在经济上有一定实力，构成犯罪但民愤不大的，采取了既判刑又罚款，或者重罚款判缓刑的办法。……再是查获私藏和贩运毒品（主要是鸦片）的罪犯，除没收毒品以外，还判刑和加重罚款。对没收的一切财物和罚款，当时均直接如数上缴地委财委。"① 据不完全统计，关东司法机关从 1946 年至 1949 年三年多的时间里，通过办案共没收财产和罚金达 831844765 元，此外还有大批布匹、鸦片、金银等，全部上缴中共大连地委，支援前线。"我记得地委财委金泽霖、衣钦堂看后非常高兴，仅布匹一项就拉去了五六大汽车。这些钱、物也都支援了人民解放战争。"② 在首席检察官的直接领导下，关东高等法院所属劳改场所积极组织犯人劳动生产，将所办工厂生产的机器、被服等物资所创收入，除供犯人生活外，全部上缴地委财委，支援了前线。

除财物支援外，关东司法机关还在人力上支援前线和新解放区。据史料记载，仅 1949 年，关东高等法院就从全区法院抽调 20 余名干部，随部队进关南下。③ 曾经担任关东高

▲ 金县法院欢送检察官边征民（前右五）、书记官长孙旭光（前右四）南下。

①周美鑫：《回忆大连地方法院成立初期的情况》，载大连市中级人民法院史志办公室编：《大连法院史资料选编（1946－1986）》，1986 年内部出版，第 29 页。

②曾化东：《回忆我在大连地方法院的工作》，载大连市中级人民法院史志办公室编：《大连法院史资料选编（1946－1986）》，1986 年内部出版，第 20 页。

③旅大人民法院：《一九四九年司法工作总结报告》，大连档案馆 2－1－260－32 号档案。

等法院检察官室第一任检察官的何荣（何春风），以及金县地方法院检察官的边征民、书记官长孙旭光，就是根据组织安排，随部队南下，支援其他解放区的。据了解，建国后，孙旭光同志曾任武汉市中级人民法院刑事庭庭长。在输送干部的同时，关东司法机关还根据中共旅大党组织指示，积极选送一些经过改造的在押轻微刑事犯上前线抬担架，或补充兵源。仅1947年就将约400名经过改造的轻刑犯人送到前线。这些人上前线后，多数表现很好，有的立了功，有的还入了党或当了干部。①

第一、二期司法训练班中随军南下的部分学员

姓名	性别	曾任职单位	曾任职
绍九起	男	新疆某市中级法院	法院院长
李开义	男	新疆塔城区公安处	科长
王文良	男		南下
冯忠起	男	武汉市中级法院	南下
贾德万	男	国家林业部	市法院科员
周文远	男		南下

①曾化东：《回忆我在大连地方法院的工作》，载大连市中级人民法院史志办公室编：《大连法院史资料选编（1946－1986）》，1986年内部出版，第20~21页。

第三节

关东解放区检察工作的主要做法

关于关东解放区检察工作的一些主要做法，我们找到了当时旅大行政公署人民法院形成于 1950 年 1 月的一份《旅大地区审判工作和检察工作的结合报告》，① 内中对检察机关如何与审判机关、公安机关相互配合地开展工作，作了比较全面且详细的总结。由于该《报告》对关东解放区检察机关如何开展工作的情况，总结概括得比较全面、详细，同时也为供有意之人研究之用，故录全文如下：

旅大全区性的检察机构和司法机构是在 1945 年苏军解放旅大后，伴随民主政府同时建立的。按照当时审判和检察两个机构的组织形式，虽然审判和检察均配置在法院之内，但从它的领导原则和工作关系，以及三年来在实际工作中互相配合发展创造的情形来讲，却是一种新型的，与旧的审检关系有着本质的不同。如就检察机构的职权范围来讲，它不仅对于刑事方面，实施侦查检举提起公诉（开始时特别对于镇压反革命分子起重大的作用），还对于全区各机关社团公务人员及一般公民实行法律上的监督（审判机关亦在其内），指导审判

---

① 《旅大市人民检察院解放战争时期旅大地区检察制度史资料（一）综合材料》，第 38 ~ 44 页。

机关对于犯罪的审理，并且与法院院长共同领导全区的司法工作任免司法人员，在这一点上，比旧法院组织法进步得多，而且在精神上是基本符合《中华人民共和国中央人民政府组织法》旨趣的。正因为旅大地区审检机关有这样进步的组织规定，所以三年来虽然限于组织不健全人员不充足和经验缺乏，但在工作关系上还是能够密切联系互相配合，共同为坚决镇压反革命分子和封建残余的破坏活动以及制裁某些违法乱纪贪污浪费损害革命利益的现象这一总的任务而斗争，并且获得了相当的成绩。具体配合情形，分作如下几个方面来讲：

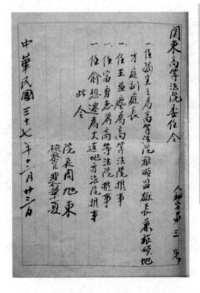

▲ 关东高等法院院长周旭东、首席检察官乔理清共同签发的任命状

一、领导关系

领导原则，采取民主集中制并由检察官和法院院长共同负责，总揽全局，举凡检举违法事件、民刑两庭诉讼均通过集体讨论由检察官和院长集中执行，关于工作的计划布置检查总结，亦由检察官和院长共同为之，这与旧司法制度的审判和检察截然分立固属有别，但也不是审检不分互相混淆，在实际工作中检察与审判仍然各有系统分工进行，只不过在领导上是为了保证巩固人民民主专政的任务，以互相督促密切配合的组织关系，来灵活地运用这一有力的司法武器。三年来旅大地区检察和审判工作的一切措施，领导上均是本着这个原则在思想一致、步调一致、密切配合的情况下进行，因而在下级也从未发生工作上不协调的现象。

二、工作关系

检察与审判的分工是明确的，检察官职权是：（1）实施侦查、处分、提起公诉、实行上诉、协助自诉、担当自诉、指挥刑事裁判之执行，以及其他法令所定职务之执行。（2）实行对旅大全区各机关社团公务人员或一般公民之是否遵守法律的最高检察权；审判员的职权是：审判民刑诉讼案件及处理非讼事件。检察和审判两部门的职权，既然明确规定如上，同时为了避免机械地固执此种关系反而不利工作，我们采取了会议制度，作为彼此交换意见，交流经验的桥梁。由于活用院务会议、审判会议，使两个部门的工作密切联系起来。

三、工作上的配合

（一）人员的互相使用

因为检察部门人员少（大连和金县法院的检察官调走后迄未补上），为了适应工作的需要，所以审判人员有时被首席检察官指定就某一特定刑事案件进行侦查，在这种情形下，这个审判员便是以检察官的资格去做检察工作而不是以审判员的资格去做检察工作。反之，检察官有时亦做审判工作（不过这种情形比较少），这时他便是以审判员的资格去做审判工作而不是以检察官的资格去做审判工作。法院的审检两部门干部虽然在一定案件上有时互相使用，但不能同时一个人对同一案件做侦查审判两种工作，换一句话说，就是同一个人对同一案件他不能既是检察官又是审判员，因而人员的流用，并不妨害审检两部门的分工。旅大的刑事案件大部分由公安局移送过来，一般情形是经过首席检察官审查后认为须继续进行侦查的即交给某个审判员进行侦查，其无须继续侦查的即交给审判员进行审理。此外，审判人员在处理民事案件中发现当事人或关系人中有重大犯罪情事时，即报告首席检察官，由首席检察官另行指定专人进行侦查检举，如裕顺精米所财东接香庭、经理张质彬盗卖大量应归政府接收之敌寇物资案，以及赵子正的反革命案，均系在民事案件审讯过程中发现，报告领导另行指定专人侦查检举的。这种人员流用的办法，是在组织机构不健全，人员配备不充足的情况下因应一时的变通办法，自然不能称为正规，不过在目前政府号召精简机构人员和各地干部缺乏的条件下，要使工作不受影响仍旧能够照样进行，对于这个经济使用人力的办法，倒也未尝不值得考虑。

（二）任务的一致

审检两部门的工作是包括在一个司法工作计划之内的，而司法工作计划又是与旅大全区中心任务相配合的，因此审判和检察虽然在职司上有所不同，但却在同一目标之下为实现共同任务而努力，因为有此认识，所以在每一时期对某一特定工作都是在通力合作的情形下共同完成的。过去的事例：如对于破坏经济建设的偷税抗税案件的破获，即是由审判人员在审理代理店、烧锅等私营工商业偷税案件，查知他们偷税的方式和一般规律通知检察官和税务局，然后合力进行普遍侦查，因而查出数十家，经严厉惩办之后基本上消灭了偷税的风气。又如 1948 年的肃清掏包窃犯（当时很猖獗），也是在审判中讯问出他们的内幕情况和各区各交通线为首的窃犯，以后便会同检察人员和公安局分别将为首的加以逮捕改造，余犯悉全登记限其改业（大头子鞠宝善、曹仙洞、郑春林均在改造所，李璞、王国世在港湾工作，崔福官在玻璃工厂，张永贵在化学工厂），从此基本肃清了猖獗一时的掏包窃犯。又如 1948 年由审判中获知封建会门一贯道的活动内幕及其为首的姓名，因而捕获了旅大地区一贯道头子王天池、陈紫阳，随着即配合公安局进行参加反动会门登记，揭露了一贯道的阴谋，制止了他们的活动。至于农村的反汉奸和封建恶霸斗争，也是在审判检察人员配合公安局、县区政府及群众团体共同进行的，旅顺龙王塘区的李世芳，大连县西山区的董福祥、魏树藩，岔沟区的桑景明、桑景贤、赵家齐、赵家善，南关岭区的丛殿荣，营城子区的郭光修、仲绪和、王秉春，金县长脖店屯的地富阴谋翻把案，均是显著的例子。

（三）同公安局的合作

旅大各级公安机关的首长是法院的当然检察官，各县市人民法院①之设置检察官者所侦查检举的案件多与当地公安机关配合进行，未设置检察官者当地公安机关的首长即为当然检察官，移送法院之案件即以检察官之资格出庭提起公诉。因为有这样规定，使法院的审判检察工作人员和各级公安机关能够在密切的联系下互相配合。一般反革命特务间谍案件多由公安机关于侦查逮捕之后移送法院，移送时将侦讯笔录证据调查材料一并附送法院并提出处理意见，有时法院直接侦查出来的比较重大的犯罪案件亦通知公安机关会同一起作更深入广泛的调查，双方随时交换情况和意见。

1949 年 2 月公营企业油脂工厂职工秦有章、赵奎藻、姜守福、窦敬有等勾结奸商组织落后工人集体偷盗国家财产一案即是由法院配合寺儿沟公安分局侦查破获的，又如同年 12 月从受理大连县孙德信隐匿汉奸财产一案，纠出在旅大解放时杀害 5 名革命干部的汉奸（日寇刑事）匪特于全义，并侦出于犯在沈阳解放前逃匿北京的住址，随即电托北京市公安局代为侦查，结果将于犯逮捕归案。此外如谋杀案件，也是在这种密切配合之下破获多起，例如 1949 年大连市惠风街的凶杀案，杀人共犯刘桂英向该管派出所报告被害人吴秀春是自杀（刎颈），周围的邻居也说是自杀，后经公安局通知法院偕同法

---

① 此时，旅大地区的各级法院均已改称人民法院，其实也就是以前的各级法院。

医前往检验认为刀的割法及深度不像是自杀，经过法院和公安局调查研究，凶手刘桂英、高东升二人供出是他们俩因奸合谋杀害。又如刘玉君的母子同时自缢案（其母后经救转），当地派出所通知法院之后即由法院人员偕同法医配合公安局会同检验，发现其子的索痕不像自缢，随后又查出红细绳一条与索印相符，经研讯其母，承认是她先将其子缢死自己也随后自缢的。

诸如此类的事例很多，以上不过就其最典型的举出一二。由此可见，法院同公安机关的密切配合，是可以抓紧时间互相辅助，迅速破获犯罪事件的，尤其在检察工作人员少或未建立起检察机构的地区，对于法院和公安机关如何密切合作的问题，更值得注意研究，创造更有效的配合办法。

四、经验和体会

1. 审判与检察工作，同是巩固人民民主专政的有力武器，它们相互间的作用正如车之两轮，互相辅助。在分工上，虽有不同，但从保护新民主主义建设与全体人民利益这一共同政治任务上来讲，它们二者是应该密切结合成为作用很大的重要杠杆。据我们粗浅的认识：一方面，目前中国还是阶级复杂的社会，在解放不久的今天暗害分子还很多，同时国家的、社会的人员成分很不一致，为了维护国家和人民的权益，检举犯罪和实行法律上的监督，检察工作似应多着重在"不放走一个坏人"上面；另一方面，过去中国是在内外反动派统治下的封建半封建社会，那时的司法机关是为了维持反动统治阶级，便利于剥削和镇压被压迫被剥削阶级的，是一个"只许州官放火不许百姓点灯"的衙门，丝毫无民主可言。现在的法院是在新民主主义政权下的司法机关，它应当是一个主持正义实行民主的机关，是一个不仅制裁犯罪者而且还要实现教育劳动人民的任务。因此，审判工作应当是实事求是，多注重"不冤枉一个好人"。

2. 为了达到审判工作与检察工作的和谐一致，应该灵活地运用会议制度，通过经常性的、定期的审检两方面的联席会议或其他形式的会议，来统一双方的意见，交换双方的意见。根据过去经验，审检两方面工作人员在某一具体案件上虽然有时对于事实和政策的认识有程度上的不同，但经过会议之后，往往是能达到一致的，因此我们觉得会议制度是联系审判检察工作的很好桥梁。

3. 要做好审判和检察工作，单是审检两部门的结合还不够，必须进一步密切群众的联系，同广大人民结合起来，才能充分发挥出它的效能，我们过去破获义昌染厂李巨川、益盛染厂李秀山之隐匿盗卖巨额敌寇物资侵占国家财产一案以及玻璃工厂翻译李荫荣、职工吴振川、徐忠乐、黄启兰、刘士庆等十人之集体偷盗国家财产阴谋破坏工厂一案，都是由市民及工人直接向法院的审检人员举发的。审检人员为了使工作做得好，必须走出办公室，深入到群众中去，才能发现社会动态掌握真实情况，主动地去处理问题。至于多开有各阶层群众参加的公开的人民法庭，广泛地收集群众意见，更是法院联系群众建立威信的良好方式。

五、几个问题

1. 组织问题：我们的检察和审判两个机构还是配置在一个法院组织之内，在组织规定上旅大人民法院设首席检察官1人，下设检察官1人；各市县人民法院配置检察官1人，旅大人民法院检察官及各市县人民法院检察官均在首席检察官的指挥之下进行工作，但事实上仅旅大人民法院有首席检察官和检察官各1人，各市县不是调走未补，就是根本缺额。因为组织机构的不健全、干部的缺乏，检察工作尚未能充分发挥它的应有效能。最近中央人民政府虽规定各省市设立人民检察署，但具体组织办法尚未颁布。至于审判机构也是如此，只有等将来正式颁布之后再作新的变更和调整。

2. 检察机构同公安机关的分工问题：旅大地区法院的检察机构同公安机关分工不明确，现在的情况是一般犯罪事件，如反革命犯、汉奸犯、公共危险犯、私运军火犯、杀人犯、强盗抢劫犯，除由法院检察官直接侦查逮捕外，均由公安局去做，可是检察官又不能指挥公安局（仅能指挥法院的司法警察），只能在工作上取得配合。因为职权范围没有确切的规定，分工不明确，在工作进行上就多少受到影响，这种情况也只有等待中央将来明确规定之后，才能得到改变。

综上所述，关东解放区检察机关的主要做法有：

一、实行民主集中制，由检察官和法院院长共同负责，总揽全局

民主集中制既是关东解放区检察机关的组织原则，也是其主要的工作方法。据前文所述，为了发挥民主，关东解放区检察机关建立了各种会议制度，上至院务会议和院务扩大会议，下至各庭、处、室、科的工作会议，从议事范围、参会人员到会议期次，都有非常规范和明确的规定。举凡检举违法事件、民刑两庭诉讼，以及工作之计划布置检查总结等，均经过集体讨论后由检察官院长集中执行。应该说，在4年多的时间里，关东解放区检察和审判工作的一切措施，领导上均是本着这一原则在思想一致、步调一致、密切配合的情况下进行的，因而在下级也从未发生工作上不协调的现象。需要指出的是，这也得益于关东解放区首席检察官与院长同为司法机关最高首长的制度规定，使得关东解放区检察机关的首长能够与法院院长平等参与关

东高等法院的决策，共同领导关东解放区的司法工作。

二、检察与审判分工明确

关东解放区虽然实行审检合署制，但并不是审检不分，互相混淆，而是各受各自的官长领导，有各自的办案程序和原则。在工作中二者分工明确，检察人员负责对刑事案件实行侦查、处分，提起公诉，实行上诉，协助自诉及指挥刑事裁判的执行；审判人员负责审判刑事、民事诉讼案件。虽由于人员匮乏，检察、审判人员在首席检察官的统一指挥下有时互相使用，但在同一案件中，同一人不能既当检察官又当审判员。如上述金鑫等杀人案中，史永和（时为关东高等法院检察官室检察官）的身份是检察官，代表检察机关对金鑫等人所犯罪行出庭支持公诉，而在上述乔理清支持公诉的李巨川侵占官产一案中，史永和又担当了推事（今称审判员）的角色。这里再举一案：

案例：李秀山侵占官产案

该案经关东高等法院审理，于中华民国三十七年十月一日，即1948年10月1日宣判。审判长为高等法院院长周旭东，推事为富永智、史永和，书记为邓颖，检察官为高等法院首席检察官乔理清。

被告李秀山，男，58岁。大连解放前，曾在大连独资开设益盛染厂，并加入敌寇关东机器染业组合，专为日寇染布。大连解放时，该厂存有敌织维组合各色布13615匹，各种颜料3630公斤，各种染用药品7340公斤，均应没收归公，作为官产。被告为图私利，将上述官产据为私有，一面暗地分散藏匿，并变卖处分12248匹。被告为防泄密，更一面向政府虚报，仅交布20匹。对于厂内员工则欺骗收买，力阻参加工会。

经审理查明：被告对上述事实自白不讳，并有该厂经理乐润泉、司帐萧树功作证。据乐润泉、萧树功二人证称："日寇投降时，厂内存有给敌织维组合染的布一万几千匹，颜料药品一千多桶，后来将布卖了五六千匹，其余就分散藏匿变卖了。"以上证言，核与调查结果相符，自较可信。至被告对于隐匿敌产的动机，据其自供："明知布匹等物是应归政府接收的，所以匿而不报，是因为夥友当家，我也有点财迷图利。"由上语可见被告明知该项敌产应当报请政府，所以匿而不报，实在是因为"财迷图利"蓄意将其侵为私有，至于说是"因为夥友当家"一节则纯系一种饰词，而且与当时实际情形不合，由其欺瞒政府百计收买工人并力阻工人参加工会等事实来看，即可证明被告应负完全责任，而不应归咎于夥友，工人不过被其笼络欺骗而已。讯诸工人，咸谓此事皆出于被告之计划。是被告之言，显系企图藉此推卸责任，无足采取。查关于敌产处理办法早经政府明令公布施行，被告竟视同具文，毫不尊重，擅将大量有关人民福利应报政府接收的敌寇物资，私行藏匿侵吞，中间虽曾一度向政府虚报交布 20 匹，但此一行为，不仅不能作为被告尊重政府法令的表示，却相反地说明了被告蒙蔽政府的阴险手段自难宥恕，因此被告的行为，应依《大连市敌产处理暂行条例》第 7 条"凡未经政府接收之敌产，在限期以内藏匿不报或报告不实者，一经查出，除将其财产全部没收外，并以蓄意侵占官产论罪"；第 13 条"自本条例公布之日起，如有不法分子仍有侵占敌产、明知故犯、企图蒙蔽政府者，一经查出，一律按本府惩治贪污条例惩治之"；及准用《大连市惩治贪污条例》第 2 条第 1 款"扣留或匿藏应缴国库之款项财物者"；第 3 条第 1 款"贪污财物在五万以上者处以极刑或五年以上十年以下之有期徒刑"等规定论处，并应将所隐匿之敌产现存部分没收，其已经被告变卖处分之敌寇布匹 12248 匹，应按时值追征其价额就被告现有之财产执行之。基上结论，被告侵占官产行为，原应从重论处，姑念其年老子幼，特本宽大政策，予以逾格从轻减处，判被告侵占官产，处有期徒刑 3 年并科罚金 5000 万元；被告染厂现存官产（附表）没收；被告擅行变卖及处分之官产布匹 12248 匹，按时值追征其价额就被告财产执行。

三、公检法等机关相互配合，通力协作

在法院内部，检察、审判人员可以互相使用。对一些重大案件，检察、审判人员经常是联合办案。这里举两个通过联合办案办理的案例：一是接香庭侵占官产案；二是李世芳汉奸案。

案例一：接香庭、张质彬侵占官产案

该案系旅大高等法院在审理一起买卖纠纷的民事案件中发现的。时任高等法院首席检察官裴华夏听取汇报后，即责令高等法院推事高正权进行侦查，由推事张晨声审理该案，于 1949 年 6 月 16 日宣判。

被告接香庭，男，74 岁。被告张质彬，男，65 岁。二被告原于民国二十七年（1938 年）间在大连市沙河口区工华坊开设裕顺精米所一处，专为日寇组合服务。民国三十四年（1945 年）七月间，二被告从日寇组合处拉大米、粳子、高粱等约十三四节火车厢至被告精米所加工精米。适逢"八·一五"日寇投降，日寇组合解散，二被告遂乘苏军未来、市面混乱之际，私自偷卖该物资。先后卖出大米 96000 斤、高粱米 5250 斤、小麦 4400 斤、麻袋 1500 条、草包 180 条，所得多被二被告私吞。

旅大高等法院经审理，认为案件事实业经调查明白，被告等亦当

庭供认不讳，并有当时购买者多人到庭作证，自属确实。查日寇组合在被告精米所所存米粮等项物资均属敌产，被告等有义务加以保管，呈交政府接收，但被告等不但不及如此，竟乘机大量窃卖归己，其行为损害了旅大人民利益，应以侵占官产论罪，予以严惩。被告等窃卖之物资照数追缴，并应科处罚金。关于处刑一节，姑念被告均已年老，特本宽大之旨，准予监外执行，以观后效。基上理由，特为判决如主文：被告接香庭、张质彬共同侵占并窃卖公有物资，各处有期徒刑 3 年，监外执行，褫夺公权 5 年；接香庭、张质彬侵占官产 96000 斤、小麦 4400 斤、高粱米 5250 斤、麻袋 1500 条、草包 180 条，应如数追缴，并科罚金 500 万元，均限于 3 个月内缴清。

案例二：李世芳汉奸案

李世芳汉奸案是由关东高等法院的审判、检察人员配合公安机关，与当地政府和群众联合侦办的一起典型案例，也是检察官通过发挥协助自诉职责，帮助老百姓检举的一起典型案例。

自诉人：旅顺市鲍鱼肚子及土门子两村全体村民。

被告李世芳，男，旅顺市鲍鱼肚子村人，76 岁。日俄战争期间，被告李世芳趁社会秩序混乱之机，窝藏海盗到处打劫，由此致富。日本统治旅大期间，他在本村充当伪村长长达 15 年之久，形成了世袭的统治势力，巧取豪夺，鱼肉百姓。其剥削的方式多种多样，或开设赌局，从中渔利；或重利盘剥，倾人家产；或冒领敌牛，强征牛草；或侵占公石，私建院墙；或独霸船只，变价入己；或克扣税款，凌逼孤寡；或假借他人债权，报复私仇；或藉端讹赖，使非债务人还债；或昧良图赖，重讨债款；或排挤打击不入场赌博之人，逼人入邪；或欺侮孤寡，赖人工资；或逼劝债户服工抵债，加以凌虐；或利诱劳工盗运敌产，致被打几成残疾。被告借居伪村长之位，献媚敌寇，诬陷善良，打击异己，如密报走私，茶害布贩；诬告村民为抗日分子；禁止不顺己者在村内行走。大连解放后，被告更是将村公养的 16 头牛公然变卖，占为己有，并四处散布谣言，传播变天思想。由于他的嚣张和霸道，致使村里老百姓直到大连解放两年后才敢向民主政府检举揭发。1947 年 9 月，旅顺市鲍鱼肚子及土门子两村全体村民以自诉人的身份，向旅顺市龙王塘区政府检举揭发汉奸李世芳。

旅顺市龙王塘区政府接到群众举报后，将此案转到关东高等法院。此时关东高等法院刚刚在旅顺成立。高等法院受理后，迅速派检察官进行调查，指导各被害人起诉。检察官经调查后认为，该案的犯罪事实分一般侵害和特殊侵害两种情形，一般侵害如强征牛草、擅用公石等，系对于全体村民利益的侵害，建议由村长及各团体负责人代表全体村民据情状诉；其余罪行则系被告对个别村民所为，属特殊侵害，建议由涉案的 66 名被害人分别状诉。在经多方调查取证和准备后，为伸张正义，打击汉奸分子的嚣张气焰，1947 年 11 月 1 日，关东高等法院派推事关山（任审判长）、史永和、王英武，书记官郝仁杰组成合议庭，特意到旅顺市鲍鱼肚子村，举行临时特别法庭，对汉奸李世芳进行公开审判。各被害人均到场陈诉被告所犯罪行，俱经证明属实，被告亦自白不讳。

合议庭经审理，认为被告虽系敌伪时代一区区长，却凭借敌伪势力统治全村达 15 年之久，其酷害村民之罪恶，殊属不胜枚举。依《惩治汉奸条例》第 2 条、第 3 条及第 8 条之规定，除判处徒刑外，并应没收财产全部，姑念该被告年老，爰予从轻论处，并依同条例第 9 条规定，酌定留其家属必需之生活费。基上事实理由，特依《刑事诉讼法》① 第 291 条判决如主文：被告李世芳充当伪村长 15 年，凭

---

① 指国民政府制定的《刑事诉讼法》。

借敌伪势力为不利于本国人民之行为，处有期徒刑 15 年，褫夺公权 10 年，所有财产除酌留家属必需之生活费外，一律没收，由该管区政府负责组织逆产处理委员会根据被害人受害情形予以适当抚恤或赔偿。

从本案的判决主文可以看出，关东解放区当时已经建立了一种相当于今天的被害人救助的政府救助机制。因此，该案既是一起检察、审判两机关通力配合的典型案例，也是一起检察官发挥协助自诉职能、指导百姓起诉的典型案例，还是一起由司法机关启动政府救助机制救助刑事被害人的典型案例。

四、公安机关的首长是当然的检察官

不设检察官的地方法院，检察官职务由当地公安机关首长执行。这一做法既是受到了国民政府的检察制度，特别是其他各解放区检察制度和实践的影响，也是为了应对当时检察干部匮乏的具体举措。

案例：杨伦九贪污案

此案根据《关东日报》1949 年 3 月 10 日报道，由当地公安机关首长以代理检察官身份出庭支持公诉。

据报道：被告杨伦九出身城市贫民，大连解放前曾在汉奸宋大智①开设的电影院内充当收票员，大连解放后到大连电业局工作，跟随日籍人员佐佐木梁成吃私贪污，谄上骄下，损公利己。因表面上表

---

① 曾任日伪警察署巡捕长、高等刑事。1933 年 10 月，协助日本特务逮捕中共旅大市委书记刘景新（又名张洛书）等 100 余名共产党员，使旅大地下党组织遭到完全破坏。1940 年，在获悉抗日放火团线索后，迅速报告日伪巡捕隋云翠，致使该组织被破坏。1953 年 11 月 20 日，宋大智被判处死刑立即执行。

现进步，被大连电业局派到西岗区得胜、石顺、安济、大龙、福德等街区，充当收费员。被告一到任，即多方索取电费 8000 元（苏币，下同），中饱私囊。1947 年 4 月至 12 月间，被告先后从电业局私自拿出电炉证明四张，交给杨福臣一张得钱 8000 元，交给刘玉钦一张得钱 1 万元，交给聂志新一张得钱 12000 元，交给孙万成一张得钱 5000 元，合计 35000 元，均被其私用。1947 年春至 1948 年秋期间，因住户私用电炉，先后收取石寿山贿赂 1 万元、杨秀清贿赂 1 万元、曲克锦贿赂 7000 元、李义芝贿赂 1 万元、新合居酒店 3000 元、烟麻酒店 3000 元、建隆百货店 4000 元，共计 5 万元整。1948 年 12 月中旬，被告藉机到占聚长店内检查电炉证明，趁势威胁该店经理曲殿卿，强借 14000 元（关东币）。曲殿卿佯装答复道："今日上午实在无款，约定下午二时请楼上取款。"随即曲向西岗区博爱街派出所报案。下午 2 时被告前来取款时，被公安人员逮捕归案，待讯明上述事实后，转解至大连地方法院。

1949 年 3 月 3 日下午 6 时，杨伦九贪污渎职一案，经大连地方法院承办推事会同西岗区政府、西岗区职工会、妇联会、电业局职工会等各机关团体代表，在西岗区日新街世界电影院组成人民法庭，由西岗区博爱街派出所所长俞想迁以代理检察官身份出庭提起公诉。经公开审判，杨伦九被判处有期徒刑 1 年，剥夺公权 1 年，准予监外执行劳役。

第五章

关东解放区检察制度的
渊源和历史贡献

任何思想和制度从来都是历史的产物。诞生在解放战争时期旅大这块土地上的检察制度，是在中国共产党的领导下，根据旅大地区当时特殊的实际情况，在借鉴包括民国检察制度、苏联检察制度和其他解放区的检察制度的基础上建立和发展起来的。关东解放区检察制度率先就中国共产党如何在大城市建立检察制度和开展检察工作进行了开创性且卓有成效的探索。这些探索为新中国检察制度的建立提供了大量可资借鉴的经验，是新中国检察制度的前奏。

第一节

关东解放区检察制度与国民政府检察制度

按照国共两党抗战期间的协定，各解放区的司法检察制度应当服从和遵照国民党中央政府的法统，因此关东解放区检察机关在名义上从属于南京国民政府检察体制。此外，在检察制度内容方面，为了照顾苏联的外交政策、不给国民党接收旅大以口实，同时也由于当时我党的法制建设尚不健全，中共旅大党组织采取了"以毒攻毒"的斗争策略，主动借用了国民政府《六法全书》中的有关规定。这些都说明和决定了关东解放区的检察制度与国民政府的检察制度有着很深的渊源关系。

一、南京国民政府时期的检察组织

国民政府定都南京后，实行"五权制"政体，在行政院设司法行政部，主管司法行政事宜，审判系统则隶属于司法院。1927 年《最高法院组织暂行条例》规定，法院沿袭北洋政府的四级三审制度，"大理院"改称"最高法院"，各级审判厅改称各级法院，检察官则内置于各级法院之内执行检察事务，取消了各级检察厅的独立设置，结束了北洋政府实行的"审检分立制"。1932 年 10 月，南京国民政府公布了《中华民国法院组织法》（以下简称《法院组织法》）。这部法律从 1935 年 7 月 1 日开始施行，一直沿用至 1949 年国民党逃离大陆。南京国民政府统治时期的检察机关大致可分为两种类型：普通检察机关和特别检察机关。这里只介绍国民政府的普通检察机关，关于特别检察机关的内容可参见何勤华主编的《检察制度史》第三编"中国的检察制度史"部分。

按照《法院组织法》的规定，南京国民政府的司法机关实行三级三审制，即普通法院分为三级，分别为：最高法院、高等法院和地方法院。高等法院分置民事庭、刑事庭若干，均以推事三人合议，审判庭分第一审判庭、第二审判庭……南京国民政府时期，不仅看守所附属于法院，检察官也附属于法院。

检察机关内设于法院，与各级法院相对应，也分为三级，在各级法院配置检察官。1930 年，国民政府司法院曾建议，"凡法院均配置检察署，以表示其独立执行职务之精神"。[①] 但 1932 年国民政府根据同年通过的《修正法院组织法原则》，将此改为"于最高法院内置检察署，其他各法院均仅配置检察官，其检察官二人以上者，以一人为首席"。对此，时任国民政府司法部罗文干的解释为："中央之最高检察机关，固宜崇其体制，称之曰署，并名其长官曰检察长。至各高等法院、地方法院及其分院，因检察官之职务，视前大为减少，将来所设员额，亦复无今日之多，自无庸别树一帜，仅配置检察官可矣。关于检察事务，虽得独立行其职权，若关于会计、统计及其他行政事宜，则应统于其所配置之法院，即节靡费，亦可免历来互争权限之

---

①何勤华主编：《检察制度史》，中国检察出版社 2009 年版，第 354 页。

弊。"① 检察官虽然设置于各级法院内，却独立行使其职权，在所配置的法院管辖区域内执行职务。从此确立了在最高法院内置检察署，其他各级法院均仅配置检察官的原则，这实际上是一种合署制与配置制的混合体制。②

与其他大陆法系国家的检察制度一样，国民政府的检察制度实行严格的检察一体制。《法院组织法》第 32 条规定："检察长及首席检察官得亲自处理所属检察官之事务并得将所属检察官之事务移转于所属其他检察官处理之。"

二、国民政府普通检察机关的职权

普通检察机关的主要职能为追诉触犯刑事法律的一般案件。根据国民政府《法院组织法》第 28 条的规定，检察官有"实施侦查、提起公诉、协助自诉、担当自诉及指挥刑事裁判之执行"，以及"其他法令所定职务之执行"之职权。

（一）实施侦查

根据南京国民政府于 1927 年公布施行的关于最高、高等、地方法院检察官办事权限的三个暂行条例的规定，检察官有实行"搜查

①谢振民编著：《中华民国立法史》，张知本校订，正中书局 1937 年版，转引自何勤华主编：《检察制度史》，中国检察出版社 2009 年版，第 354 页。
②1937 年 1 月 15 日，上海地方法院检察处，以上海市讼事繁多，而贫民无力聘请律师，特发布告，实行言词告诉，凡民众起诉、告发、自首，均不必以书面形式为必要。（参见张晋藩编：《中国百年法制大事纵览（1900－1999）》，法律出版社 2001 年版，第 119 页。）据此，虽有《法院组织法》关于在各高等法院和地方法院不再设检察机构的规定，但当时仍有部分地方法院内设了检察机构，不过这并不影响国民政府关于审判检察设置上的合署与配置兼有的混合体制的认定。

处分、提起公诉、实行公诉并监督判决之执行"的职权。1928 年的《刑事诉讼法》规定,"检察官因告诉、告发、自首或其他事情,知有犯罪嫌疑者,应即侦查犯人及收集证据",即只要检察官看到、听到而认为某人有犯罪嫌疑就可以对嫌疑人实施侦查,收集证据。① 对于亲告罪而没有告诉的,检察官还有权依利害关系人的声请,指定代行告诉人,对犯罪进行侦查。

一般情况下,检察官应在其所管辖的区域内行使其职权,但《刑事诉讼法》又规定,检察官"因发现真实之必要,或遇有紧迫情形时,得于管辖区域外行其职务",检察官"虽无管辖权,如有急迫情形,应于其管辖区域内为必要之处分"。这就赋予了检察官行使职权不受区域范围限制的权力。

(二) 指挥侦查

为了充分利用侦查权迅速打击犯罪活动,国民政府从 1927 年起,通过《法院组织法》、《刑事诉讼法》、《调度司法警察条例》等法律法规,赋予了检察官指挥调度军警开展侦查的权力,这是国民政府检察制度实行检警一体化原则的体现。1935 年公布的新的《刑事诉讼法》规定:警察官长,宪兵官长、军士,以法令关于特定事项得行司法警察之职权者在侦查过程中,应听检察官指挥;警察,宪兵,依法令关于特定事项得行司法警察之职权者,应受检察官之命令。同年颁布的《调度司法警察条例》对检察官的侦查指挥权进行了细化,规定:在侦查过程中,检察官有权命令司法警察官协助侦查,或指挥司法警察官和司法警察侦查犯罪。对于一些特殊案件,检察官甚至可以调动警察分局长或警察队长以下、宪兵队连长以下及其他各专业警

---

①何勤华主编:《检察制度史》,中国检察出版社 2009 年版,第 354 页。

察机关警察官长，海关、盐场巡缉队官长等，市长、县长、设治局长、警察厅长、警保处长、警察局长或警察大队长以上长官，宪兵队营长以上长官均有责任协助检察官执行职务。①

检察官对军警是否听从指挥及工作情况还有一定的处分权。如军警在听从检察官调度中表现较好，可以获得嘉奖、记功。否则，相应会受到申诫、记过、记大过、撤职或其他处分。但为侦查犯罪的需要，司法警察官及司法警察有权不待检察官的指挥，径行调查犯罪情形及收集必要的证据。

（三）提起公诉

国民政府实行"国家追诉主义"，凡刑事案件，均由检察官提起公诉；检察机关未起诉的案件，法院不得审判。但属于初级法院的直接侵害个人合法权益和不告不理的案件，允许被害人不经检察官直接向法院起诉。检察官在刑事诉讼中的公诉权主要包括提起公诉权、不起诉决定权和撤回公诉权。

1. 提起公诉权。《刑事诉讼法》规定，检察官有权依据侦查阶段所取得的证据，对足以认定被告有犯罪嫌疑的应当提起公诉，即使被告没有到案，也应当向法院提起公诉。

2. 不起诉决定权。检察机关认为应当不起诉的，有权决定不起诉。对于不起诉的案件，检察官在正式作出不起诉的决定之前，应当斟酌情况并经告诉人同意，同时命令被告为下列各款事项：向被害人道歉、立悔过书；向被害人支付相当数额的抚慰金；在被告犯数罪

---

① 《调度司法警察条例》（第3条），参见司法行政部编：《司法法令汇编》（第二册刑事诉讼法），上海法学编译社1947年版，第256页，转引自何勤华主编：《检察制度史》，中国检察出版社2009年版，第362页。

时，如果其一罪已受或应受重刑判决，而其他罪虽行起诉但与应执行之刑没有重大关系的，检察官有权决定对其他罪不提起公诉。

3. 撤回公诉权。在一审辩论终结前，检察官发现有不应起诉或不适当起诉情形的，应当撤回起诉。撤回起诉的，应当制定撤回书并叙述理由。

（四）协助自诉，担当自诉

南京国民政府在实行国家追诉主义外，也保留了公民的自诉权作为对公诉权的补充。对于自诉案件，检察官一般不介入，庭审调查及法庭辩论皆由自诉人参加。但当自诉人在辩论终结前死亡或丧失行为能力的，或自诉人经法院合法传唤而无正当理由不到庭及到庭不陈述的，法院有权通知检察机关提起公诉。

（五）审判监督

国民政府法院实行三审终审制，与此相对应，检察机关对法院的审判监督权包括一审审判的监督权、二审审判的监督权、三审审判的监督权以及对发生法律效力判决的监督权。

1. 一审审判监督权。无论公诉案件还是自诉案件，法院作出判决后，应将判决书副本送达检察官。检察官认为非最高法院作出的一审判决不当的，有权上诉至上级法院。检察官提出上诉的理由不局限于其"自身"利益，认为法院判决侵害被告人利益的，也有权提出上诉。检察官认为判决不当的一审自诉案件，有权向上级法院提出上诉，二审法院需要按照公诉程序作出判决。

2. 二审审判监督权。在二审的审判监督中，检察官与被告在上诉权的限制方面有所不同：被告不服高等法院的第二审判决，可以向最高法院提起上诉。但一审检察官对二审高等法院的判决有异议，无权向三审最高法院提起上诉，只能向二审法院提起抗告或请求二审检察官向最高法院提起上诉。二审法院受理上诉后，一审检察官不得参与二审审判，只能由二审检察官行使二审中检察官的职权。

3. 三审审判监督权。在三审的过程中，法院只进行法律审，对二审判决中事实部分是否存有错误，三审法院不予审查。因此对三审的监督主要是适用法律的监督。

4. 生效判决监督权。对于已生效的有罪判决，有管辖权的法院检察官可声请再审，声请再审被受理的，由受理案件的法院按照通常的审判程序进行审判。最高法院的检察长对于判决违反法律规定的，有权提起非常上诉权，以实行对全国各级法院审判的监督。各级法院的检察官对于已经生效的判决，发现该案违背法令，应以意见书的形式向最高法院的检察长，声请提起非常上诉。

（六）刑罚执行监督

《刑事诉讼法》规定，除性质上应由法院或审判长、受命推事、受托推事指挥或有特别的规定外，刑罚的执行由作出裁判法院的检察官负责指挥。根据国民政府刑罚的不同，检察官的刑罚执行权可分为死刑执行监督权、监禁刑的监督权、其他刑罚监督权。

1. 死刑执行监督权。死刑判决确定后，检察官应"将该案卷宗速送交司法行政最高官署"，由司法行政部对案件进行最后复核。当检察官发现被执行死刑的罪犯有"在心神丧失中，于其痊愈前"，"妇女怀胎者，于其生产前"情况的，应报告司法行政最高官署，由该署下达停止执行命令。执行死刑时，应由检察官亲自到场指挥，非经检察官或者监狱长官允许，不得进入刑场。接受检察官命令的书记官应现场制作笔录并由检察官及监狱长官签字。

2. 监禁刑的监督权。检察官有权对监狱、看守所等监禁机关进行监督。检察官在视察监狱时，不服监狱处分的被监禁者，可以向检察官提出申诉，检察官可根据事实情况酌情作出判定。检察官有权要求监狱长官依照有关监狱法规行使其职权，对违法行为可予以纠正。但判定作出前，监狱给予被监禁者的处分不能中止执行。1930 年国民政府司法行政部公布的《看守所暂行规则》规定"高等以下法院，为羁押刑事被告人设立看守所"，被羁押于看守所之人认为受到不正当待遇的，可以向检察官写呈文，也可以在出庭时向检察官进行申诉。检察官受理该项陈诉后应向法院院长进行报告或知照。

3. 其他刑罚执行的监督权。对于判处罚金、罚锾、没收、没入及追征刑罚的执行，检察官有权进行监督。对于没收的物品，检察官有权代表国家进行处理。对于需要变更刑罚的，由该案最后判决法院检察官声请该法院进行裁定。对于应宣告撤销的缓刑，受刑人所在地或其最后住所地的地方法院检察官有权声请该法院进行裁定。对于假释者失去假释条件而应重新入监关押的，检察官有权以意见书形式呈经高等法院首席检察官转报司法行政部进行核办。

（七）法律规定的其他职权

《法院组织法》第 28 条在规定了检察官有"实施侦查、提起公诉、协助自诉、担当自诉及指挥刑事裁判之执行"等职权后，又规定"其他法令所定职务之执行"。该其他法令主要是 1928 年 12 月公布的《各省高等法院检察官办事权限暂行条例》和《地方法院检察官办事权限暂行条例》中规定的"民事及其他事件，依照民事诉讼法规及其他法令所定，为诉讼当事人或公益代表人实行特定事宜"。①

三、国民政府检察制度的特点

（一）国民党员可充任检察官

司法官不加入任何政党是近代资本主义国家为确保独立司法和公正司法的一项基本原则和制度。清末变法修律引进这一制度，明确规定法官（判事、推事）和检察官以及司法警察官不得加入政党、介入政治活动。北洋军阀统治时期，沿习袭用。1924 年，孙中山在广州成立国民党后，将实现"三民主义"的理想寄托于国民党，提出了"以党建国，以党建军"的主张。1927 年年初，国民政府按照以党建国的思想进行司法改革，废止了司法官不党原则，法官和检察官多由国民党党员充任，一直沿袭到国民党逃离大陆。

（二）合署制与配置制混合的检察体制

1927 年 8 月，国民政府发布第 148 号训令，宣布"自本年十月一日起，将各级检察厅一律裁撤。所有原日之检察官，暂行配置于各该级法院之内，暂时仍旧行使检察职权。其原设之检察长及监督检察官，一并改为各级法院之首席检察官"。② 10 月，又通过《裁撤检察机关改定法院名称延期实行呈》，对裁撤检察机关进行了解释："窃查检察制度以检举及执行两项为最大要素，故论其职责，只是法院中

---

① 闵钗、谢如程、薛伟宏编著：《中国检察制度法令规范解读》，中国检察出版社 2011 年版，第 266 页。
② 国民政府司法院参事处编纂：《国民政府司法例规》，1930 年 2 月发行，第 163 页。

司法行政部分之一种。吾国自改良司法以来，各级审判检察机关无不两相对峙。就经过事实而论，其不便之处有如下数点：一、糜费过多；二、手续过繁；三、同级两长易生意见。凡兹所举，无可讳言，识者怀疑，每思改革。复查各国司法制度，对于检察一项，并不另设与审判对峙之机关。今当国民革命庶政更始之际，亟应体察现在国情，参酌外国法制，立将各级检察机关一律裁撤。"①

因此，1927 年 10 月国民政府颁布的《最高法院组织暂行条例》、1928 年 12 月颁布的《各省高等法院检察官办事权限暂行条例》、《地方法院检察官办事权限暂行条例》，明确规定了检察官配置在法院内的制度，由此结束了清末以来的审检分立制度。但 1929 年 8 月，国民政府对《最高法院组织暂行条例》进行了修正，规定最高法院配置检察署，并设置检察署检察长 1 人，指挥监督并分配该管检察事物。自此，南京国民政府时期的检察机关形成了一种合署制与配置制混合的体制。

（三）地方行政长官兼理检察机关

1928 年《刑事诉讼法》曾赋予了县长、公安局长及宪兵队长在辖区内有追诉惩治犯罪的全权。1936 年 4 月，国民政府公布《县司法处组织暂行条例》，明定凡未设法院各县，应设立司法处负责办理司法业务，以资过渡，希望以此改变以往县长兼理司法、司法与行政不分的旧制。抗战爆发后，为了适应战争期间的形势需要，1938 年 5 月，国民政府先后颁布施行了《各省高级军事机关代核军法案件暂行办法》、《县长及地方行政长官兼理军法暂行办法》，恢复了民国初

---

① 国民政府司法院参事处编纂：《国民政府司法例规》，1930 年 2 月发行，第 163 页。

年县长兼理司法的旧制。县长及地方行政长官名义上兼理军法，实质上拥有了地方刑事案件的处理权，甚至死刑案件也可以审理，审理后报中央最高军事机关签准。在司法审判监督上，也不是由检察机关等专门的司法机关负责，而是由设置在各省的最高军事长官行营或绥靖公署或省保安司令部负责。由于这些行政长官在审理或监督的过程中，专业技术不够熟悉，加之常常会牵扯到许多法律以外的因素，因此导致了这一时期地方司法的败坏，使得近代在司法独立的道路上大步后退。抗战胜利后，该制稍有改正。

（四）检察人员实行分类管理

为保证检察制度有序运行，提高检察工作水平和质量，南京国民政府对检察官的任职条件进行了明确规定。检察官任职的条件主要有：一是经司法官考试及格并实习期满者；二是曾在公立或经立案之大学独立学院专门学校教授主要法律科目 2 年以上经审查合格者；三是曾任推事或检察官 1 年以上经审查合格者；四是执行律师职务 3 年以上经审查合格者；五是曾在教育部认可之国内外大学独立学院专门学校毕业而有法学上之专门著作经审查合格并实习期满者。初任检察官应到基层司法机关即地方法院或其分院试任职 1 年，名曰候补检察官，试任职 1 年后，经考试合格应即补实为正式职务检察官。同时为保证检察官能够严格履行法定职责，规定检察官在职中不得为以下事务：一是兼任有俸给或无有俸给之公职但法律别有规定者不在此限；二是兼营商业或公务员不应为之业务。

1927 年，国民政府将司法官待遇统一纳入文官系列规定，按照文官的官阶制度，在《最高法院组织暂行条例》中，最高法院检察署检察长及检察官为简任官，最高法院检察署书记官为荐任职书记官。地方法院的检察官为荐任官，其中首席检察官的任职条件与地方法院院长任职条件相同。简任官比荐任官需要更高的资格，简任检察官的任职条件为：或曾任荐任检察官 1 年以上并经审查合格，或曾任地方法院院长或首席检察官 4 年以上或虽不足 4 年但曾任简任司法行政官合计在 5 年以上，或曾在公立或经立案的大学、独立学院、专门学校任授主要法律科目 2 年以上并经审查合格同时任过地方法院院长或首席检察官、或曾任立法委员 3 年以上者。检察官被确认为司法官，与法官享有同等待遇。

（五）实行严格的检察一体制

根据《最高法院检察署处分规程》、《各省高等法院检察官办事权限暂行条例》和《地方法院检察官办事权限暂行条例》的规定，"最高法院检察署检察长指挥监督本署及各级检察事务"，"对于所属各机关职员得考核其办事情形及行为，分别事主奖励或惩戒"，"检察官因事故不能执行职务时由检察长指定他检察官代理，但因必要情形得令调下级法院之检察官代理"；"高等法院首席检察官归最高法院首席检察官指挥监督"，"对于所属检察官或行使检察职权之县长及办理检察事务之书记官有指挥监督权"，"检察官及办理检察事务之书记官之任免由高等法院首席检察官呈部核办，其考绩奖惩叙级等事亦同"；地方法院"首席检察官归最高法院首席检察官及高等法院首席检察官指挥监督"，"对于该院检察官及办理检察事务之书记官有指挥监督权"，"检察官及办理检察事务之书记官之惩奖及考绩由首席检察官呈请主管升官核办"。

南京国民政府的《法院组织法》实行"检察官服从监督长官之命令"的原则，强调下级法院检察官要服从同级或上级法院首席检察官的监督与命令，全国各级法院检察官要服从最高法院检察署检察长的监督与命令。规定：国民政府司法行政部部长监督最高法院所设检察署，最高法院检察署的检察长监督全国检察官，高等法院首席检察官监督该省或该特别区域内的全体检察官，高等法院分院首席检察官监督该区域内的全体检察官，地方法院首席检察官监督该院及其分院的全体检察官。有监督权者对于被监督的人员可以行使的处分权为：关于职务上的各项事宜发布各种使其注意的命令，对于有废弛职务侵越权限或行止不检者加以警告，若被监督的人员废弛职务侵越权限或行止不检者情节严重或经警告不悛，监督长官可依公务员惩戒法予以惩戒。并特别规定："检察长及首席检察官得亲自处理所属检察官之事务，并得将所属检察官之事务移转于所属其他检察官处理之。"

四、国民政府检察制度对关东解放区检察制度的影响

对比关东解放区的检察制度和国民政府的检察制度，可以看出，包括检察制度在内的关东解放区司法制度的许多内容基本上是从国民政府的司法制度和检察制度仿照而来的，从司法机关的审级管辖到各级审判机关、检察机关及内设机构、职位的名称规定，从检察一体到检察官的职责权限等，可以说，国民政府检察制度的有关规定为关东解放区检察制度提供了一个现实的可供参照的具体模板。正是有了国民政府检察制度这个具体模板，关东解放区才迅速建立起了自己的检察制度。当然，关东解放区在模仿的同时又有所不同。

（一） 在审级和机构设置方面

关东解放区仿照国民政府的法院设置序列，设高等法院（相当于省级建制），名为关东高等法院，在高等法院内设首席检察官 1 人及检察官若干；在各市县设地方法院，分别是为大连地方法院、金县地方法院、旅顺地方法院，在各地方法院内设检察官。法院的其他内设机构、职位如称文书为书记官、称审判员为推事等，一如国民政府《法院组织法》的规定。可以说，关东解放区的司法机关及其内设机构的名称和工作人员的职称称谓基本上是从国民政府的司法制度中套用过来的。甚至在法律条规的文字表述上都基本一致。如《关东各级司法机关暂行组织条例草案》第 23 条规定，

▲ 关东高等法院首席检察官室

"地方法院或司法处（科）设检察官，如在二人以上者得设首席检察官"。而 1932 年修订后的国民政府《法院组织法》第 10 条规定，"其他各法院均仅配置检察官，其检察官二人以上者，以一人为首席"。

（二） 在检察官职权方面

根据《关东各级司法机关暂行组织条例草案》第 26 条的规定，检察官的职权包括："一、实施侦查、处分，提起公诉，实行上诉，协助自诉，担当自诉人及指挥刑事裁判之执行。二、其他法令所定职务之执行。"而根据 1946 年修订后的《法院组织法》第 28 条的规

定，国民政府检察官的职权包括："一、实施侦查、提起公诉、实行公诉、协助自诉、提当自诉及指挥刑事裁判之执行。二、其他法令所定职务之执行。"二者内容完全一致，甚至连用词都相同。其中的侦查权、公诉权等都在关东解放区得到了有效的发挥，对确立关东解放区检察制度、锤炼年轻的检察队伍、维护关东解放区民主政权，发挥了很大作用。特别是通过对指挥刑事裁判执行权的履行，创造性地开展了对犯人的劳动改造工作，并在此基础上创建了关东解放区的监所检察制度。

受国民政府检察制度的影响，关东解放区的检察官在侦查过程中还有指挥警察的权力。不过由于条件所限，当时仅是指挥法院内的司法警察，而没有像国民政府的检察官那样可以指挥军警或命令有关官员予以协助等。1950年1月旅大人民法院起草的《旅大地区审判工作和检察工作的结合报告》，在总结关东解放区检察工作存在的问题时指出："检察官又不能指挥公安局（仅能指挥法院的司法警察），只能在工作上取得配合。因为职权范围没有确切的规定，分工不明确，在工作进行上就多少受到影响，这种情况也只有等待中央将来明确规定之后，才能得到改变。"在这里，关东解放区的检察官不能指挥公安机关，是作为一个需要解决的问题提出来的。这说明，在当时关东解放区检察机关领导人的认识中，检察官是应当指挥警察的，而且还寄希望于这种情况在"中央将来明确规定之后"能够"得到改变"。

（三）在检察一体方面

一如国民政府的检察制度，关东解放区的检察制度也实行了严格的检察一体制。在关东解放区，"高院及各地方法院检察官，均受高

等法院首席检察官领导及指挥","由高等法院首席检察官任免之",
"首席检察官有亲自处理各该区域内检察官事务之权,并有将该管辖
区域内检察官之事务移于别区检察官之权"。这些规定,与国民政府
检察制度的相关规定如出一辙。可以说,在当时中国共产党领导建立
的解放区中,关东解放区在检察一体化方面,不管是从立法上,还是
在实际操作方面,都是比较到位的。这显然与国民政府检察制度的影
响有密不可分的关系。1949年初,为了便于开展工作,更好地服务
于基层政权,关东解放区对这种实行垂直领导的检察一体制进行了调
整,将各地方法院检察官的行政领导关系改由受县(市)政府或行
政委员会领导,高等法院只作业务上的指导,颇有些类似于现在的双
重领导体制。关东解放区检察机关这种从垂直领导到双重领导的发展
路径,仿佛建国后我国检察制度从垂直领导制到双重领导制的先行实
验版。笔者在此不想评判孰优孰劣,当然从有利于检察权的独立行使
和维护法制的统一实施方面,垂直领导要优于双重领导。但历史从不
是依从于人的理性设计出来的,它自有其发展的逻辑。人民检察制度
在关东解放区和新中国这两次从垂直领导制到双重领导制的变迁,再
一次说明,只有适合的,才是合理的。

(四) 在与政府的关系方面

国民政府实行"五权制"政体,在中央政府设立法院、行政院、
司法院、考试院和监察院,审判系统隶属于司法院,检察系统内设于
法院。根据规定,国民政府司法行政部部长监督最高法院所设检察
署。因此,包括检察机关在内的国民政府的司法机关是隶属于国民政
府这个"大政府"的领导下的。但虽如此,在检察系统内部,检察
机关是实行一体化管理,并独立行使检察权。关东解放区的检察制度

应该是受到了这一体制的影响。在关东解放区，关东公署（后改为旅大行政公署）是全区最高政权机关，高等法院在关东公署的领导下，与关东公署的其他八厅、一局（公安总局）、一处（秘书处）共同组成关东公署。因此，内设于高等法院的检察机关也是在关东公署的领导下开展工作。但一如国民政府的检察一体化体制，关东解放区的检察机关也是实行一体化体制，并独立行使检察权。

总之，国民政府的检察制度对关东解放区检察制度的影响是多方面的，并不仅仅限于以上方面。比如在未设法院的市县设立司法处（科）、公安局长具有追诉惩办犯罪的权力、国民党员可以充任检察官等。关东解放区最初就先后在金县、旅顺、大连县设立司法处（科），行使司法权力；在关东解放区，法官可以不必然为中共党员，但检察官则均为共产党员。不过，关东解放区的检察制度并非照抄照搬国民政府的检察制度，而是基于当时特殊的现实需要，在借鉴其他检察制度，并结合旅大地区的实际情况的基础上，有所发展和创新。主要体现在：

一是在组织模式方面。关东解放区实行的是完全意义上的审检合署制模式，不仅在高等法院设置了检察官室，而且也在各地方法院设置了检察庭（或检察官室），作为检察官履行职务的办公机构。而根据 1932 年修订后的《法院组织法》，国民政府的司法检察体制实行的是合署制与配置制的混合体制，即在最高法院设置检察署与检察官，而在各高等法院及地方法院均只配置检察官，不再设置专门的检察机构。所以相对于国民政府的混合制，关东解放区的合署制显然更有利于检察机关独立行使检察权。

二是在检察官职权方面。关东解放区的检察官有一项国民政府检察官所没有的非常重要的职权，这就是一般监督权，即对关东所有各机关各社团，无论公务人员或一般公民，是否遵守法律行使最高检察权。这项规定明显受到了苏联检察制度的影响，使关东解放区检察机关明显具有了法律监督机关的性质。

三是在检察官产生方面。关东解放区检察机关的首长即首席检察官由人民代表大会等权力机关选举产生，其他检察官由高等法院首席检察官任命。而国民政府方面的检察官主要以简任和荐任为主。这种由人民代表大会等权力机关选举产生检察机关首长的做法，在人民检察制度史上开创了检察机关由国家权力机关选举产生的先河。

如何来评价国民政府的检察制度对关东解放区检察制度的影响以及关东解放区检察机关所进行的一些探索和创新呢？这要结合关东解放区当时特殊的历史情况才能看清楚。作为我国近代以来法制建设的集大成者，包括检察制度在内的国民政府的法律制度在当时的中国来说无疑是比较先进的，因而成为当时法律制度比较匮乏的中国共产党领导下的包括关东解放区在内的各解放区模仿的对象，也是一种再正常不过的现象。但综观关东解放区检察制度的建立和发展历程，可以清楚地看出，关东解放区对国民政府检察制度的这种借鉴和模仿，在很大程度上还是鉴于当时法制匮乏和为照顾苏联外交政策以及防止国民党接收旅大不得已而为之的应急之举和应对之策。早在关东解放区检察制度建立初期，人们就对是否可以借用国民党的《六法全书》有着巨大的分歧意见，发生过激烈的争吵。后来根据中共中央东北局的指示，在时任大连市委书记韩光提出的"以毒攻毒"思想和"西瓜政策"的影响下，才最终借鉴和模仿了国民政府的有关规定。因此，关东解放区的共产党人一方面学习运用国民政府的《六法全书》，"以毒攻毒"打击敌人，另一方面则运用党的路线方针政策，不断开展整顿教育活动，培养用马克思列宁主义武装的新式司法人员，同时又学习借鉴其他各解放区的一些做法。1946 年下半年，关东解放区就借鉴引进了在其他各解放区流行的"马锡五审判方式"，推行陪审审判、巡回审判、公判大会、人民法庭等审判方式。

随着人民解放军在战场上的节节胜利和国民党接收旅大企图的破产，关东解放区也越来越开始"明目张胆"地宣扬关东解放区检察制度的人民性和其与国民政府等旧的司法制度的本质不同。1947 年 6 月关东高等法院在制定下发的《关于领导关系、分工负责及会议制度的决定》中开宗明义道：本院"为新式司法机构，应与旧式司法机关有本质的不同。因此，决定组织原则为民主集权制……在工作内容与形式方面：举凡司法行政民刑诉讼诸端，必须贯彻为人民服务精神"。1948 年年初关东高等法院明确提出要以马列主义和毛泽东思想的国家观和法律观来加强司法队伍建设。最后，随着东北全境的解放，在 1948 年 12 月 10 日至 14 日召开的全地区推事、书记、检察与审判扩大会议上，关东高等法院作出了废除运用国民党《六法全书》的决定，从而与国民政府司法制度彻底决裂。

从时间上看，关东解放区作出的关于废除国民党《六法全书》的决定，要早于中共中央作出的关于废除国民党《六法全书》的正式决定。1949 年 1 月，随着三大战役的全面胜利和全国解放的指日可待，中共中央发表"关于时局的声明"指出：必须彻底废除伪宪法，必须彻底废除旧法统。① 2 月，中共中央发出《关于废除国民党的六法全书与确定解放区的司法原则的指示》，进一步明确表明了新中国法制与国民党旧法统的决裂。

在这里，如同我们在全国同时代的其他地区看到的一样，再一次看到了革命者在革命即将取得胜利时那种与旧制度、旧法统决绝的态

---

① 《毛泽东选集》（第 4 卷），人民出版社 1991 年版，第 1389 页。

度，对于建立一个崭新制度和新法律的喜悦之情和革命浪漫主义情怀。然而，历史的发展并不是任凭人的意志直线前进的，我国建国后特别是 1957 年之后法制建设所出现的曲折和倒退，恐怕是当初那些力主废除《六法全书》的人们所难以预料的。建设一个崭新制度，既需要激情，更需要理性。在当时的历史背景下，摧毁旧法统固然是历史的必然，但以《六法全书》为代表的旧法统既不是完全由国民政府草拟而成，也不完全代表国民党等旧势力的利益，它是中国近代以来几代法律人学习借鉴西方近代法制文明的集体智慧和结晶，代表了当时中国社会法制建设的成就和水平。当然，对于即将建立的新中国来说，其中有很多东西需要完全否定，如《六法全书》的《宪法》中的一些规定，但也有许多内容如《刑法》、《民法》、《商法》等中的规定，都是法制文明的优秀成果，完全可以通过批判改造后为我所用。人类历史就像是一条奔腾不息的大河，是很难抽刀断水就可以断出我们所臆想的时代的；它也不是一张白纸，仅凭想象和热情就可以画出最美最美的图画的。

第二节

关东解放区检察制度与其他
解放区检察制度

关东解放区的人民检察制度

1945 年 8 月抗日战争胜利后，根据中共中央部署，大批干部从各解放区调派到旅大地区工作，其中，尤以从陕甘宁、晋察冀、晋冀鲁豫和山东等解放区来的干部为多。这些干部将各解放区在司法审判和检察制度方面的一些规定和经验做法带到了关东解放区，对关东解放区检察制度产生了重要影响。这里着重介绍上述几个解放区的检察制度，并将之与关东解放区的检察制度作一简要比较。

一、其他解放区的检察制度

1937 年 7 月 7 日，卢沟桥事变爆发，日本帝国主义发动了全面侵华战争。在中华民族面临生死存亡的危急关头，国共两党实现了第二次合作。八路军、新四军等共产党领导的武装力量，遵照党中央、毛泽东的指示，向敌后挺进，发动群众，开展游击战争，建立了陕甘宁、晋察冀、山东等 19 个根据地，并在各根据地建立了抗日民主政权和相应的司法体系，检察制度也逐渐发展。抗战时期，按照国共两党联合抗日的协定，各解放区的司法检察制度名义上必须服从和遵照国民党中央政府的法统。因此，在具体的制度建设上均采纳了国民政府司法制度的有关规定，但又呈现出各自不同的形式和特色。

（一）陕甘宁边区检察制度

1. 组织体系

1939 年 4 月公布的《陕甘宁边区高等法院组织条例》规定：边区高等法院受中央最高法院之管辖，边区参议会之监督，边区政府之领导；高等法院内设检察处、民事法庭、刑事法庭、书记室、看守所、总务科等部门；检察处设检察长及检察员，受高等法院领导和管辖，独立行使检察权。陕甘宁边区高等法院设立之初实行审检合署，在院长领导下，设检察官 1 人，各县各设检察员 1 人，检举公诉案件。据此，1941 年 3 月，边区高等法院检察处正式成立，李木庵任检察长。1942 年 1 月，陕甘宁边区实施精兵简政，高等法院检察处和各县检察员一并撤销。1946 年 5 月 5 日，陕甘宁边区重新在边区高等法院设置检察处。

1946 年 10 月 19 日，陕甘宁边区颁布了《陕甘宁边区暂行检察条例》，这是新中国成立之前的首部关于检察制度的单行法规。该《条例》规定："高等法院配置高等检察处，设检察长一人，检察员若干人，书记员若干人，视事之繁简定之。""高等法院分庭，设检察员一人，书记员一人。""地方法院设检察员若干人，书记员各若干人，视事之繁简定之。检察员如系二人以上者，由高等检察长遴选其中干练者一人为首席检察员。""县司法处设检察员一人，书记员各一人。"1946 年 11 月 12 日，陕甘宁边区发布命令，进一步明确了边区检察机关的组织体系：边区高等检察处，设检察长 1 人，检察员2 人，主任书记员 1 人，书记员 2 人；各分区设高等检察分处，设检察员 1 人，书记员 1 人；各县（市）设检察处，设检察员 1 人，书记员1人；小县则设检察员1人。① 同时起草的《陕甘宁边区宪法草案》规定：陕甘宁边区高等法院和高等检察机关同为边区的高等司法机关，"各级检察机关仅属于边区高等检察长管辖，独立行使其职权，不受任何干涉"，"县检察员由边区高等检察长委派"。② 据此，1946年10月19日，陕甘宁边区政府将边区高等法院检察处改为"陕甘宁边区高等检察处"，各分区设高等检察分处，各县（市）设检察处，人民检察制度开始在体制上实行审检分立制。但由于战事影响，上述《条例》、命令公布后实际上并没有真正实施，而《宪法草案》更是没有通过。不久，由于国民党军队进攻延安，司法干部有的转入部队，有的搞战勤工作，检察机关实际上被取消。1947年3月13日，胡宗南部队占领延安。1949年2月5日，边区政府和高等法院联合决定，鉴于"干部的非常缺乏，检察制度可暂时不建立，其职务仍由公安机关和群众团体代为执行"。③

可以看出，陕甘宁边区的检察机关最初实行的是与法院合署制，在高等法院内设检察处，检察处设检察长。抗战胜利后，开始实行审检分立制，将检察机关从法院独立出来，自成体系，成立了边区高等检察处及各级检察处。

2. 职责权限

根据1939年制定的《陕甘宁边区高等法院组织条例》的规定，检察长的职权包括：执行检察任务；指挥并监督检察员之工作；处理检察员之一切事务；分配并督促检察案件之进行；决定案件之裁定或

---

① 参见《陕甘宁边区政府命令——各级检察机关之职务、组织、领导关系》，载闵钗、谢如程、薛伟宏编著：《中国检察制度法令规范解读》，中国检察出版社2011年版，第414页。
② 何勤华主编：《检察制度史》，中国检察出版社2009年版，第378页。
③ 何勤华主编：《检察制度史》，中国检察出版社2009年版，第378页。

公诉。检察员的职权包括：侦查案件；裁定案件；搜集证据；提起公诉，撰拟公诉书；协助担当自诉；为诉讼当事人，或公益代表人；监督判决之执行等，同时在执行职务时，如有必要，得咨请当地军警帮助。①

根据 1946 年制定的《陕甘宁边区暂行检察条例》的规定，检察职权包括：（1）关于刑事法规内之事项；（2）关于宪法内所定人民权利义务，经济财政及选举等之违反事项；（3）关于行政法规内所定之惩罚事项；（4）关于一般民事案件内之有关公益事项，如土地租佃，公营事业，婚姻等；（5）实施侦查；（6）提起公诉，或提付行政处分；（7）协助自诉；（8）担当自诉；（9）指挥刑事判决之执行；（10）其他法令所定职务之执行。②

根据《陕甘宁边区宪法草案》的规定，"边区高等检察机关对边区各级政府、部队、团体、公职人员及边区公民是否遵守法律，行使检察权"，从而使检察机关明显具有了法律监督机关的性质。

3. 领导关系

1939 年 1 月，陕甘宁边区第一届参议会决定在陕甘宁边区高等法院设置检察处。在高等法院成立之初，在院长领导下，设检察官 1 人，检举公诉案件。1941 年 3 月高等法院检察处正式成立后，检察处才开始在检察长领导下开展工作，并直接对边区参议会负责。③1946 年 5 月 5 日，陕甘宁边区第三届参议会常驻会决定在高等法院重新设置检察处，并任命马定邦为检察长。1946 年 10 月陕甘宁边区

---

① 参见闵钐、谢如程、薛伟宏编著：《中国检察制度法令规范解读》，中国检察出版社 2011 年版，第 395～396 页。

②《陕甘宁边区暂行检察条例》，参见闵钐、谢如程、薛伟宏编著：《中国检察制度法令规范解读》，中国检察出版社 2011 年版，第 411～412 页。

③ 孙谦主编：《人民检察制度的历史变迁》，中国检察出版社 2009 年版，第 90 页。

高等法院检察处改称陕甘宁边区高等检察处后，根据同日公布的《陕甘宁边区暂行检察条例》的规定，"在全国和平统一未实行前，高等检察长由边区政府领导"，"高等检察长，领导全边区各级检察员"，"高等分庭检察员，领导所属各县检察员"，"地方法院首席检察员领导该院检察员"。根据 1946 年 11 月 12 日陕甘宁边区政府发布的命令《各级检察机关之职务、组织、领导关系》，"高等检察处受边区政府之领导，独立行使检察权"；"各高等法院分处及县（市）检察处均直接受高等检察处之领导"。

需要注意的是，在《各级检察机关之职务、组织、领导关系》和《陕甘宁边区宪法草案》中，检察权行使的主体已经悄然发生了变化，它不再是之前规定的检察长或检察官这样的个体，而是检察机关这样一个组织。这是人民检察制度史上的一个重大变化。关于这一点，本书将在后文略作探讨。

4. 与关东解放区检察制度的比较

在检察机关的设置方面，两地均将检察机关设于法院内部，与法院合署办公，并且都设立了专门的机构，属于比较典型的审检合署制。1946 年 10 月 19 日，陕甘宁边区高等法院检察处改称边区高等检察处，设检察长 1 人；各分区设高等检察分处，设检察员 1 人；各县（市）设检察员 1 人，从而在体制上明确了检审分立，改变了以往检审合署的做法。

在领导关系方面，两地的检察机关均实行垂直领导体制，都明确了首席检察官、检察长对全区各级检察官实行领导，是检察机关的最高领导，各级检察官受其上一级检察官或直属检察官的领导。除首席检察官和检察长外，其他检察人员不受政府领导，也不受同级司法机关（法院）的领导，只在首席检察官、高等检察长的领导、指挥下独立开展工作。

在检察官的职权方面，二者都规定了检察官进行刑事检察的基本职能，如实施侦查、提起公诉、协助自诉、指挥刑事判决之执行，其他法令所规定职务之执行等，这与国民政府《法院组织法》规定的一致，体现了大陆法系国家检察职权的特色。在一般监督权方面，陕甘宁边区的立法规定检察官对个人违反宪法、行政法而又未构成犯罪的，有权提出"意见"，交边区政府核办，但这一监督只是将意见交给边区政府，具体监督权力的行使是边区政府，与苏联检察制度的一般监督还有所不同。关东解放区则规定了检察官有检举一般公民违法行为的一般监督权，规定"关东所有各机关各社团，无论公务人员或一般公民，对于法律是否遵守之最高检察权，均由检察官实行之"。这里出现了"最高检察权"的表述，反映了检察权的法律监督性质。关东解放区首次在检察制度中规定了检察机关的一般监督权，这一立法上的创新大大丰富了检察制度的内容，表明检察机关法律监督的性质向前迈进了重要一步，是新中国将检察机关定位于法律监督机关的前奏。此外，陕甘宁解放区检察官职权中有"关于一般民事案件内之有关公益事项，如土地租佃，公营事业，婚姻等"的规定，这可以看做是民事检察监督的范围。关东解放区检察制度中则出现了对公务人员职务犯罪行为进行监督的规定。《旅大检察工作条例（草案）》规定检察官有权"检举一般公务人员之违法失职行为"，"检察机关侦知各地院司法人员有渎职行为，由检察官代表人民提起公诉移交高等法院审判"，"高等法院司法人员有渎职行为，由首席检察官代表人民提起公诉"，从而将对公务人员和法院司法人员的监督列入了检察监督的范围。结合中国历史上设立"治官之官"的法制特点，检察机关从建立之初就担负了对公职人员是否遵守法律实行监督的职责，重点体现在对职务犯罪进行侦查。

在检察权行使主体方面，两地都有公安机关代行检察机关部分职权的规定。关东解放区规定各级公安机关首长对解送法院的案件为当然检察官，并协助法院检察官执行其职务；对于反革命犯、汉奸犯、公共危险犯、私运军火犯、杀人犯、强盗抢劫犯除由检察官直接侦查逮捕外，由公安机关执行检察官职务向法院提起公诉，必要时，公安机关的司法部门负责人以检察官的资格出庭提起公诉。陕甘宁解放区立法中虽没有公安机关代行检察机关职权的规定，但在边区政府决定中有相关内容，即鉴于"干部的非常缺乏，检察制度可暂时不建立，其职务仍由公安机关和群众团体代为执行"的规定。由公安机关代行检察职能是包括关东解放区在内的所有解放区当时的一个普遍做法，这既与各解放区当时的社会背景有很大关系，也与党对监督制约的认识有一定关系。在过去相当长的一段时间里，我们过于强调检察机关作为专政工具的一面，而忽视其保障人权、民主的方面，以至于相当一部分人认为检察机关可有可无，对打击犯罪和敌人碍手碍脚，遂出现大量由公安机关代行检察职能的现象。也正是在这一"左"的思想的影响下，20 世纪 50 年代后期，作为国家的法律监督机关的检察机关被错误地定位为只有处理敌我矛盾的任务，而没有处理人民内部矛盾的任务，认为检察机关行使法律监督职能是混淆了"敌我界限"，其存在价值屡屡受到质疑，乃至"文革"时期被彻底"砸烂"，时间长达 10 年之久。

在检察机关的历史发展方面，陕甘宁边区的检察机关经历了几废几立的过程，1947 年后，由于国民党军队进攻延安，司法干部有的转到部队，有的搞战勤工作，检察机关实际上已被取消。1949 年 2 月 5 日，边区政府和高等法院联合决定，鉴于"干部的非常缺乏，检察制度可暂时不建立，其职务仍由公安机关和群众团体代为执行"①。其他解放区如晋察冀边区、晋冀鲁豫边区和山东解放区等的检察机关和检察工作，也都因为战事等因素，或无形取消，或时断时续，与当地新中国成立后的检察机关并不具有一脉相承的关系。关东解放区的检察机关自从诞生时起就始终存在，贯穿了整个解放战争时期，并一直延续到新中国成立后，具有很强的连续性。可以说新中国成立后的大连检察机关正是在关东解放区检察机关的组织和人员班底的基础上组建起来的，前后具有明显的一脉相承的关系，这在其他解放区中都是没有的。

（二）晋察冀边区检察制度

1. 组织体系

根据 1943 年 2 月 4 日公布的《晋察冀边区法院组织条例》的规定，晋察冀边区设高等法院；县或市设地方法院，如果环境需要，可合数县（市）设一地方法院；不设地方法院又无地方法院管辖的县，暂设司法处。各级法院设首席检察官 1 人，检察官若干人，并得以各该管辖地区之地方行政长官兼任首席检察官；县司法处设检察官 1 人，由县长兼理之。可以看出，晋察冀边区的检察官均附属于各级法院，实行的是配置制。不仅如此，而且还实行司法与行政合一的体制，首席检察官甚至检察官均由地方行政长官兼任。这一点在 1943 年 2 月 12 日晋察冀边区政府颁布的《关于边区司法机关改制之决定》中表现得更为突出。《决定》规定："各专员对于普通刑事案件，兼任高等法院在各该专区所设法庭之检察官；各县长、县佐对普通刑事案件，兼任县司法处之检察官，检察官均不另加委（任），但须加

---

①何勤华主编：《检察制度史》，中国检察出版社 2009 年版，第 378 页。

强检察工作。"

1941 年 4 月 10 日公布的《晋察冀边区公安局暂行条例》规定："公安局依据法定手续，对于确有证据的特种刑事犯（敌探、汉奸、盗匪）有逮捕权，对于扰乱社会治安、破坏边区的非法分子，有检举拘留之权。公安局对于特种刑事犯，不论其为机关团体（人员）或普通人民，得行使检察机关之职务，实行检举检查，并向军法机关起诉。"这种体制，既是当时特殊时期的临时应变措施，同时也是受到了国民政府检察制度有关规定的影响。

此外，根据 1948 年 1 月 6 日作出的《晋察冀边区行政委员会关于人民法庭工作的指示》的规定，人民法庭中，"由农民团体推选之检查员，或由政府派的检查员到被告犯罪所在村召开群众控诉会，搜集被告犯罪事实及证人、证物，并加以调查、对证，整理起草控诉书……递交人民法庭，并在开庭时口头起诉"。①

2. 职责权限

根据规定，晋察冀边区检察官的职权是："实施侦查、提起公诉、协助自诉、实行公诉、担当自诉及指挥刑事裁判之执行；其他法令所定职务之执行。"

3. 领导关系

各级检察官之间的关系是：高等法院首席检察官监督全边区之检察官；高等法院分院首席检察官监督该区域内之检察官；地方法院首席检察官监督法院之检察官；有监督权的检察官对于被监督的检察官有提起注意、警告和依法惩罚惩戒的处分权；各级法院之首席检察官得亲自处理所属检察官之事务，并得将其转移于其他所属检察官

---

① 参见孙谦主编：《人民检察制度的历史变迁》，中国检察出版社 2009 年版，第 105～107 页。

处理。

4. 与关东解放区检察制度的比较

在组织体系方面，关东解放区和晋察冀解放区的检察官均配置在各级法院内部，但关东解放区实行的是审检合署制，检察机关最高首长称首席检察官；晋察冀边区实行的则是配置制，检察机关最高首长也称首席检察官。

在检察机关首长的产生方面，"关东高等法院首席检察官由关东人民代表大会选举之"，"高等法院首席检察官以下各级检察官，由高等法院首席检察官任免之"。晋察冀解放区各级法院的首席检察官或检察官（县级）则由各辖区的地方行政长官兼任，实行的是司法与行政合一的检察体制。

在检察官职权方面，两地检察官都有对一般刑事犯罪进行侦查、起诉、刑事裁判的执行等基本检察职权。此外，关东解放区的检察官对公务人员的违法失职行为具有监督的权力，对"关东所有各机关各社团，无论公务人员或一般公民，对于法律是否遵守"行使最高检察权，监督的范围比晋察冀解放区检察机关的要大，确立了检察机关的法律监督性质。

在检察一体化方面，两地检察机关均实行严格的检察一体化领导体制，上级检察机关领导下级检察机关工作，首席检察官领导检察官工作；均有关于首席检察官得亲自处理所属检察官之事务并得将其转移于其他所属检察官处理的规定，这是典型的检察一体化体现。关东解放区特别明确规定，检察机关独立行使检察权，不受其他机关及审判机关的干涉，使检察机关在独立行使检察权的发展历程上又向前迈进了一步。

在特种刑事案件起诉方面，两地都有特种刑事案件由公安机关起诉的规定。关东解放区对反革命犯、汉奸犯、公共危险犯、私运军火犯、杀人犯、强盗抢劫犯，除由检察官直接侦查逮捕外，由公安机关行使检察官职务，向法院提起公诉，而且是以检察官资格提起公诉。晋察冀解放区公安机关依据法定手续，对确有证据的敌探、汉奸、盗匪特种刑事犯有逮捕权，对扰乱社会治安、破坏边区的非法分子有权检举拘留。这是战争时期为保卫解放区的安全而采取的特殊的应对措施。

（三）晋冀鲁豫边区检察制度

1. 组织体系

根据 1941 年 10 月颁布的《晋冀鲁豫边区高等法院组织条例》，边区设高等法院，在边区政府领导下独立行使司法权。高等法院下设检察处负责检察事宜，检察处设检察长 1 人、检察员若干人，由高等法院呈请边区政府任命，独立行使检察权。1943 年 2 月，晋冀鲁豫边区进行精兵简政，高等法院取消民事法庭、刑事法庭、检察处和看守所等建制，合并成为审检处、行政处和教育处三个部门，并将某些职权交由专区和县两级司法机关行使。1948 年通过整编又将审检处改为审检厅。1948 年 9 月 1 日，晋冀鲁豫边区与晋察冀边区合并成立华北人民政府，审检厅使命结束。可见，晋冀鲁豫边区高等法院实行的是审检合署制。

在边区高等法院之下，边区所属专区和县政府各设司法科，负责司法工作，但未设专门的检察机构和检察人员，其中的检察职能则由公安机关行使。据晋冀鲁豫边区《关于公安司法关系及城市管理分工的指示》规定："公安局代行司法部门的检察权，因此公安机关得执行其看管询问之职权，不限于 24 小时拘留权，预审清楚，以检察机关资格向司法机关起诉。"①

2. 职责权限

根据《晋冀鲁豫边区高等法院组织条例》的规定，检察长的职权是："执行检察任务；指挥并监督检察员之工作；处理检察员一切事务；分配并监督检察案件之进行；决定案件之裁定或公诉；指定检察员莅庭陈述对于案件处理之意见；对高等法院判决如有不同意见，有权向边区政府提出控告，边区政府接受其控告可组织特别法庭或交还高等法院复审。"检察员的职权是："关于案件之侦查；关于案件之裁定；关于证据之搜集；提起公诉，撰拟公诉书；协助或担当自诉；为诉讼人或公益代理人；监督判决之执行；在执行职务时，如有必要得请当地驻军或公安部队协助。"②

此外，1942 年 7 月 30 日公布的晋冀鲁豫边区公安总局、高等法院《关于公安司法部门工作关系的联合指示》的规定："公安机关移送案犯时，不仅提起公诉，并须提出处刑具体意见（死刑或有期徒刑几年），司法部门负责同志如觉不妥，应与公安部门交换意见。如双方意见不能一致，司法部门可呈请行政负责同志作最后决定。"③

3. 领导关系

检察长执行检察职务，指挥并监督检察员的工作，处理检察员的一切事务，分配并监督检察案件的进行，决定案件的裁定或公诉，指定检察员莅庭陈述对案件的处理意见。但由于晋冀鲁豫边区只在高等

---

① 参见孙谦主编：《人民检察制度的历史变迁》，中国检察出版社 2009 年版，第 108～109 页。
② 参见闵钐、谢如程、薛伟宏编著：《中国检察制度法令规范解读》，中国检察出版社 2011 年版，第 405～406 页。
③ 参见孙谦主编：《人民检察制度的历史变迁》，中国检察出版社 2009 年版，第 109 页。

法院设立了检察机关，配置了检察人员，而在高等法院之下的专区、县（市）级则未设检察机构和检察人员，相关职能由公安机关代行。因此，晋冀鲁豫边区在检察领导体制上实行的并不是一种严格意义上的检察一体制。

4. 与关东解放区检察制度的比较

在组织体系方面，两地的检察机关均设在法院内，分别在高等法院内设检察处和检察官室作为检察官的办公机构，属于比较典型的审检合署制。两地的检察机关都在解放区政府的领导下独立开展检察工作，晋冀鲁豫边区高等法院检察处检察长由法院院长呈请边区政府任命，关东高等法院首席检察官则除由代表大会选举产生外，也有经关东公署任命的情况，但根据规定，这在关东解放区明显属于一种例外。因此就检察机关首长的产生方式来说，关东解放区的产生方式更有利于检察机关独立行使职权，开创了我国检察机关首长由权力机关产生的先河，在人民检察制度的发展史上具有重要意义。

在检察官的职权方面，晋冀鲁豫边区和关东解放区的检察制度都规定了检察官在刑事检察方面的基本职权。晋冀鲁豫边区检察制度的一大特色是关于审判监督和特别法庭的规定。根据规定，高等法院检察长对高等法院判决如有不同意见，有权向边区政府提出控告，对于检察长提出的控告，边区政府可组织特别法庭予以审理，或交还高等法院复审，这可以视作抗诉权的前身，在人民检察制度史上尚属首次。而在关东解放区的检察制度中，除了明确规定了一般监督权外，还对不起诉制度作了规定，在各解放区检察规范中，对不起诉的规定相对较少，关东解放区是较早对不起诉制度作出规定的地区，为我国现行的不起诉制度的建立和发展作了有益的先行探索。

在公安机关代行检察权方面，关东解放区与晋冀鲁豫边区的检察制度均普遍存在这一现象，而且在晋冀鲁豫边区，明确规定公安机关在起诉时还具有量刑建议权。在关东解放区，虽然在实践中也有过量刑建议的情况（该量刑建议也是由公安人员以代理检察官身份出庭公诉时提出的），但并没有明文规定。晋冀鲁豫边区关于量刑建议的规定在人民检察制度史上应该也是属于首次。

（四）山东解放区检察制度

1. 组织体系

1941 年，根据山东解放区公布的《改进司法工作纲要》和《各级司法机关办理诉讼补充条例》的规定，全省在高等法院没有正式成立之前，暂设高级审判处，专署区设地方法院（1943 年 9 月改称专署司法科），县设司法处（1943 年 9 月改称县司法科），实行三级三审制。高级审判处及其分处、地方法院各设首席检察官 1 人、检察官若干人，县司法处设检察官 1 人。《改进司法工作纲要》还规定，为便于领导和加强检察工作，建立各级检察委员会，以领导、计划、推动各级检察官及一切检察工作。根据 1941 年 4 月 23 日通过的山东省《各级检察委员会组织条例》的规定，"各级检察委员会，由该级参议会选举委员（不限定参议员）若干组织之，并由检察委员会互推一人为主任委员"，"各级检察委员会依管辖区域之大小及事务繁简，推选有法律知识或有司法经验者为同级法院首席检察官及检察官（不限定检察委员会委员）若干，受该检察委员会之领导执行职务"。①

尽管在立法上作出了成立检察委员会和在法院配置检察官的规

---

① 参见孙谦主编：《人民检察制度的历史变迁》，中国检察出版社 2009 年版，第 110~113 页。

定，但由于战争因素，当时在很大程度上，山东解放区的公安机关仍然是代行检察职权的主体。1941 年 10 月 1 日公布的山东省《公安局暂行条例》规定："公安局对有汉奸或破坏抗战团结之行为者，不论其为机关、团体或普通人民得执行检察机关之职务，实行严格检查，并可向司法或军法机关起诉。"山东省《关于公安、司法处理案件关系的规定》规定："在处理案件时，确定司法部门为审判机关，公安局为检察机关。"此外，在山东解放区的各军事法庭中，还各设有检察员 1 人，由各该军管区公安局长充任，并由山东军区委任之。①

2. 职责权限

山东省《各级司法机关办理诉讼补充条例》规定，"检察官代表国家公益及法律执行机关"，对检察官的性质作了界定。根据 1941 年 4 月 23 日同时公布的山东省《高级审判处暂行组织条例》、山东省《地方法院暂行组织条例》和山东省《县司法处暂行组织条例》的规定，检察官的职权是：关于案件之侦查；搜集证据；提起公诉并撰拟公诉书；协助担任自诉；检举贪污渎职及其他违法失职之工作人员；指挥刑事裁判之进行。各级首席检察官的职权是：执行检察之职务；指挥、监督所属检察官之工作；分配并监督检察案件之进行；决定案件之裁定或公诉。

根据山东省《各级检察委员会组织条例》的规定，各级检察委员会的职权是：设计改进检察制度；检查、调阅各机关团体公营企业账目；查询各机关团体行政措置；调查其他一切危害国家利益、政府法令及人民权利等行为。主任委员会的职权是：召集会议；代表检察

---

① 参见孙谦主编：《人民检察制度的历史变迁》，中国检察出版社 2009 年版，第 115 页。

委员会指导监督政令之执行。① 明显具有法律监督的性质。

3. 领导关系

根据规定，山东解放区的"各级检察委员会，由各级参议会选举之"②。在各级检察委员会与其他机关的关系上，山东省《各级检察委员会组织条例》规定："各级检察委员会，为计划改进检察制度，领导推动检察工作之进行机关，与各级行政委员会及同级法院系平行关系。"③ 在检察系统内部，检察官由同级检察委员会选举产生，受同级检察委员会领导，即高级审判处及其分处首席检察官、检察官由省及行政主任区检察委员会选举产生并受其领导，地方法院首席检察官、检察官由专员区检察委员会选举产生并受其领导，县司法处检察官由县检察委员会选举产生并受其领导。

4. 与关东解放区检察制度的初步比较

在组织体系方面，两地的检察官均配置在各级法院内部，但关东解放区实行的是审检合署制，而山东解放区仅在法院内部配置了若干名检察官，未设专门的办公机构，属于配置制。

在检察官的产生方式方面，"关东高等法院首席检察官由关东人民代表大会选举之"，高等法院首席检察官以下其他各级检察官，则由高等法院首席检察官任免之，而山东解放区的各级检察官均由各级检察委员会选举产生。

在领导关系方面，关东解放区高等法院及各地方法院检察官，均受高等法院首席检察官的领导及指挥，高等法院首席检察官对关东人

---

① 闵钐、谢如程、薛伟宏编著:《中国检察制度法令规范解读》，中国检察出版社2011年版，第401~402页。

② 山东省《改进司法工作纲要》，载闵钐、谢如程、薛伟宏编著:《中国检察制度法令规范解读》，中国检察出版社2011年版，第399页。

③ 山东省《各级检察委员会组织条例》，载闵钐、谢如程、薛伟宏编著:《中国检察制度法令规范解读》，中国检察出版社2011年版，第400页。

民代表大会及关东行政委员会负责，而山东解放区首席检察官、检察官受同级检察委员会领导。

在检察一体化方面，两地的检察机关均实行一体化领导体制。山东解放区检察一体化主要体现在首席检察官对本院检察工作的全面领导，上级检察机关与下级检察机关的关系规定得不明确。关东解放区则明确规定高等法院首席检察官领导和指挥各级院检察官的工作，各级检察机关只服从上级检察机关首长的命令。在关东解放区检察系统内实行绝对的一体化机制，检察机关独立行使检察权，不受其他机关及审判机关的干涉，实行比较严格的垂直领导。①

在检察官职权方面，两地的检察官职权具有相同之处，如关于案件的侦查、提起公诉、自诉、指挥刑事裁判等，尤其是两地解放区都有对职务犯罪人员进行检举的规定。山东解放区在山东省《高级审判处暂行组织条例》、山东省《地方法院暂行组织条例》、山东省县《司法处暂行组织条例》中都规定了检察官的职权是：检举贪污渎职及其他违法失职之工作人员。这是以往检察官职权中不曾出现的，是对检察官职权的扩充。关东解放区也有对公务人员渎职犯罪行为进行检举的规定。《旅大检察工作条例（草案）》中规定检察官执行职务的范围包括检举一般公务人员的违法失职行为；检察机关侦知各地院司法人员有渎职行为，由检察官代表人民提起公诉移交高等法院审判；高等法院司法人员有渎职行为，由首席检察官代表人民提起公诉。在《关东各级司法机关暂行组织条例草案》中更是规定"关东所有各机关各社团，无论公务人员或一般公民，对于法律是否遵守之最高检察权，均由检察官实行之"。关东解放区法规关于检察机关对公务人员违法失职行为的查处规定得更加明确具体，既有概括性的检

---

① 1949 年以后，各地方法院的检察官也改由受同级政府领导。

察官职务范围的规定，规定法院司法人员的渎职行为由检察官提起公诉，也有对其他公务人员和一般公民是否遵守法律进行监督的规定，可见当时的立法者对检察机关侦查职务犯罪案件的重视。这可以理解为我国检察官侦查职务犯罪的立法渊源之一。

二、其他解放区检察制度对关东解放区检察制度的影响

（一）其他解放区检察制度对关东解放区检察制度影响的可能性分析

关于其他解放区检察制度是否对关东解放区检察制度产生过影响，以及产生了哪些方面的影响，目前尚缺乏足够证据予以明确证实。但从历史发展的逻辑规律以及对有关历史资料的分析研究来看，这种影响应该是存在的，在某些方面还比较明显。

首先，从关东解放区干部的来源来看。据资料记载，关东解放区的干部特别是高级干部基本上来自延安和晋、冀、鲁等解放区。如在来大连前，时任大连市委书记韩光曾在延安工作多年，曾任中共中央统战部秘书长、党派科科长、中共中央东北工作委员会委员等职；时任大连市副市长陈云涛曾任胶东军区交际处处长、海外工作部部长、情报科科长等职；大连地方法院第一任院长兼首席检察官于会川早年曾在西北、华北、山东从事抗日救亡运动，1941 年后相继在延安、晋西等地学习工作，曾任中共中央晋绥分局情报处处长；大连市公安总局第一任局长、大连地方法院第二任首席检察官赵东斌曾在山东解放区战斗多年，1940 年相继任鲁中一、三、四军分区司令员，山东滨海第三军分区司令员等职；大连地方法院第二任院长曾化东，抗战时期曾在延安等地学习工作多年，历任八路军一二九师随营学校政治

指导员、政治干事、政治教导员、师政治部民运科长，抗日军政大学六分校政治教导员、校政治部组织科副科长，八路军野战政治部第二考察团团员，延安联防政治部整风训练班区队长等职。特别是对关东解放区检察制度的建立作出突出贡献的乔理清和裴华夏等人，前者在抗战期间曾任中共中央党校教员、支书、秘书长、总务长，马列学院组长，中共中央社会部训练班班长、支委，上海秘密工作委员会委员，新四军第七师锄奸部暨皖江公安局科长、局长，华东野战军第三纵队锄保部副部长、党委常务委员等职；后者早年曾赴苏联学习，曾任苏联远东海参崴中国师范学校校长、上海党中央交通局主任、中共皖西北特委宣传部长、上海互济会总会书记、济南市委书记、开封市委书记、豫南特委宣传部长、淮南津浦路西抗日联中校长兼校委书记、中共中央华中分局调研室主任等职，等等。他们均是关东解放区民主政权建立过程中有过重大影响的重要人物，因而在建立关东解

▲ 裴华夏工作过的淮南津浦路西抗日联中校史

放区的过程中，必定会将其他解放区包括检察制度在内的一些立法实践、经验做法和探索创新，借鉴并吸收进后建立的关东解放区的制度建设中来。

其次，从其他各解放区检察制度内容的比较来看。对比陕甘宁边区、晋察冀边区、晋冀鲁豫边区和山东解放区的检察制度，我们可以发现，除了受国民政府检察制度的影响所具有的相同之处外，各解放区在探索创新方面也有很多相似之处，有的立法条文都非常相似。如《陕甘宁边区高等法院组织条例》规定检察长的职权包括：执行检察

任务、指挥并监督检察员之工作、处理检察员之一切事务、分配并督促检察案件之进行、决定案件之裁定或公诉。《晋冀鲁豫边区高等法院组织条例》规定检察长的职权是：执行检察任务；指挥并监督检察员之工作；处理检察员一切事务；分配并监督检察案件之进行；决定案件之裁定或公诉；指定检察员莅庭陈述对于案件处理之意见；对高等法院判决如有不同意见，有权向边区政府提出控告，边区政府政府接受其控告可组织特别法庭或交还高等法院复审。山东省《高级审判处暂行组织条例》、山东省《地方法院暂行组织条例》和山东省《县司法处暂行组织条例》规定，各级首席检察官的职权是：执行检察之职务；指挥监督所属检察官之工作；分配并监督检察案件之进行；决定案件之裁定或公诉。三个解放区关于检察长（首席检察官）职权的文字表述基本一致，而这些内容都是国民政府检察立法中所没有的。这说明当时各解放区之间在检察制度立法方面的信息沟通和相互借鉴是存在的，否则不会出现法律条文表述的这种趋同性。关东解放区检察制度中的一些规定如关于一般监督的规定，在起草时不排除从其他解放区的有关规定中获得启发或借鉴的可能。例如，《陕甘宁边区宪法草案》规定："边区高等检察机关对边区各级政府、部队、团体、公职人员及边区公民是否遵守法律，行使检察权。"《关东各级司法机关暂行组织条例草案》第 27 条规定："关东所有各机关各社团，无论公务人员或一般公民，对于法律是否遵守之最高检察权，均由检察官实行之。"这里，先有"检察权"的概念，后有"最高检察权"的概念，应该不是单纯的历史巧合就能解释的。

最后，从其他解放区检察制度与关东解放区检察制度的对比来看。经过比较，我们发现关东解放区检察制度与其他解放区检察制度有众多相同或相似之处。抛开因受国民政府检察制度的影响所具有的相同或相似之处不论，在其他方面也有许多相同或相似之处。如上文提到的一般监督等。又如陕甘宁边区高等法院检察处由边区参议会决议成立，对边区参议会直接负责，受边区政府领导；关东解放区的检察机关也是如此。再如其他各解放区的检察工作特别是基层检察工作多由公安机关承担，在晋察冀解放区，公安机关还可依据法定手续，对确有证据的敌探、汉奸、盗匪等特种刑事犯有逮捕权；在关东解放区，大量的侦查检举工作也基本由公安机关承担，对于反革命犯、汉奸犯、公共危险犯、私运军火犯、杀人犯、强盗抢劫犯，除由检察官直接侦查逮捕外，均由公安机关行使检察官职务，向法院提起公诉，而且是以检察官资格提起公诉；等等。这些相同或相似之处，再加之关东解放区的干部多来自这些解放区，足可证明关东解放区检察制度与其他解放区检察制度存在一定程度上的制度渊源。

关东解放区检察制度与东北解放区检察制度的历史渊源相对较为明显。抗战胜利后，中国共产党在吸取抗日战争时期民主政权经验的基础上，开始在东北地区建立新的民主政权和司法机关。1946 年 5 月 3 日，哈尔滨人民政府成立。5 日，松江省人民政府成立。8 月，东北各省代表联席会议在沈阳召开，选举产生了东北解放区最高行政领导机构——东北行政联合会办事处委员会，简称东北行政委员会。选举林枫为主席，张学思、高崇民为副主席，栗又文为秘书长。10 月 19 日，东北行政委员会公布了《东北各级司法机关暂行组织条例》。该《条例》规定，东北解放区设三级法院，即地方法院、高等法院、最高法院东北分院。人口 10 万以上的市或者人口 30 万以上的县，设地方法院，不设法院的县，设县司法科。高等法院设首席检察官 1 人，检察官若干人，其他各级法院设检察员 1—5 人，检察官若在 2 人以上者，设其中一人为首席检察官。检察官的职权是："一、实施侦查，提起公诉，提出上诉，协助自诉及指挥刑事裁判之执行；二、其他命令所定职务之执行。"各级司法组织之检察员，得由同级之公安局长或其他公安负责人担任之。首席检察官在东北行政委员会的领导下独立开展检察工作，监督和指挥其所属检察官及下级检察官。① 东北解放区检察制度的这些规定，基本上是国民政府检察制度的主要内容，也是陕甘宁边区等其他解放区检察制度的主要内容。就在《东北各级司法机关暂行组织条例》颁布后不久，1947 年 6 月，作为最高法院东北分院的直接下级法院关东高等法院制定出台了《关东各级司法机关暂行组织条例草案》，其中内容与《东北各级司法机关暂行组织条例》多有相同。

（二）其他解放区检察制度对关东解放区检察制度可能影响的方面

通过以上的分析和比较，其他解放区检察制度或许在以下方面对关东解放区的检察制度产生了影响：

一是形式上接受并服从国民政府的法统。按照国共两党联合抗日的协定，各解放区在司法检察制度的设计上均接受和服从的国民政府的法统，只设高等法院或高等审判处，作为国民政府最高法院的下级法院。检察机关也基本上是设置在法院之内，特别是在高等法院这一级。在高等法院之下也大都设置了地方法院和司法处（科）。在机构和职位的称谓上，基本采纳了国民政府的称谓，如称审判员为推事、文书为书记员、检察机关的首长为首席检察官等。关东解放区服膺国民政府的法统虽另有原因，但作为关东解放区的前辈和先行者，陕甘

---

① 《东北各级司法机关暂行组织条例》，载闵钐、谢如程、薛伟宏编著：《中国检察制度法令规范解读》，中国检察出版社 2011 年版，第 416 页。

宁边区等其他解放区检察制度对国民政府检察制度的仿行，显然起了一定的示范和引领作用。当年曾化东初任大连地方法院院长，称不懂法，"法院院长我干不了"时，时任大连市委书记韩光就严肃地说："不懂可以学懂，而且你还要学习国民党的'六法'。"韩光的这一思想应该是受到了陕甘宁边区等其他解放区运用国民政府《六法全书》司法实践的启发和影响。从关东解放区检察制度与国民政府检察制度的对比可以看出，在仿行国民政府的检察制度方面，关东解放区明显比其他解放区学得更到位，这也许是因为旅大地区当时特殊的历史背景，同时也是因为有《东北各级司法机关暂行组织条例》的规定。

二是在检察机关的设置方面。其他各解放区均将检察机关设于法院之内，大都在边区政府的领导下开展工作；关东解放区的检察机关也设于法院之内，在关东解放区最高行政机关关东公署的领导下。陕甘宁边区、晋冀鲁豫边区在高等法院内设置检察处，在地方法院和司法处（科）设检察官，采取的是审检合署制，而不是国民政府的配置制；根据《关东各级司法机关暂行组织条例草案》，关东解放区在关东高等法院设检察官室，在各地方法院和司法处（科）设检察官，采取的也是审检合署制的组织模式。陕甘宁边区高等法院由陕甘宁边区参议会决议成立，检察长由边区参议会任命，对边区参议会直接负责；关东高等法院由关东各界人民代表大会决议成立，高等法院首席检察官由人民代表大会选举产生或由关东公署任命，对人民代表大会和关东公署行政委员会负责。陕甘宁边区高等法院检察处检察长直接对边区参议会负责，而不是法院院长，初步确立了法院院长与检察长平等的法律地位，山东解放区更是成立了与各级行政委员会和法院平行的各级检察委员会，这些都在审检分立的方向上迈出了重要一步；在关东解放区，关东高等法院院长与首席检察官作为高等法院的共同首长（各地方法院也是如此），总揽全局，共同领导全院和全地区的司法工作，进一步确立了检察机关与审判机关在司法工作中的平等地位。

三是在检察机关法律监督性质的规定方面。也许是受到了中央苏区检察制度特别是苏联检察制度的影响，各解放区在检察官职权的设置上明显具有法律监督的性质。如《陕甘宁边区暂行检察条例》规定，检察职权包括：（1）关于刑事法规内之事项；（2）关于宪法内所定人民权利义务，经济财政及选举等之违反事项；（3）关于行政法规内所定之惩罚事项；（4）关于一般民事案件内之有关公益事项，如土地租佃，公营事业，婚姻等；等等。山东省《各级检察委员会组织条例》规定，各级检察委员会的职权是：设计、改进检察制度，检查调阅各机关团体公营企业账目，查询各机关团体行政措置，调查其他一切危害国家利益、政府法令及人民权利等行为；主任委员会的职权是：召集会议，代表检察委员会指导监督政令之执行。检察官的职权范围已不仅仅限于刑事诉讼领域，进一步延伸到了对违反政府法令、民事法律以及违宪行为的调查监督，使检察机关明显具有了依据宪法和法律行使法律监督的性质。而《陕甘宁边区宪法草案》更是进一步指出："边区高等检察机关对边区各级政府、部队、团体、公职人员及边区公民是否遵守法律，行使检察权。"这一规定与后来的《关东各级司法机关暂行组织条例草案》中"关东所有各机关各社团，无论公务人员或一般公民，对于法律是否遵守之最高检察权，均由检察官实行之"的规定如出一辙。关东解放区的这一规定是否受到了《陕甘宁边区宪法草案》的影响尚无法考证，但陕甘宁边区等其他解放区在检察机关法律监督性质方面的探索和实践可能对关东解放区在这方面的探索产生过一定影响。

四是在审检关系由审检合署向审检分立过渡的探索方面。1941年3月陕甘宁边区高等法院检察处正式成立后，陕甘宁边区的检察制度便开始出现新的变化，即检察长直接对边区参议会负责，受边区政府领导。这使检察长具有了某种与法院院长平起平坐的法律地位，即检察长不再受高等法院领导，而是与法院院长一样，共同对边区参议会负责，共同受边区政府领导。这一举措是检察体制由审检合署向审检分立过渡的一次重要尝试。后来又在这一尝试的基础上，1946年10月19日，陕甘宁边区将陕甘宁边区高等法院检察处改为"陕甘宁边区高等检察处"，正式确立了审检分立体制，彻底改变了以往"审检合署"、"配置制"的做法，是新中国成立前首次建立的独立的检察机关组织系统，标志着人民检察制度开始向独立体系迈出了重要一步。这种探索不仅限于陕甘宁边区，在山东解放区也建立了与行政委员会、法院系统平行的检察委员会。与上述解放区的探索相类似，关东解放区规定了关东高等法院院长与首席检察官同为法院院领导，并总揽全局，共同领导全院和全区的司法工作，而且在法院内部，审判和检察各自成体系，互不隶属。

五是在检察机关首长的产生方式方面。其他解放区有的采取了权力机关任命制，如陕甘宁边区的两任检察长均是由陕甘宁边区的参议会任命产生；有的采取了提名制，如晋冀鲁豫边区高等法院检察处检察长是由边区高等法院呈请边区政府任命；有的采取了选举制，如山东解放区的各级首席检察官和检察官均由各级检察委员会选举产生，当然，在山东解放区，检察机关的首长还不是由权力机关选举产生。在关东解放区，明确规定检察机关的首长即首席检察官由关东人民代表大会选举产生，连选得连任，并且还进行了实践，在人民检察制度史上，开创了检察机关首长由国家权力机关选举产生的先河。

六是在检察权行使的主体方面。不管是在国民政府的检察制度中，还是在各解放区早期的检察制度中，均明确规定检察长或检察官是行使检察权的主体。但在1946年11月12日陕甘宁边区政府发布的命令《各级检察机关之职务、组织、领导关系》以及同期制定的《陕甘宁边区宪法草案》中，这种情况发生了变化。《各级检察机关之职务、组织、领导关系》第1条表述为"各级检察机关之职务"，第3条表述为"高等检察处受边区政府之领导，独立行使检察权"，"各高等检察分处及县（市）检察处均直接受高等检察处之领导"。《陕甘宁边区宪法草案》规定："各级检察机关仅属于边区高等检察长管辖，独立行使其职权，不受任何干涉。"其中的权力主体均由之前的检察长（检察官、检察员）改为检察机关，由个体变成了组织。关东解放区检察制度也存在这种情况，一方面规定检察权行使的主体是首席检察官和检察官，"关东所有各机关各社团，无论公务人员或一般公民，对于法律是否遵守之最高检察权，均由检察官实行之"，实行检察官个体负责制；另一方面又"决定（高等法院）组织原则为民主集权制，领导和工作方式为集体讨论，首长总结，按级负责，计划布置，分工进行，检查汇报，互相督促，密切配合"，实行以组织为主体的民主集中制，并将此作为关东解放区检察制度与旧式检察制度本质不同的重要特征。

在人民检察制度发展史上，关东解放区首次将民主集中制写进立法，同时又兼有大陆法系的检察官厅制色彩，实行检察官个人负责，体现了检察官个人负责和民主集中的结合，是一种从检察官个体负责制向民主集中制发展的过渡形态。关东解放区检察制度的这一特点可能是受到了陕甘宁边区检察制度的影响，也可能是来源于我党一贯坚持的民主集中制（后者可能性应该更大一些）。但无论如何，陕甘宁边区检察制度和关东解放区检察制度中的检察权行使主体由检察官个体改为检察机关这一变化，应该是人民检察制度史上的一大重要变化。

关于检察权、审判权由检察机关和法院独立行使的提法，最早可见之于谢觉哉的论述。1937 年 6 月，谢觉哉在《陕甘宁边区政府组织与建设》一文中道："考虑到审判独立，但仍然在边区政府主席团的领导下，使审判能适合于当时政治的环境。所以我们不主张司法与行政处于并立状态，而在边区政府领导下，由法院独立行使审判权。"① 这应该是"法院独立行使审判权"说法的最早表述了，是我们今天所用的"人民法院、人民检察院依法独立行使审判权、检察权"的重要渊源。在这里，独立行使审判权的不是"法官"，而是"法院"。要知道，即使是在苏联宪法中，也只是规定"审判员独立，只服从法律"②。为何在大陆法系国家、国民政府，甚至苏联检察制度中规定的"法官独立"、"检察官独立"，到了陕甘宁边区、关东解放区等中国共产党领导下的民主政权中，就变成了"法院独立"、

---

① 转引自孙谦主编：《人民检察制度的历史变迁》，中国检察出版社 2009 年版，第 79 页。

② 1936 年通过的《苏联宪法》第 112 条规定："审判员独立，只服从法律。"第 113 条规定："苏联总检察长对于所有的部和这些部所属的机关以及每一个公职人员和苏联公民是否严格遵守法律，行使最高检察权。"（参见萧榕主编：《世界著名法典选编·宪法卷》，中国民主法制出版社 1997 年版，第 423 页。）苏联著名法学家维辛斯基曾对此解释道："在斯大林宪法下，检察机关是一种严格集中的机构，第 113 条指定苏维埃社会主义共和国检察官——不是检察机关——负责行使最高监督权"，"在检察机关中，所有问题都只由检察官以命令决定，检察机关的首长有权对所属案件作出决定。"（［苏］维辛斯基编著：《苏联法院和检察机关》，张子美译，商务印书馆 1949 年版，第 41～42 页。）其实，根据《苏联宪法》第 117 条"各级检察机关独立行使职权，不受任何地方机关的干涉，只服从苏联总检察长"的规定，苏联的检察体制应该是总检察长制，对外还是检察机关，并不是大陆法系的独任官厅制，但与我国现行检察体制也不完全相同。

"检察院独立"了呢？我们认为，一方面可能是由于当时处于战争期间，司法干部比较匮乏、素质比较低下，为了保证执法水平和案件质量，不得不采取集思广益、集体讨论的办法，因此包括陕甘宁边区、关东解放区等在内的检察机关，才逐渐由开始时的"检察官独立"制，转变为后来的"检察机关独立"制；另一方面，也是更主要的，这是我党民主集中制原则在司法工作中的体现，这一点在关东解放区的检察制度中体现得尤为明显。

关于检察机关、审判机关是否宜于实行民主集中制原则的问题，这并不是本书所要探讨的问题。但笔者认为，司法强调亲历性，没有调查，没有提审，没有开庭，仅凭听取汇报，是很难作出准确判断的。不过，包括法官、检察官在内，任何个体的经验、理性和德性都是有缺陷的，这就需要审判公开、检务公开，对法官、检察官的司法行为实行全方位监督。当然，在我国当前情况下，也可以赋予审委会、检委会对一些重特大和疑难复杂案件的审查决策权，但为防止审者不定、定者不审，以及集体决定又集体无责的现象，应当严格限定审委会、检委会的议案范围，明确其议案程序和责任追究标准，以使审委会、检委会真正起到防错、纠错的功能。所以，我们的观点是，既要发挥检察官的个人主体作用，也要发挥民主集中制的优势。

第三节

关东解放区检察制度与苏联检察制度

关东解放区是由苏联红军进行军事管制，但由中国共产党进行领导的特殊解放区，加之在地域上关东解放区距离苏联本土较近，关东解放区的检察制度明显受到了苏联检察制度的影响。这种影响也从一些历史资料中得到了印证。早在 1948 年春天开展的思想作风大检查活动中，关东高等法院就明确提出了学习苏联司法的号召，并先后编印了司法业务学习资料近 20 期，介绍苏联的司法体制。因此，有必要对苏联检察制度及其对关东解放区检察制度的影响作一探讨。

一、苏联检察制度的主要内容

1936 年，非常第八次苏联苏维埃代表大会通过了《苏维埃社会主义共和国联盟宪法》（以下简称《苏联宪法》）。这部宪法在第九章中，对苏联检察长的职权、产生方式、检察一体化原则等作出了具体规定，标志着列宁检察思想在苏联得到了全面贯彻，同时也标志着苏联检察机关至此登上了发展过程的巅峰。

（一）苏联检察机关的组织体系

根据 1936 年《苏联宪法》的规定，苏联检察制度实行审检分立制，在联邦及各加盟共和国分别设有法院和检察院。与此同时，苏联检察机关实行严格的垂直领导的检察一体制。该宪法第117条规定："各级检察机关独立行使职权，不受任何地方机关的干涉，只服从苏联总检察长。"这是"一种严格集中的机构"，其"不可避免的后果，是检察机关对地方政权组织的独立"。① 这也正是对列宁检察思想的全面贯彻，列宁曾说："法制不能有卡卢加省的法制，喀山省的法制，而应是全俄统一的法制，甚至是全苏维埃共和国联邦统一的法制。……检察长有权利和有义务做的只有一件事：注意使整个共和国对法制有真正一致的理解，不管任何地方差别，不受任何地方影响。"②

苏联总检察长由苏联最高苏维埃任命，任期7年；各共和国、边区、省的检察长和自治共和国、自治省的检察长由苏联总检察长任命，任期5年；州、区和市的检察长由加盟共和国检察长提请总检察长批准任命，任期5年。

（二）苏联检察机关的一般监督权

《苏联宪法》第113条规定："苏联总检察长对于所有的部和这些部所属的机关以及每一个公职人员和苏联公民是否严格遵守法律，行使最高检察权。"③ 这也就是我们常说的苏联检察制度中一般监督权的规定。一般监督权被视为苏联检察权的核心和标志，是苏联检察机关最具特色的一项权力，它的规定使苏联检察机关的法律监督成为

① ［苏］维辛斯基编著：《苏联法院和检察机关》，张子美译，商务印书馆1949年版，第41页。

② 列宁：《论"双重"领导与法制》（1922年5月），载《列宁全集》（第43卷），人民出版社1987年版，第194～196页。

③ 萧榕主编：《世界著名法典选编·宪法卷》，中国民主法制出版社1997年版，第423页。

最高监督。

1. 一般监督的目的。苏联检察机关开展一般监督工作目的是：巩固苏联的社会主义法制并保护苏联宪法和各加盟共和国及自治共和国宪法所确定的苏联社会制度、国家制度、社会主义经济体系以及社会主义所有制不受任何侵犯；保障苏联宪法和各加盟共和国及自治共和国宪法所确定的苏联公民的政治的、劳动的、居住的及其他人身的和财产的权利以及法律所保护的利益不受任何侵犯；保障国家机关、企业、集体农庄、合作社组织和其他社会团体的权利以及法律所保护的利益不受任何侵犯。

2. 一般监督的范围。主要包括：各部、各主管部门和它们所属的各机关和企业、地方劳动者代表苏维埃的执行机关和管理机关、合作组织及其他社会团体、公职人员和苏联公民。

3. 一般监督的对象。苏联检察机关有权将各部、各主管部门和它们所属的各机关和企业、地方劳动者代表苏维埃的执行机关和管理机关、合作组织及其他社会团体所发布的文件以及公职人员和公民的活动作为一般监督的对象。

4. 一般监督的方法。主要有调取有关资料、约请相关专家和组织进行调查、举行座谈会、参加劳动者代表大会苏维埃执行委员会的会议、审理公民的控告和申请、通过报刊的反映查明违法、① 宣传教育等。检察机关"必须使工农群众广泛地熟悉苏维埃法律以及对于各级权力机关违反这些法律的行为提出控告的程序"。②

5. 一般监督的方式。主要包括抗议、提请消除并预防违法、追究刑事责任、追究行政责任或纪律责任、追究物质赔偿责任、提出建

①引自苏联总检察长 1946 年 8 月 26 日的命令。
②引自苏联第三届苏维埃代表大会关于《坚决施行革命法制》的决议。

议书要求恢复公民或团体被侵犯的权利等。

（三） 苏联检察机关的司法监督权

苏联检察机关的司法监督权总体上延续了过去司法监督权的内容体系，只不过对其具体内容进行了相应调整。

1. 侦查监督权。苏联检察机关有调卷权、补充侦查权、直接侦查权、批捕权、指挥侦查权等。有权指示侦查机关对犯罪嫌疑人采取、变更或撤销强制措施以及通缉在逃的犯罪嫌疑人，有权将一个侦查机关侦查的案件交给另一个侦查机关办理以保证最完备和客观地侦查案件。

2. 公诉权。苏联检察机关公诉权既包括刑事公诉权，即在法庭审理刑事案件时支持公诉；也包括民事公诉权。为了保护国家利益、公共利益或公民的权利和合法利益，检察机关可依民事诉讼程序提起民事诉讼，或者在刑事诉讼中提起附带民事诉讼，并在法庭上支持民事诉讼。

3. 审判监督权。苏联检察机关对法院的审判监督是全方位的，从法院的预审到案件的审理直至判决的执行，都有权进行监督，主要包括参加法庭审理权、抗议权、撤回抗议权、停止执行权、执行监督权、调卷权、提出建议权、提交审查权等。

4. 侦查权。苏联检察机关侦查权的范围十分宽泛，只要检察机关认为有实行侦查的必要，就可以进行侦查。但此时检察机关的侦查权主要作为对调查机关和侦查机关的制约手段，规定在侦查监督权的范围内。

5. 监所检察权。一是调查权。检察机关有权随时视察剥夺自由场所，有权审阅剥夺人犯的自由所依据的文件，有权亲自讯问被监禁人，有权要求剥夺自由场所管理机构的代表人亲自说明违法收容人犯的情况。二是抗议权。有权检查剥夺自由场所管理机构所发布的有权收容人犯条件和制度的命令和指示是否合法，发现违法时有权依规定的程序对这些命令和指示提出抗议，并对于在剥夺自由场所中违法的有罪人采取追究刑事责任或纪律责任的措施。三是停止执行权。有权停止剥夺自由场所管理机构所发布的与法律相抵触的命令和指示的执行。四是释放权。有权立即释放任何被非法逮捕的人或被非法羁押在剥夺自由场所的人。

二、苏联检察制度的基本特点

检察权作为苏联一项重要的国家权力，与西方国家检察权比较有着自身鲜明的特点。

（一）"最高的"法律监督权

1924 年《苏维埃社会主义共和国联盟根本法》在宪法发展史上第一次明确规定了法律监督权，1936 年《苏联宪法》又进一步规定检察机关的法律监督是最高监督。苏联对法律监督权的重视程度可谓前所未有，正如王桂五先生评价的那样："世界各国，还没有一个国家像苏联这样给予检察机关以如此高度的重视——不仅国家根本大法以专章规定检察院的基本原则、任务、活动方式、方法等，而且检察机关还有自己的专门法典……它以自己一整套独特的措施来保障法制，起到了其他任何机关也是任何西方检察机关起不到的作用。"①

---

① 王桂五主编：《中华人民共和国检察制度研究》，法律出版社 1991 年版，第 20 页。

"苏联检察机关不仅在自己的政治使命、任务、组织和活动原则方面，而且在职能的法律表达方面都具有崭新的内容。"① 比较而言，西方国家检察机关的权力定位和权力内容均远逊色于苏联检察机关的法律监督权。受三权分立宪政体制的限制，西方国家的检察权没有独立的宪法定位，多属于行政权范畴，检察机关隶属于司法行政机关，检察权的行使也不可避免地遭到行政权的干涉和限制。特别是在英美法系国家，检察机关的组织体系不集中，相对分散，检察权的运行得不到有力地保障。

苏联如此高度重视法律监督权，将检察监督视为最高监督是有深刻原因的。一是法制在国家中的重要作用。法制的实现不仅需要有完善的立法，同样也需要严格执行法律，在苏维埃政权组织模式下，保障法律统一正确实施的权力赋予了检察机关。因此，苏联检察机关的法律监督顺理成章地成为最高监督。二是"议行合一"宪法体制的产物。苏联的宪法体制实行的是"议行合一"体制，国家权力集中于全俄苏维埃代表大会。检察机关的法律监督权来源于最高权力机关——全俄苏维埃代表大会。从这个角度来看，苏联检察机关的法律监督是最高监督。三是法律监督在监督体系中的地位。实际上，对苏联法律执行的监督并非由检察机关独自完成的，上级机关和监察机关也有一定的监督法律实施的权力，但在监督体系中，检察机关有权对上述具有监督权的机关进行监督，是居于这些监督机关之上的监督，在监督体系中具有最高性。苏联将法律监督称为最高监督，这在世界检察制度发展史上是前所未有的创举，具有里程碑式的意义，成为苏联法律监督制度乃至整个社会主义国家法律监督制度独具的特色。

①孙谦主编：《中国检察制度论纲》，人民出版社 2004 年版，第 31 页。

（二）"全面的"法律监督权

苏联检察机关独立的宪法定位和最高监督的提法，为苏联法律监督权的运行拓展了广阔空间。苏联法律监督权的运行具有"全面的"的特点，主要表现在：（1）监督范围的广泛性。不仅包括各部、各主管部门和它们所属的各机关和企业、地方劳动者代表苏维埃的执行机关和管理机关、合作组织及其他社会团体，也包括公职人员和苏联公民，基本上涵盖了苏联社会的各种社会主体。（2）监督方式的多样性。苏联检察机关不仅有侦查监督、公诉、侦查、审判监督、监所检察等司法监督方式，还有抗议、提请消除并预防违法、追究刑事责任、追究行政责任、纪律责任、追究物质赔偿责任、提出建议书等一般监督方式。多样化的法律监督方式能够保障苏联检察机关有效地行使法律监督权。（3）监督对象的全面性。苏联检察机关不仅有权对行政机关的抽象行政行为，例如颁布文件、规定的行为实行监督，也有权对行政机关的具体行政行为，例如行政处罚、行政决定的行为进行监督；不仅有权对机关、企事业单位、社会团体的行为进行监督，也有权对公职人员、公民的行为进行监督，苏联法律监督的对象可谓十分全面。

（三）"有限的"法律监督权

苏联检察机关法律监督权"有限的"特点与上述其"全面的"特点并不矛盾，这是对苏联法律监督权观察角度不同而得出的不同结论。苏联的法律监督权是有限的，主要体现在：（1）法律监督权只具有建议性，不具有最终决定性，这是法律监督权同审判权和行政权的重要区别。列宁指出："应该记住，检察机关和任何行政机关不同，它丝毫没有行政权，对任何行政问题都没有表决权。"[1] "检察长的责任是使任何地方政权机关的任何一项决定都不同法律抵触，所以检察长有义务仅仅从这一观点出发，对一切不合法律的决定提出异议，但是检察长无权停止决定的执行，而只是必须采取措施，使整个共和国对法制的理解绝对一致。"[2] 法律监督权所具有的建议性特点并非否认其具有强制性，法律监督权的行使将必然引起一定的程序，被监督者也必须对这种监督作出法律规定的反应。这也是法律监督同一般群众监督的重要区别。（2）法律监督只是合法性的监督。苏联检察机关在行使法律监督权时，只对各部、各主管部门和它们所属的各机关和企业、地方劳动者代表苏维埃的执行机关和管理机关、合作组织及其他社会团体也包括公职人员和苏联公民行为的合法性进行监督，至于其行为的合理性则不在法律监督的范围之内。从这个角度来看，苏联法律监督权也是"有限的"。（3）法律监督的内容具有规范性。苏联法律监督的对象、范围、程序、方式等均由法律明确规定。法律监督机关只能在最高权力机关授权的范围内，按照法律规定的程序和方式进行监督。检察机关只能对于法律规定的监督对象，运用法律规定的方式，并依照法定程序进行监督，无权任意扩大监督的范围。

（四）"独立的"法律监督权

在"三权分立"的宪政体制下，统一的国家权力由立法机关、行政机关和审判机关分别行使，检察权与立法权、司法权、行政权并不属于同一层次，或隶属于行政权或从属于司法权，因而检察权在国

---

[1]《列宁文选》（第2卷），人民出版社1950年版，第978页。
[2]《列宁文选》（第2卷），人民出版社1950年版，第979页。

家权力结构中没有独立的法律地位。"苏联检察机关是为监督社会主义法规的严格执行而设，脱离政府的势力范围，所以它的组织系统是完全独立的，不隶属于人民委员会（政府），非行政机构，不受政府的指挥，他的行使职权纯粹以法律为依据，检察机关的首长——苏联总检察长是直接由最高权力机关苏联最高苏维埃任命，不入人民委员会的组织，为超然的机构，直接隶属最高苏维埃，负监督政府各机关活动的责任，至于地方检察机关，亦脱离政府势力，只受它上级检察机关的指挥，就是地方苏维埃亦在它的监督范围之内。"[1] 可见，苏联的法律监督权源于最高权力机关全俄苏维埃代表大会的直接授权，是与行政权、审判权平行的权力，具有独立的宪法地位。在苏联，检察机关独立行使法律监督权主要是依靠以下两个原则实现的：

一是垂直领导原则。在苏联检察系统内部，苏联各级检察长一律受苏联总检察长的领导和指挥。苏联总检察长可以直接或通过他所属的检察长履行监督职责，并对他所领导的各级检察长的工作进行监督。垂直领导原则，有力地保障了检察机关独立地行使法律监督权。

二是集中行使原则。在检察机关同其他外部机关相互关系方面，根据 1936 年《苏联宪法》的规定，各级检察机关独立行使职权，不受任何地方机关的干涉。检察机关的集中原则可以保证检察系统的完整性和单一性，有助于使检察机关形成保障统一的社会主义法制的监督机制，有助于创造最佳条件以采取措施消除一切违法行为。[2]

（五）"一元的"法律监督权

苏联的法律监督权在国家的权力配置上体现出"一元的"的特

---

[1] 陆丰：《苏联的司法制度》，大东书局印行 1949 年版，第 90 页。
[2] ［苏］斯克沃尔佐夫：《苏联东欧国家的检察长监督》，梁启明译，中国检察出版社 1990 年版，第 121 页。

点，即检察机关的权力为法律监督权，检察权与法律监督权是一致的。苏联在 1922 年以前，没有设立实行法律监督的专门机关，而是由中央和地方的苏维埃国家权力机关和管理机关担负某些法律监督的职能。根据列宁的指示，苏联逐步调整了国家权力体制于 1922 年建立检察机关，担负法律监督的专门职责。可见，苏联，检察权的本质属性就是法律监督权，在检察权的所有权能中都蕴涵着法律监督的权能。因此，在苏联，检察权与法律监督权完全同一，法律监督权是苏联检察机关的专有权力，这也是苏联法律监督权与其他监督法律实施权力的根本区别。

三、苏联检察制度对关东解放区检察制度的影响

（一）关东解放区检察制度借鉴苏联检察制度的原因分析

关东解放区学习借鉴苏联的检察制度是多种因素共同作用下的结果，除了当时关东解放区受苏联红军军事管制、关东解放区离苏联本土比较近等因素以外，笔者认为主要有以下原因：

1. 原有检察制度已彻底废除

关东解放区的检察制度是在中国共产党的领导下建立的检察制度，它的指导思想是马克思主义法律观。马克思主义法律观认为，无产阶级不可能利用资产阶级国家现成的法律及其物质附属物来达到自己的目的。无产阶级在夺取政权以后，必须立即打碎旧的国家机器，建立自己的国家政权机构。这必然决定了关东解放区检察制度对国民政府检察制度从一开始就有着一种天然的本质上的排斥。所以就有了"以毒攻毒"的说法，国民党的《六法全书》是"毒"，用它不过是权宜之计，不是我们永久要用的东西，乃至到 1948 年 12 月 10

日至 14 日召开的全地区推事、书记、检察与审判扩大会议上，关东高等法院作出了废除运用国民党《六法全书》的决定，从而与国民政府司法制度彻底决裂。其实，关东解放区废除国民党《六法全书》不过是当时全国范围内的一个缩影，只是提前了些而已。随着解放战争的节节胜利，1949 年 1 月，中共中央发表"关于时局的声明"指出：必须彻底废除伪宪法，必须彻底废除旧法统。[①] 2 月，中共中央发出《关于废除国民党的六法全书与确定解放区的司法原则的指示》，明确表明了新中国法制与国民党旧法统的决裂，指出："法律是统治阶级公开以武装强制执行的所谓国家意识形态。法律和国家一样，只是保护一定统治阶级利益的工具。国民党的六法全书和一般资产阶级法律一样，以掩盖阶级本质的形式出现，但是实际既然没有超阶级的国家当然也不可能有超阶级的法律。……国民党全部法律只能是保护地主与买办官僚资产阶级反动统治的工具，是镇压与束缚广大人民的武器。……因此，六法全书决不能是蒋管区与解放区均能适用的法律。"[②]

国民党的《六法全书》不能用，或者不能长期用，而我党新民主主义时期的检察制度受战争等因素影响没有承继下来。在这种情况下，苏联作为当时世界上唯一的社会主义强国，再加之当时关东解放区在苏军军管之下且离苏联本土较近等因素，其所建立的包括检察制度在内的一系列法律制度就自然而然成为了关东解放区效仿的典范，并经历了从一开始国民政府检察制度与苏联检察制度的兼而有之，到后来对国民政府检察制度的全面废除和对苏联检察制度的全面借鉴

[①]《毛泽东选集》（第 4 卷），人民出版社 1991 年版，第 1389 页。

[②] 最高人民检察院研究室编：《中国检察制度史料汇编》，吉林省印刷厂印刷，1987 年版，第 191 页。

的一个发展过程。

2. 对人民民主的共同追求

苏联同关东解放区一样，在政权制度和体制的设置上都将民主作为最终的追求目标。为了实现社会主义民主，列宁提出了无产阶级专政，在俄国 1905 年革命中创造了无产阶级专政的形式——苏维埃，并于 1917 年十月革命胜利后建立了第一个无产阶级专政的国家。关东解放区的检察机关也同样将民主作为制度建设追求的目标。早在 1946 年下半年，大连地方法院就借鉴引进了在其他各解放区流行的"马锡五审判方式"，推行陪审审判、巡回审判、公判大会、人民法庭等具有民主色彩的审判方式。1947 年 6 月关东高等法院在制定下发的《关于领导关系、分工负责及会议制度的决定》中开宗明义道：本院"为新式司法机构，应与旧式司法机关有本质的不同。因此，决定组织原则为民主集权制……在工作内容与形式方面：举凡司法行政民刑诉讼诸端，必须贯彻为人民服务精神"。前文已经谈及，从关东解放区检察制度所作的种种探索和创新来看，基本上都是在提高检察制度的人民性、民主性方面进行的探索和创新，特别是关于检察机关首长由人民代表大会等权力机关选举产生和对检察官一般监督权的规定方面，体现得尤为明显。可以说，关东解放区检察制度所进行的有关探索和创新，就是关东解放区检察制度追求人民性的见证。对人民民主的共同追求，使关东解放区检察制度对苏联检察制度有着一种天然的制度契合性。

（二）关东解放区检察制度对苏联检察制度的借鉴

1. 检察权的定位

前文已论及，苏联将检察权定位为最高检察权是其检察制度的独创和特色。1936 年《苏联联法》第 113 条规定："苏联总检察长对于所有的部和这些部所属的机关以及每一个公职人员和苏联公民是否严格遵守法律，行使最高检察权。"《关东各级司法机关暂行组织条例草案》第 27 条规定："关东所有各机关各社团，无论公务人员或一般公民，对于法律是否遵守之最高检察权，均由检察官实行之。"二者的内容基本一致，特别是二者都明确称之为"最高检察权"，这说明关东解放区检察机关与苏联检察机关一样，都是"最高"的法律监督机关。而《陕甘宁边区宪法草案》第 36 条规定"边区高等检察机关对边区各级政府、部队、团体、公职人员及边区公民是否遵守法律，行使检察权"，并没有"最高"二字，将"最高检察权"写入检察立法文件当中是关东检察制度的首创。可见，《关东各级司法机关暂行组织条例草案》第 27 条关于检察权定位的规定就是从苏联检察制度借鉴而来的。

2. 检察权独立行使原则

1936 年《苏联宪法》第 117 条明确规定："各级检察机关独立行使职权，不受任何地方机关的干涉，只服从苏联总检察长。"《关东各级司法机关暂行组织条例草案》第 29 条规定："各级检察机关不受其他机关及审判机关之干涉，独立行使其职权，只服从上级检察机关首长之命令。"二者内容甚至语式表达都非常一致。这里的"其他机关"应当包括立法机关、行政机关、审判机关在内的所有机关，与《苏联宪法》第 117 条中的"任何地方机关"语意基本相同，之所以将审判机关单列出来，主要是因为关东解放区实行审检合署办公，旨在强调检察机关虽与审判机关合署，却是独立行使职权，不受其干涉。考证国民政府的检察制度和陕甘宁边区等其他解放区的检察制度，均只有检察官"依法令之规定独立行使其职务"、"独立行使其检察职权"等表述，未有"不受其他机关之干涉"的内容。由此说明，关东解放区检察制度关于检察权独立行使的规定，就是从苏联检察制度的有关规定借鉴而来的。这一条款的内容在我国《宪法》和《人民检察院组织法》中都有体现。我国《宪法》第131条规定，人民检察院依照法律规定独立行使检察权，不受行政机关、社会团体和个人的干涉。其中"不受干涉"的出处，可谓来源于此。

3. 检察系统实行垂直领导

为了保证检察机关独立行使法律监督权，列宁主张检察系统内部实行垂直领导。苏联总检察长有权领导和指挥各级检察长履行法律监督职责，有权将一个检察长的职权转交另一个检察长行使。在任免程序方面，苏联总检察长有权直接任免各加盟共和国、边区、省、自治共和国、自治省的检察长，州、区和市的检察长也需由加盟共和国检察长提请苏联总检察长加以批准和任命。《关东各级司法机关暂行组织条例草案》第25条规定："高等法院首席检察官以下各级检察官，由高等法院首席检察官任免之。"第29条规定："各级检察机关……只服从上级检察机关首长之命令。"可见，关东解放区的检察系统内部实行的也是垂直领导原则。国民政府和陕甘宁边区等其他解放区的检察制度也有类似规定，至于受到哪一个影响，不宜妄断，但从语式的表达来看，受苏联影响的可能性比较大。

4. 一般监督权的引入

苏联一般监督制度作为检察制度的重要组成部分，其监督主体为检察机关，其既不同于权力机关的监督，也不同于主管部门、内部部门的监督以及社会监督，它是由国家权力机关授权的，由宪法规定的，与行政权、审判权相平行的法律监督权的重要组成部分，具有很高的权威性、严肃性和强制性。只有检察机关对政府各部、委员会及其所属机关、组织以及公职人员和公民的行为是否合法进行的监督才称作一般法律监督，其他机关的监督不构成这种法律关系。苏联检察机关需要熟悉并掌握苏联最高苏维埃主席团的法令、苏联政府的决议等一切现行法律才能够完成一般法律监督任务，这也导致了检察机关一般法律监督工作的复杂性和艰难性。在实行一般法律监督过程中，苏联检察机关由于一般法律监督范围广泛且难以确定而屡受诟病。在第二届全苏检察工作领导人员会议上，一般法律监督范围成为争议的焦点，一般法律监督范围被认为存在重大缺陷。但无论如何，苏联一般监督被视为社会主义检察制度的标志。《关东各级司法机关暂行组织条例草案》第 27 条规定："关东所有各机关各社团，无论公务人员或一般公民，对于法律是否遵守之最高检察权，均由检察官实行之。"从该条款关于监督对象范围的规定以及关于监督目的的规定，特别是该条款与第 26 条之间的关系，可以看出该条款应为借鉴苏联一般监督制度的产物。

5. 司法监督权的部分承继

苏联检察机关的司法监督权遍及三大诉讼，对于刑事诉讼尤甚，从刑事侦查、公诉、审判、执行可谓无所不及。关东解放区检察制度由于处于"战争状态"的特殊历史时期，其对苏联司法监督制度的借鉴还不完整，但苏联检察制度中的监所检察制度对其影响深刻。根据前文所述，苏联的检察机关对监管场所有：（1）调查权，可随时视察剥夺自由场所，检查是否遵守法律所规定的受押人犯程序，有权要求剥夺自由场所管理机构的代表人亲自说明违法收容人犯的情况；（2）抗议权，发现违法时有权依规定的程序对这些命令和指示提出抗议，并对于在剥夺自由场所中违法的有罪人采取追究刑事责任或纪律责任的措施；（3）停止执行权，对监管场所发布的与法律相抵触的命令和指示有权要求其停止执行；（4）释放权，有权立即释放任何被非法逮捕的人或被非法羁押在剥夺自由场所的人。根据关东高等法院制定的《暂行羁押规则》，首席检察官或检察官有：（1）监督犯人收监权，没有检察官签署的文件不得收监，有重大传染性疾病者得申请检察官拒绝其入监；（2）监督监管活动是否合法权，有权受理刑事被告对于看守所之处遇有不当之申诉或其他申请，并报告首席检察官；（3）监督犯人保外就医和监外执行权，有权审批人犯保外就医和监外执行事宜；（4）监督犯人释放权，不经检察官批准，不得令在押人犯出监或将其释放；（5）监督犯人日常考核权，对犯人的劳动改造和日常管理，由首席检察官直接领导。其中内容颇多相似。经考证，国民政府和陕甘宁边区等其他解放区的检察制度均没有此种规定，或许关东解放区的监所检察制度就是从苏联的监所检察制度借鉴而来的。

经过以上的比较分析，关东解放区的检察制度大体是"国民政府检察制度"、"其他解放区检察制度"、"苏联检察制度"共同作用和影响下的产物。

第四节

关东解放区检察制度的历史贡献

关东解放区检察制度是新中国成立之前中国共产党领导下的民主政权在检察制度方面开展得比较规范、比较完整并具有连续性的实践和探索，其在总结吸收国民政府的检察制度、陕甘宁边区等其他解放区的检察制度，特别是苏联检察制度的基础上，进行了多方面有益的探索和尝试，为新中国初期检察制度的建立提供了宝贵的经验，是新中国检察制度的前奏。

一、是中国共产党最早在城市中建立的人民检察制度

在关东解放区之前，中国共产党领导下建立的民主政权，不管是工农红军时期还是抗日战争时期，基本上都是以农村为主。只是到了解放战争时期，才有了在城市建立民主政权的经验。1945 年 10 月初，中共旅顺市工作委员会正式成立。10 月中旬，中共大连市工作委员会成立。10 月 28 日，中共控制下的大连市政府开始组建。11 月 7 日，中共领导下的大连市警察总局成立。次日，大连市政府举行成立大会，标志着中国共产党领导下的关东解放区民主政权正式成立。当时旅大地区共有人口 150 余万人，其中大连市区人口为 479913 人。

这是中国共产党在大城市中建立的第一个民主政权。在这之前，中国共产党还从来没有在这么大的城市中建立过民主政权。1946 年 2 月 15 日，罗荣桓路过大连去莫斯科治病时曾说，我们党领导下的城市搞警察，大连是第一个。① 据此，在不久后于 1946 年 1 月 30 日成立后的大连检察机关和审判机关，也应当是中国共产党领导下的城市里第一个搞起来的。②

人类文明的发展史表明，城市作为一个地域政治、经济、文化的中心，为文明的发展提供了良好的环境，她承担着管理社会、组织生产的领导职能，是人类文明成长发展的领导者、组织者，是人类创造新文明效率最高的地方。同时，城市作为人类文明荟萃、活动最为活跃的区域，也是争议纠纷最为繁多、对法律和规则需求最为集中的区域。一项制度必须经过城市文明的锤炼和洗礼，才能脱胎换骨，发生质的变化，最后臻于完善和成熟。关东解放区检察制度是中国共产党最早在如此大规模的城市中进行的人民检察制度的探索和实践，这些探索和实践虽然时间比较短暂，很多还很不完全和充分，但无疑对即将建立的新中国检察制度提供了难得的宝贵经验和财富，在我国检察制度的发展史上具有重要地位。

二、开创了检察机关首长由国家权力机关选举产生的先河

1946 年 1 月 30 日，大连临时参议会选举于会川为大连地方法院院长兼首席检察官，并在法院内设检察庭。1947 年 4 月 4 日，旅大

---

① 赵东斌、王华：《解放战争初期的大连公安工作》，载大连市公安局编：《大连公安史选编》（第三辑），大连出版社 1990 年版，第 139 页。

② 1946 年 5 月 3 日，中国共产党领导下的哈尔滨市政府成立，不仅时间上比大连晚，而且哈尔滨市政府建立后，一直到新中国成立，均没有建立检察机关。

各界人民代表大会在旅顺召开，决议成立关东高等法院，内设检察官室，并选举乔理清为关东高等法院首席检察官。这在人民检察制度发展史上开创了检察机关首长由权力机关选举产生的先河。之后，关东解放区又通过立法的形式明确予以固定下来。1947年6月关东高等法院草订的《关东各级司法机关暂行组织条例草案》规定："关东高等法院首席检察官由关东人民代表大会选举之，任期至下届关东人民代表大会选举后止，连选得连任。"同月公布的《关于领导关系、分工负责及会议制度的决定》规定："检察官经人民代表选任，对代表大会及关东行政委员会负责。"在此之前，在中国共产党领导创建的民主政权中，只有山东解放区采取了首席检察官和检察官通过选举产生的方式，但其检察官是由各级参议会组织的各级检察委员会推选而成，而各级检察委员会虽是领导检察工作的机关，也行使一定的监督职责，但它毕竟与我们今天的检察委员会制度有所不同。应该说，在我国的人民检察制度史上，由权力机关选举产生的真正意义上的检察机关的首长是从关东解放区开始的。

在世界各国检察制度的发展史上，关于检察官的产生方式主要有选举制和任命制两种。任命制是世界大多数国家普遍采取的一种方式，不管是大陆法系国家还是英美法系国家。最早通过选举产生检察官的方式出现在美国。在美国建国初期的几十年里，检察官一直是一个任命的职位，完全依赖于任命他的上级政府官员决定，权力基础有限，地位也很微小。19世纪以后，受民主化政治思潮影响，① 美国政

----

①19世纪初期，美国出现了一场由下层中产阶级发起的要求权力的民主运动，这场运动在1828年以安德鲁·杰克逊当选美国总统为标志并在其任总统期间得到加强，并在南北战争期间达到顶点。所以这场民主运动又称"杰克逊民主运动"。此间，美国社会政治民主化进程急剧加速，普通民众享有直接参与政治过程的权利观念深入人心。这种直接民主的观念认为每一位公民既是公民本身，同时又是潜在的公职官员候选人。

府中大量的公共职位开始实行选举制，尤其是针对一些行使重要职权和司法自由裁量权的官职规定了必须经过普选产生，作为司法人员的检察官直接受到了这些变化的影响。因此，美国州检察官选任方式也随之发生历史性转变。1807 年，密西西比州将州检察长与州地方检察官的关系正式确定为相互独立的关系，具体措施就是州地方检察官由地方选民从律师中直接选出，并于 1832 年第一个在州宪法中规定了地区检察官由普选产生的条款。1839 年佐治亚州修改宪法，规定每个县的检察官由州议会选举产生。除了州地方检察官等职位实行选举外，甚至有不少州的州检察长也成为选举的公职人员。从 1820 年后，美国绝大多数州的检察长和地方检察官的遴选方式由原来的任命制改为选举制，并且延续至今，成为美国检察制度的最大特色。① 总结美国检察官的选举制，有的是通过权力机关如议会选举，但多数采取的是直接选举的普选方式，即由选民直接从职业律师中选举出检察官，候选人资格中最主要的一条是当选者必须是有执业经验的律师，当选的州地方检察官任期 4 年，有的州也规定当选 2 年就重选。② 相较于美国检察官的选举制，关东解放区采取的是由权力机关选举产生的方式。但根据前文有关当时设置大连市临时参议会和旅大临时行政公署的考虑，关东解放区检察制度设计的最终目标，应该也是实行检察官普选制，即待普选条件成熟时，由关东地区的全体选民直接选举首席检察官。

关东解放区检察制度的这一做法，无疑与关东解放区在苏联军管

①到 1978 年，只剩下康涅狄格和新泽西州实行任命制，其余各州均采用民选方式从律师队伍中遴选检察官。

②参见何勤华主编：《检察制度史》，中国检察出版社 2009 年版，第 260～262 页；黎敏：《联邦制政治文化下美国检察体制的历史缘起及其反官僚制特征》，载《比较法研究》2010 年第 4 期。

当局的领导之下有密切关系，也是我国检察制度开始实质意义上的向"苏联转向"的重要体现。《苏联宪法》第114条规定，苏联总检察长由苏联最高苏维埃任命，任期7年。可以说，检察机关负责人的产生方式，既是检察制度的重要内容，更是整个政体模式的一项内容，其体现了检察机关的权力来源，由权力机关产生，对权力机关负责并报告工作。这正是我国人民代表大会制度这一根本政治制度的重要内容。在检察制度的发展史上，关东解放区采取的检察官选举制虽不是最早的，但在中国检察制度特别是人民检察制度的发展史上，却是开创了检察机关的负责人由权力机关选举产生的先河。在此之前，不管是在清朝末年至国民政府时期，还是中国共产党领导下的民主政权时期，检察机关的负责人均由任命产生。

相对来说，由权力机关选举产生检察机关的首长更有利于体现人民主权原则，更符合我国人民民主专政的社会主义国家性质。我国实行的是"议行合一"国家制度，国家的一切权力属于人民，人民行使权力的机关是人民代表大会，人民代表大会是我国的最高权力机关。根据权力分工原则，人民代表大会将国家的行政权授予各级行政机关，将审判权授予各级审判机关，将监督上述机关、保证国家法律统一正确实施的法律监督权授予检察机关。作为由权力机关授予的、代表人民行使国家法律监督权的具体执行者，检察机关及其首长由人民代表大会选举产生，对其负责，受其监督，自然就是人民代表大会制度的内在要求，也是最能体现人民主权原则的不二选择。对此，我们只能不断加强，不断完善，不能削弱。由此，我们再来审视关东解放区检察制度的这一制度创新以及围绕这一制度创新所进行的一系列探索的历史地位和历史意义，便知无论怎么强调都是不过分的。

三、实现了检察机关迈向法律监督机关的历史性跨越

关东解放区检察制度不仅常规性地规定了检察机关在诉讼监督上的职权，如实施侦查与处分、提起公诉、实行上诉、指挥刑事裁判执行等，还在人民检察制度史上历史性地引进了一般监督权的内容。《关东各级司法机关暂行组织条例草案》第 27 条规定："关东所有各机关各社团，无论公务人员或一般公民，对于法律是否遵守之最高检察权，均由检察官实行之。"对于该条规定，我们在前文已经数次论及：一是它是以专门条款的形式规定，与检察机关所具有的常规职权分别规定，充分体现了立法者对这一项职权的重视；二是这里规定的"最高检察权"，如同苏联一样，将检察机关从以往普通的诉讼参与者推到保证法律统一正确实施的"最高"监督者的地位，从而使检察机关具有了法律监督机关的性质。正如建国初期最高人民检察署副检察长李六如在《检察制度纲要》中所言：检察机关的一般监督，即对国家行政机关的行政措施和行政人员的职务行为是否合法实行监督，这部分工作已经不属于司法工作的性质，因而不能简单地把检察机关称为司法机关，而应称为"广义的司法机关"，[①] 也就是我们今天所说的法律监督机关。

新中国成立后，1949 年的《中央人民政府组织法》和同年通过的中央人民政府《最高人民检察署试行组织条例》，以及 1951 年通过的中央人民政府《最高人民检察署暂行组织条例》和《各级地方人民检察署组织通则》都规定，检察署对政府机关、公务人员和全

---

① 参见孙谦主编：《人民检察制度的历史变迁》，中国检察出版社 2009 年版，第 146 页。

国国民之严格遵守法律进行监督；规定最高人民检察署"对政府机关、公务人员和全国国民之严格遵守法律，负最高的检察责任"。1982年12月4日，第五届全国人民代表大会第五次会议通过的《中华人民共和国宪法》第129条"中华人民共和国人民检察院是国家的法律监督机关"的规定，首次明确了人民检察院是国家的法律监督机关。

四、确立了检察机关民主集中制的组织原则

1947年6月关东高等法院公布的《关于领导关系、分工负责及会议制度的决定》规定：关东高等法院"组织原则为民主集权制；领导和工作方式为集体讨论，首长总结，按级负责，计划布置，分工进行，检查汇报，互相督促，密切配合"。并为落实此民主集中制组织原则建立了包括院务会议、院务联席（扩大）会议、各庭工作检讨会等一系列会议制度。规定：院务会每半个月召开一次，由院长、检察官、各庭处长参加；院务联席（扩大）会议每月召开一次，由院长、检察官、各庭处长、编研室主任、秘书、各科长、推事参加；各庭工作检讨会每半月召开一次，由庭长、推事、书记官参加，必要时得请院长、检察官及有关部门人员参加。通过定时召开院务会、院务联席会、各庭工作检讨会，实现民主集中。该《决定》还要求高等法院各部门，"各单位之工作关系业已明确规定，为避免机械地固执此种关系反而不利工作起见，须注意彼此间意见、经验之交换，密切联系，互相配合，活用会议制度，积极提供意见，俾我新成立之法院，由群策群力下健全成长"。

关东解放区检察机关不仅明文将民主集中制作为其组织原则，而

且通过史料来看，还认真践行了这一原则，并有不少心得体会。1950年1月，旅大行政公署人民法院（原关东高等法院）在《旅大地区审判工作和检察工作的结合报告》中，对检察机关如何与审判机关、公安机关相互配合地开展工作，作了比较全面且详细的总结。其中就领导原则方面总结道："领导原则，采取民主集中制并由检察官和法院院长共同负责，总揽全局，举凡检举违法事件，民刑两庭诉讼均通过集体讨论由检察官和院长集中执行，关于工作的计划布置检查总结，亦由检察官和院长共同为之……三年来旅大地区检察和审判工作的一切措施，领导上均是本着这个原则在思想一致、步调一致、密切配合的情况下进行，因而在下级也从未发生在工作上不协调的现象。"

在我国检察制度史上，关东解放区是比较早地明确将民主集中制规定为检察机关的组织原则的，其为落实民主集中制原则而制定的诸多会议制度和有关规定，以及在践行民主集中制原则方面所进行的探索实践，为新中国检察制度的建立提供了实践经验。1949年9月21日，中国人民政治协商会议第一届全体会议在北平举行，周恩来在会上作的《关于〈中国人民政治协商会议共同纲领〉草案的起草经过和特点》报告中指出："新民主主义的政权制度是民主集中制度的人民代表大会的制度。"① 可见，即将建立的新中国的政权组织原则是民主集中制原则，作为新中国政权重要组成部分的检察制度自然也按照这一原则来设计和建立。也正是在这一原则的指导下，新中国成立之初的全国各级检察机关建立了检察委员会议这一最能体现民主集中制组织原则的组织形式。

---

① 孙谦主编：《人民检察制度的历史变迁》，中国检察出版社2009年版，第152页。

五、确立了监所检察制度

关东高等法院下设大连监狱和旅顺监狱，由首席检察官直接领导。先后出台了《暂行羁押规则》、《监外执行条例》、《劳动改造所暂行管理规则》、《犯人劳动改造委员会组织条例》等规范性文件，探索建立了监所检察制度。实践中，检察机关对犯人入监手续、日常考核、减刑、加刑、死亡、保外就医、监外执行、释放等刑罚执行情况和监管活动是否合法进行全面监督。同时，关东高等法院还建立了在首席检察官直接领导下的犯人劳动改造委员会。在首席检察官的直接领导下，各监管场所开展了形式多样且卓有成效的劳动教育改造工作，生产出了新中国第一辆拖拉机。

关东解放区在监所检察方面的制度规定和实践探索，其所具有的全面性和有效性，在我国检察制度史上都是前所未有的，其中一些制度的许多规定与我们今天正在施行的基本一致。当然，关东解放区的检察机关之所以能如此广泛地开展监所检察工作并取得如此成效，也与其所采取的审检合署体制和首席检察官是法院的院领导有直接的关系，特别是其通过专门立法，明确规定了犯人劳动改造委员会在首席检察官的直接领导下开展工作。

六、明确了检察机关独立行使检察权和垂直领导原则

关东解放区的检察机关虽与法院合署办公，但"各级检察机关不受其他机关及审判机关之干涉，独立行使其职权，只服从上级检察机关首长之命令"，"高等法院首席检察官以下各级检察官，由高等

法院首席检察官任免之"。可以说实行的是一种严格的垂直领导体制。特别是其中的"不受其他机关及审判机关之干涉，独立行使检察权"的表述，对保证检察机关免受其他机关的干涉，依法独立行使检察权，有着非常重要的意义。

关东解放区检察制度的上述规定与新中国成立初期所建立的检察体制非常相似。新中国成立初期的检察系统内部实行的也是垂直领导原则。1949年的《中央人民政府组织法》和同年通过的中央人民政府《最高人民检察署试行组织条例》中规定，全国各级检察署均独立行使职权，不受地方机关干涉，只服从最高人民检察署之指挥。1950年8月公布的《各级检察署工作人员任免暂行办法》规定：市、县人民检察署正副检察长及委员，由省人民检察署提请最高人民检察署任免。1951年通过的中央人民政府《最高人民检察署暂行组织条例》规定，最高人民检察署受中央人民政府委员会之直辖，直接行使并领导下级检察署行使职权。同年通过的《各级地方人民检察署组织通则》规定，各级地方人民检察署受上级人民检察署的领导。可见，不管是关东解放区检察制度，还是新中国成立初期的检察制度，其关于检察机关垂直领导体制和独立行使检察权的规定，均是受到了苏联检察制度的影响，是对苏联检察制度垂直领导体制和独立行使原则的借鉴，是我国当时向"苏联转向"的明显体现。

七、在推动检察机关从审检合署向审检分立模式转变方面进行了有益探索

在关东解放区，不管是在高等法院，还是各地方法院，虽然依然采取的是审检合署模式，将检察机关设于各级法院之内，但在各法

院，首席检察官（有的地方法院称检察官）与法院院长地位平等（如前文所述，在政治上首席检察官往往还高于法院院长），他们均是所在法院的院领导，共同领导全区或本院的司法工作。并且还从制度上予以了明确规定，"高等法院首席检察官秉承人民之意旨，与法院院长共同领导关东地区之司法工作，任免司法人员"，以"总揽全局，完成任务"。

关东解放区虽然没有像陕甘宁边区那样，明确采取审检分立的模式，将检察机关与审判机关完全分离开来，但它对检察机关首长与审判机关首长在司法工作中平等地位的确立，无疑有力地推动了检察机关从审检合署向审检分立模式的转变。特别是，由于实行审检分立制的陕甘宁边区高等检察处成立后不久，国民党军队即侵入延安，检察机关随之被取消，因而这种审检分立体制实际上并没有多少实践经验；而关东解放区检察制度从建立伊始就在法院内部确立了这种审检首长二元并立的领导体制，并有长达4年多的实践经验。所以，新中国成立后，新建立的旅大人民检察署只是简单地将检察系统与法院剥离，基本上是在原设于法院内部的检察系统人员班底的基础上建立起来的，保证了大连检察机关历史发展的连续性。

此外，关东解放区检察机关在其他方面，如干部培训等方面的探索和实践，都为新中国检察制度的建立和发展提供了宝贵经验，特别是在干部培训方面，它在为关东解放区培养了大量司法干部的同时，还为其他解放区输送了一定数量的司法干部，将关东解放区的经验做法带到了全国其他解放区。关东解放区通过举办司法训练班培养司法干部的做法或许对新中国成立后的司法干部培养工作产生了一定启发和影响。新中国成立后不久，为了解决政法干部缺乏的问题，1951年7月23日，中央人民政府政务院遵循毛泽东的指示，作出了创办中央政治法律干部学校（简称中央政法干校）的决议。从 1951 年开始，中央人民政府陆续举办了多期中央政法干校培训班，培养了大批司法干部和人才。

最后，需要说明的是，关东解放区的民主政府——关东公署属于"大政府"的概念，包括审判机关和检察机关在内的关东高等法院隶属于关东公署之下，受关东公署领导，与公署的办事机构（八厅一局一处，这才是真正的行政机关）相平行，但独立行使审判权和检察权。新中国成立初期的"中央人民政府"也是"大政府"概念，最高人民法院和最高人民检察署均隶属于中央人民政府，受中央人民政府领导，与其中的政务院是平行关系，但独立行使审判权和检察权。通过分析，我们发现，除去与法院合署办公这一因素，关东

▲ 1950 年 7 月，马锡五率西北司法工作参观团来大连参观。

解放区的政府体制和检察体制俨然是新中国成立初期的政府体制和检察体制的微缩版。也正是在此意义上讲，关东解放区所进行的人民检察制度的探索和实践为新中国检察制度的创建提供了宝贵经验，是新中国检察制度的前奏。

后　记

　　本书是在人民检察博物馆大连分馆①筹建工作的基础上完成的。

　　2010年10月，我院赵建伟检察长在赴京申建国家检察官学院大连分院过程中，发现了大连检察这一段光辉历史，遂组织人员进行调研，并向高检院提出申建人民检察博物馆大连分馆，得到了高检院孙谦副检察长的大力支持。当年12月，经高检院批准，人民检察博物馆大连分馆开始建设，我和杨蔚蔚同志被指派负责筹建工作，主要负责文物史料的搜集整理，为建设方提供咨询和依据。

　　随着筹建工作的展开特别是对关东解放区检察制度了解的逐步深入，我们开始认识到关东解放区检察制度在人民检察制

_____

①人民检察博物馆大连分馆位于大连市旅顺口区和顺街45号。主楼建于1940年，原为旅顺民族资本家周文贵旧居。1947年4月，中国共产党领导下的关东高等法院成立后，为关东高等法院首席检察官办公地址。2004年被大连市人民政府定为文物保护单位。2010年12月，经最高人民检察院批准兴建。2012年6月建成，对外开放。

度发展史上的重要地位和意义。本着对历史负责的精神，我们一边筹建博物馆，一边开始有意识地搜集这一时期的历史资料，供后人研究之用。没想到这一考虑与高检院的部署不谋而合。

2011 年 9 月，高检院在京召集大连市院、山东省院和陕西省院的同志，部署关东解放区、山东解放区和陕甘宁边区检察制度的研究课题。我和时任大连市院研究室主任尹清元同志代表大连市院赴京申领了《关东解放区的人民检察制度》的课题，该课题为 2012 年度最高人民检察院检察理论研究重点课题（GJ2012B03）。随即成立课题组，由大连市院检察长赵建伟任组长，副检察长肖鹏、王新忠和大连市院检委会专职委员王秋宁任副组长，成员有尹清元、朱仁政、杨蔚蔚等。

不久，博物馆建设进入紧张忙碌时期。为使课题工作不受到太大影响，我们统筹兼顾，将两项工作的史料搜集整理合并进行。期间，我们足迹遍及大连市公安局、市法院、市档案馆、市城建局、辽宁省检察院、省档案馆、抚顺战犯管理所、中央档案馆、公安部、最高人民检察院、最高人民法院等单位，先后走访老干部和知情者 150 余人次，搜集文物 100 余件，查阅卷宗材料 3 万余份，搜集文献资料 2000 余件，翻拍、复印史料近百份，录制声像档案 15 个，撰写调研笔记 3 万余字，为后续的课题撰写打下了坚实基础。

2012 年 5 月，为进一步推进课题工作，在大连市院研究室组织下，我们对课题组成员作了部分调整，明确了职责：大连市院检察长赵建伟任主编，肖鹏、王新忠和王秋宁任副主编，朱仁政任执行主编，另从辽宁省院和基层院抽调任文松、王堃、成晓莹参与课题写作。其中：王堃（大连市金州区院研究室主任）负责旅大早期历史和关东解放区的建立部分，任文松（辽宁省院研究室副主任）负责关东解放区检察制度与国民政府检察制度和苏联检察制度的比较部分，成晓莹（大连市甘井子区院研究室主任）负责关东解放区检察制度与其他解放区检察制度的比较部分，朱仁政负责关东解放区检察制度及其历史贡献部分，并负责最后统稿。之所以增加关东解放区检察制度与国民政府、其他解放区和苏联检察制度的比较，盖因三者系关东解放区检察制度的重要渊源，且关东解放区检察制度又是新中国成立前我党领导下的人民检察制度的最后一次也是最重要一次探索和实践，有必要通过比较来探寻人民检察制度的发展轨迹。

课题组的调整和任务分解有力地推动了研究工作的开展。2013 年 5 月末，课题各部分相继完稿，之后经过了对全书的梳理、删减、填补、完善、注释、校对，以及制作和添加图表。8 月初，课题如期交付专家评审。

细细想来，半年来，我和课题组的同志们克服种种困难，利用业余时间，全身心地投入到课题写作中去。那时脑子里除了工作，就是课题，颇有"不知有汉，无论魏晋"的境地。但虽辛苦，却很充实。特别是通过研究，我们得以走进大连检察那段充满激情而又辉煌的历史岁月。当历史的迷雾渐渐隐去，透过那一份份档案和一页页文字，一个个鲜活的生命跃然纸上，一种敬畏之情油然而生。可以说，正是由于这种敬畏，还有高检院和大连市院领导对这项工作的无比重视，支撑和激励着我们克服重重困难，一路坚持下来。我们很荣幸能有机会参与到如此有意义的工作之中，从而使我们的生命有了新的意义。

本书的写就，凝聚了太多人的关心和支持。首先要感谢最高人民检察院检察理论研究领导小组的支持和检察理论研究所的指导，还要感谢辽宁省院、大连市院领导的大力支持。写作期间，赵建伟检察长等大连市院领导在百忙之余，多次过问课题进展情况，亲自听取课题报告，帮助解决具体困难，保证了课题工作的顺利进行；辽宁省院研究室则派出一名得力干将参与写作。其次要感谢所有在博物馆筹建和课题写作过程中给予我们帮助的人们，① 他们或无偿捐献文物，或提供核实史料，或帮助打字校对，使课题得以如期顺利完成。感谢苏州市检察院的闵钐副检察长，他是本书的评审专家，对本书提出了许多宝贵修改意见。这里要特别感谢20世纪80年代以杨家仁、张家志为首的《大连史志·检察志》编委会全体同志，正是他们认真严谨和卓有成效的工作，为我们开展研究打下了坚实基础。还要感谢杨蔚蔚同志，很多史料都是她在筹建博物馆期间搜寻到的。

---

① 因帮助人员实在众多，在此仅列举一些与书写关东解放区检察历史有关的人员，如大连的公安司法前辈曾化东、高正权、赵子光、李荣庭、于培强，及其后人如裴桐（裴华夏之子）、赵凤琴（曾化东儿媳）、曾小林（曾化东之女）、史安宁（史永和之子）、傅为民（傅科之子），市党史办公室李奇副主任，市档案局张菁华处长、吴丽娜副处长，市公安局喻兴波调研员，旅顺日俄监狱旧址博物馆大连市近代史研究所王珍仁研究员、周爱民副研究员，市图书馆赵喜红主任、曹树新主任，市检察院李宗国、李向红、朱琳娜、陈俊文、吴晓庆、贺爽、范希才等同志。此外，大连市中级人民法院的同志也给了我们不少帮助，只是应其要求，没有列名，谨在此表示感谢。

我们深知，史海无涯，学无止境。由于时间仓促，资料不足，能力所限，书中错漏之处在所难免，敬请各界人士批评指正，以期在后续的研究中修改完善。

朱仁政

2013 年 10 月

图书在版编目（CIP）数据

关东解放区的人民检察制度／赵建伟主编. —北京：中国检察出版社，
2014.1

（人民检察史丛书）

ISBN 978 - 7 - 5102 - 1050 - 1

Ⅰ.①关… Ⅱ.①赵… Ⅲ.①解放区 - 检察机关 - 司法制度 - 法制史 -
东北地区 Ⅳ.①D926.3

中国版本图书馆 CIP 数据核字（2013）第 262028 号

关东解放区的人民检察制度

赵建伟 主编

出版发行：中国检察出版社

社 址：北京市石景山区香山南路 111 号（100144）

网 址：中国检察出版社（www.zgjccbs.com）

电 话：(010)88685314(编辑) 68650015(发行) 68636518(门市)

经 销：新华书店

印 刷：保定市中画美凯印刷有限公司

开 本：710 mm×1000 mm 16 开

印 张：22.25 印张

字 数：268 千字

版 次：2014 年 1 月第一版 2014 年 1 月第一次印刷

书 号：ISBN 978 - 7 - 5102 - 1050 - 1

定 价：48.00 元